Henning Saake
Die gemeinsamen Einfuhrregelungen der Europäischen Wirtschaftsgemeinschaft

Völkerrecht - Europarecht - Staatsrecht

Schriftenreihe

Herausgegeben von Professor Dr. Dr. Albert Bleckmann

Band 2

Carl Heymanns Verlag KG · Köln · Berlin · Bonn · München

Die gemeinsamen Einfuhrregelungen der Europäischen Wirtschaftsgemeinschaft

Von Dr. Henning Saake

Carl Heymanns Verlag KG · Köln · Berlin · Bonn · München

Die Deutsche Bibliothek - CIP-Einheitsaufnahme

Saake, Henning:
Die gemeinsamen Einfuhrregelungen der Europäischen Wirtschaftsgemeinschaft/ von Henning Saake. - Köln ; Berlin ; Bonn ; München : Heymann, 1992
(Völkerrecht - Europarecht - Staatsrecht ; Bd. 2)
ISBN 3-452-22227-6
NE: GT

Carl Heymanns Verlag KG · Köln · Berlin · Bonn · München 1992

ISBN 3-452-22227-6
Gedruckt von der Weiß & Zimmer AG, Mönchengladbach

Meinen Eltern und dem Andenken meines Großvaters

Vorwort

Die vorliegende Arbeit wurde im Wintersemester 1990/91 von der juristischen Fakultät der Westfälischen Wilhelm-Universität Münster als Dissertation angenommen. Die mündliche Prüfung fand am 22. Januar 1991 statt. Das Manuskript war zum größten Teil Anfang 1990 fertiggestellt. Zur Drucklegung wurde es stellenweise überarbeitet und so weit wie möglich auf den neuesten Stand gebracht.

Mein besonderer Dank gilt meinem Doktorvater, Herrn Prof. Dr. Dr. *Albert Bleckmann*, für die Betreuung der Arbeit und die Aufnahme in seine Schriftenreihe. Herrn Prof. Dr. *Rolf Stober* danke ich für die Erstellung der Zweitgutachtens. Nicht unerwähnt bleiben sollen auch die guten Arbeitsbedingungen in der Bibliothek des Instituts für öffentliches Recht einschließlich Völkerrecht der WWU Münster. Für weiterführende Hinweise und klärende Gespräche danke ich Herrn Verwaltungsrat *G. H. Welge* aus der Generaldirektion I der Kommission der Europäischen Gemeinschaften. Die mühevolle Aufgabe des Korrekturlesens bewältigte Frau *Andrea Schulz* LL. M., wofür ich mich ebenfalls herzlich bedanken möchte.

Hamburg, im Juni 1991 *Henning Saake*

Inhalt

Einführung

Eine der Zielvorgaben für die Tätigkeit der Europäischen Wirtschaftsgemeinschaft ist gemäß Art. 3 lit. b EWGV die Einführung einer gemeinsamen Handelspolitik gegenüber dritten Ländern. Die weiteren Bestimmungen über diese Politik der Gemeinschaft finden sich in den Art. 110-116 EWGV. Gemäß Art. 113 EWGV i.V.m. Art. 114 EWGV hat die Gemeinschaft seit Ende der Übergangszeit die Zuständigkeit dafür. Während der Übergangszeit sah Art. 111 EWGV die Koordinierung der mitgliedstaatlichen Handelspolitiken vor.

Die gemeinsame Handelspolitik läßt sich in die beiden Bereiche der vertraglichen und der autonomen Handelspolitik untergliedern. Im Rahmen der vertraglichen Handelspolitik können mit dritten Staaten Abkommen geschlossen werden. Gemäß Art. 113 Abs. 3 EWGV i.V.m. Art. 114 EWGV werden diese Abkommen von der Kommission in Zusammenarbeit mit einem Ausschuß für Zoll- und Handelsvertragsverhandlungen ausgehandelt, wobei vom Rat vorgegebene Richtlinien zu beachten sind. Abgeschlossen werden die Abkommen gemäß Art. 114 EWGV vom Rat im Namen der Gemeinschaft. Es handelt sich dabei um völkerrechtliche Verträge.

Der Rat ist gemäß Art. 113 Abs. 2 und 4 EWGV sowie Art. 116 Abs. 1 EWGV auch für die Durchführung der autonomen Handelspolitik zuständig. In Ausübung dieser Zuständigkeit hat er grundlegende Regelungen für Ausfuhren nach und für Einfuhren aus Drittländern beschlossen. Die wichtigsten dieser Regelungen haben die Form der Verordnung gemäß Art. 189 EWGV. Im Unterschied zu den Abkommen werden diese Regelungen Drittländern gegenüber einseitig von der Gemeinschaft angewendet.

Im Bereich der autonomen Handelspolitik sind auch die gemeinsamen Einfuhrregelungen angesiedelt. Ziel dieser Einfuhrverordnungen ist die Regelung der Einfuhr gewerblich-industrieller Waren aus Drittstaaten, soweit diese Produkte nicht Gegenstand spezieller Gemeinschaftsregelungen oder -abkommen sind. Es galten bzw. gelten Einfuhrregelungen für Importe aus Ländern, die Vertragsparteien des GATT sind oder ihren Außenhandel nach den Prinzipien des GATT ausrichten, und für solche aus Staatshandelsländern. Im Rahmen der vorliegenden Arbeit geht es um die Entwicklung dieser Einfuhrgrundverordnungen.

Im ersten Teil erfolgt eine Darstellung der rechtlichen und wirtschaftlichen Rahmenbedingungen der gemeinsamen Handelspolitik, wobei insbesondere die Gründe für die Einführung dieser Gemeinschaftspolitik und ihre allgemeine Ausrichtung beleuchtet werden. Im zweiten Teil wird in erster Linie auf das Verhältnis der gemeinsamen Einfuhrregelungen zum GATT eingegangen. Gegenstand des dritten Teils ist die Vorbereitung der ersten Einfuhrgrundverordnungen während der Übergangszeit, und im vierten Teil werden diese Verordnungen, ausgehend von den ersten Übergangsregelungen des Jahres 1968 bis hin zu den zur Zeit geltenden, analysiert. Schwerpunkt der Betrachtung ist dabei die rechtliche Ausgestaltung der Einfuhrregelungen, weniger die Gemeinschaftspraxis.

Die Bedeutung der gemeinsamen Einfuhrregelungen ergibt sich aus dem ihnen zugrundeliegenden Anspruch, in Verwirklichung der Vorgaben des Art. 110 EWGV eine möglichst umfassende Importliberalisierung herbeizuführen, d. h. die Befreiung der Einfuhren von mengenmäßigen Beschränkungen. Die Frage, bis zu welchem Maße dieser Anspruch verwirklicht werden kann, ist von zwei Faktoren abhängig: von der Größe des Anwendungsbereichs der Einfuhrregeln, d. h. der Anzahl an verschiedenen Waren, die grundsätzlich frei in das Gemeinschaftsgebiet eingeführt werden können, und von den Regelungen, die es erlauben, diese Einfuhren unter bestimmten Voraussetzungen zu überwachen oder doch wieder zu beschränken. Grundlage aller gemeinsamen Einfuhrregelungen war und ist zwar die grundsätzliche Einfuhrfreiheit für alle von ihnen erfaßten Produkte, doch der größte Teil ihrer Vorschriften regelt Voraussetzungen und Verfahren für Maßnahmen der Überwachung und Beschränkung. Ein Grund dafür ist in dem Umstand zu sehen, daß das in Art. 110 EWGV festgeschriebene Gebot des Abbaus von Handelsschranken im Gegensatz zu den Interessen der Gemeinschaft im Hinblick auf ihre innere Entwicklung stehen kann. Es seien hier nur die Leitlinien für wirtschafts- und währungspolitische Entscheidungen in Art. 104 EWGV genannt. Außerdem ist es bislang nicht gelungen, eine wirklich umfassende Einfuhrliberalisierung zu verwirklichen, da bestimmte Industriezweige in der Gemeinschaft international nur begrenzt wettbewerbsfähig sind und nach wie vor von seiten der Mitgliedstaaten durch Importrestriktionen vor zunehmenden Importdruck abgeschirmt werden.

Diese Faktoren bestimmten und bestimmen die Entwicklung der gemeinsamen Einfuhrregelungen und beeinflussen somit auch die Verwirklichung einer gemeinsamen Handelspolitik.

Erster Teil Rechtliche und wirtschaftliche Rahmenbedingungen der gemeinsamen Handelspolitik

1. Kapitel Vorgehensweise und Zweck der Untersuchung

Im ersten Teil der Arbeit erfolgt zunächst eine einleitende Darstellung der maßgeblichen Rechtsgrundlagen der gemeinsamen Handelspolitik im EWGV und die Erläuterung von Grundbegriffen aus den Bereichen Handel und Außenhandel. Weiterhin sollen die Gründe für die Konzeption der Außenhandelspolitik erörtert werden, wobei sowohl auf wirtschaftliche als auch auf politische Erwägungen eingegangen werden wird. An Hand von konkreten Maßnahmen aus den Bereichen der vertraglichen und autonomen Handelspolitik soll die allgemeine Ausrichtung der gemeinschaftlichen Außenhandelspolitik erläutert werden, wobei auch die Bezüge zum GATT-System Berücksichtigung finden. Zu diesem Zweck werden auch neuere Entwicklungen im internationalen Handel beleuchtet und aktuelle Tendenzen im Außenhandelsrecht der Gemeinschaft herangezogen. Außerdem soll die gegenwärtige Lage des Welthandels zur Interessenlage der EG hinsichtlich ihres Außenhandels in Beziehung gesetzt werden, um ein Bild der rechtlichen und wirtschaftlichen Rahmenbedingungen zu vermitteln, deren Faktoren auf die Gestaltung und Durchführung der gemeinsamen Handelspolitik Einfluß ausüben.

2. Kapitel Rechtliche Grundlagen der gemeinsamen Handelspolitik im EWGV

A. Vorbemerkung

Die EWG ist ein gemäß Art. XXIV Ziff. 5-10 GATT möglicher Zusammenschluß mehrerer Zollgebiete in einer Zollunion.[1] Aus Art. 3b[2] ergibt sich die Verpflichtung zur Einführung eines Gemeinsamen Zolltarifs und einer gemeinsamen Handelspolitik gegenüber dritten Ländern.

Die Regelung der gemeinsamen Handelspolitik findet sich im dritten Teil des EWGV, der unter der Überschrift "Die Politik der Gemeinschaft" steht. Dort, unter Titel II, "Die Wirtschaftspolitik", wird sie, nach dem neu eingeführten Kapitel "über die Zusammenarbeit in der Wirtschafts- und Währungspolitik (Wirtschafts- und Währungsunion)[3], den Kapiteln über die Konjunkturpolitik und die Zahlungsbilanz, in Kapitel Vier behandelt. Die Art. 110-116 betreffen die handels- und wirtschaftspolitischen Beziehungen der EWG zu dritten Staaten.[4] Besondere Relevanz haben heute die Art. 113-116. Vor Ablauf der Übergangszeit waren zur Vorbereitung der Endphase vor allem die Art. 111 und 112 von Bedeutung.

B. Art. 110

Eine inhaltliche Bestimmung der gemeinsamen Handelspolitik enthält Art. 110. Die Ziele dieser Politik sind demnach vor allem die harmonische Entwicklung des Welthandels, die schrittweise Beseitigung der Beschränkungen im internationalen Handelsverkehr und der Abbau von Zollschranken. Diese Vorgaben erscheinen teilweise auch in den Art. 18, 29 lit. a, 70 Abs. I S. 3 und 111 Abs. V, außerdem in der Präambel und in einer gemeinsamen Erklärung über die Zusammenarbeit mit den Mitglied-

1 *Ernst/Beseler*, in: GBTE, Vorbem. Art. 110-116 EWGV, Rz. 1
2 Artikel ohne weitere Bezeichnung sind solche des EWGV.
3 Art. 102a wurde eingeführt durch Art. 20 EEA. ABl. 1987 Nr. L 169/1; Sartorius II, Nr. 151
4 Vgl. Art. 3 lit.b, 111 Abs. I, 113 Abs. III, 116

staaten der internationalen Organisationen.[5] Als Mittel zur Verwirklichung dieser Ziele soll die Einrichtung einer Zollunion i.S.v. Art. XXIV Ziff. 8 GATT dienen.

Art. 110 ist demnach ein Bekenntnis zu einer liberalen Handelspolitik auch gegenüber Drittstaaten. Er geht über die Voraussetzungen, die Art. XXIV Ziff. 5 lit. a GATT an die Errichtung von Zollunionen stellt, nämlich keine negativen Auswirkungen auf den Welthandel auszuüben, sondern wenigstens neutral zu sein, noch hinaus.[6]

In Abs. II kommt die Annahme zum Ausdruck, daß die Abschaffung der Zölle zwischen den Mitgliedstaaten eine Steigerung der Wettbewerbsfähigkeit ihrer Unternehmen zur Folge haben kann. Dieser Effekt soll bei der Durchführung der Handelspolitik berücksichtigt werden.

Umstritten ist vor allem, ob Art. 110 lediglich eine Absichtserklärung ist, die als Leitlinie zur Orientierung der Gemeinschaftsorgane dient, oder ob er als rechtliche Verpflichtung angesehen werden muß.

C. Art. 111 und 112

Bis zum Ablauf der Übergangszeit am 31.12.1970[7] galt zunächst Art. 111. Dadurch bestand gemäß Art. 111 Abs. I eine Verpflichtung der Mitgliedstaaten zur Koordinierung ihrer Handelsbeziehungen mit Drittstaaten. Damit sollten die Voraussetzungen geschaffen werden, um eine gemeinsame Politik hinsichtlich des Außenhandels betreiben zu können. Gemäß Art. 111 Abs. IV sollten vor allem die Anpassungen von Zollvereinbarungen der Mitgliedstaaten mit Drittländern vorangetrieben werden, damit der Gemeinsame Zolltarif in Kraft treten konnte. Art. 111 Abs. V sah darüber hinaus auch die Vereinheitlichung der Liberalisierungslisten der Mitgliedstaaten gegenüber Drittländern auf möglichst hohem Stand vor, d. h. es wurde ein weitgehender Abbau von mengenmäßigen Beschränkungen im Handel mit Drittstaaten angestrebt.[8] In diesem Zeitraum hatte die Gemeinschaft auch schon das Recht zum Abschluß von Zollverträgen mit Drittstaaten, wie sich aus Art. 111 Abs. II i.V.m Art. 114 ergibt.

Aus Art. 112 folgt die Verpflichtung zur schrittweisen Vereinheitlichung der Ausfuhrbeihilfesysteme der Mitgliedstaaten im Rahmen ihrer internationalen Verpflichtungen bis zum Ende der Übergangszeit.

5 BGBl. 1957, II, 760
6 *Vedder*, in: Grabitz, Art. 110, Rz. 1
7 Vgl. Art. 8
8 *Ernst/Beseler*, in: GBTE, Art. 112, Rz. 25

D. Art. 113 und 114

Seit Ablauf der Übergangszeit ist Art. 113 in Kraft. Art. 111 und Art. 113 gelten für dieselbe Materie. In Art. 111 wird sie als "Handelsbeziehungen zu dritten Staaten", in Art. 113 als "gemeinsame Handelspolitik" bezeichnet.

Art. 113 sieht die Gestaltung einer gemeinsamen Handelspolitik "nach einheitlichen Grundsätzen" vor. Diese Gestaltung soll insbesondere gelten für die Änderung von Zollsätzen, den Abschluß von Zoll- und Handelsabkommen, die Vereinheitlichung von Liberalisierungsmaßnahmen, die Ausfuhrpolitik sowie die handelspolitischen Schutzmaßnahmen, wofür als Beispiele Dumping und Subventionen genannt werden. Schon aus der Wortwahl ("insbesondere") ergibt sich, daß diese Aufzählung nicht abschließend ist. Über den gegenständlichen Regelungsbereich der gemeinsamen Handelspolitik herrscht noch keine Einigkeit. Art. 113 ist heute die wichtigste Bestimmung für die Handelspolitik der Gemeinschaft. Eine Definition für diese Politik gibt es aber weder hier noch an anderer Stelle im EWGV.[9] Aufgrund der Formulierung "... wird die gemeinsame Handelspolitik nach einheitlichen Grundsätzen gestaltet ..." ist umstritten, ob Art. 113 lediglich eine Kompetenz der EG für die Festlegung der Grundsätze einer Handelspolitik begründet und diese Politik weiterhin in der Zuständigkeit der Mitgliedstaaten verbleibt oder ob damit eine umfassende Gemeinschaftskompetenz für die Handelspolitik geschaffen wird.[10]

Art. 113 Abs. II und Abs. IV enthalten Kompetenz- und Verfahrensregeln hinsichtlich der Durchführung der Handelspolitik. Detaillierte Regelungen zur Vorbereitung, Aushandlung und zum Abschluß von Abkommen mit Drittstaaten finden sich in Art. 113 Abs. III i.V.m. Art. 114.

E. Art. 115

Weil die Liberalisierung der Einfuhren aus Drittländern bislang nicht völlig harmonisiert wurde, existieren noch unterschiedliche mengenmäßige Beschränkungen in den einzelnen Mitgliedstaaten. Bestimmte Waren aus Drittländern können also unter den Einfuhrbedingungen des jeweils liberalsten Mitgliedstaates in die Gemeinschaft eingeführt werden und dann im Rahmen des freien Verkehrs[11] ungehindert in den Mitgliedstaat gelangen, der die Einfuhr dieser bestimmten Waren gerade beschränken

9 *Ernst/Beseler*, in: GBTE, Art. 114, Rz. 8
10 *Pieper*, in: Bleckmann, Europarecht, 5. Aufl., S. 680 f.
11 Art. 9 Abs. II i.V.m. Art. 10

möchte.[12] Art. 115 sieht ein abgestuftes System von Schutzmaßnahmen gegen Störungen des Gemeinsamen Marktes durch solche Umwegeinfuhren vor, solange noch unterschiedliche Ein- und Ausfuhrbedingungen im Gemeinsamen Markt bestehen. Daneben ist Art. 115 auch anwendbar, wenn die Folgen einer Schutzklauselanwendung i.S.v. Art. 108 Abs. III, 109 durch einen Mitgliedstaat zu wirtschaftlichen Schwierigkeiten in anderen Mitgliedsländern führen.

F. Art. 116

Durch Art. 116 erfährt die gemeinsame Handelspolitik eine Ergänzung, die in einer Verpflichtung der Mitgliedstaaten zu gemeinsamem Vorgehen in internationalen Organisationen mit wirtschaftlichem Charakter besteht, sofern diese Organisationen für den Gemeinsamen Markt von besonderem Interesse sind. Die hierfür in Art. 116 Abs. I S. 2 getroffene Verfahrensregelung entspricht der Regelung in Art. 113 Abs. II, IV.

G. Mit der gemeinsamen Handelspolitik in Zusammenhang stehende Regelungen

Aus dem Bereich der Zollunion stehen die Art. 9, 10, 18, 25, 27 und 28 mit der Handelspolitik in Verbindung, aus den Bereichen Landwirtschaft und Verkehr die Art. 43 und 75. Hinsichtlich des Assoziierungsrechts sind es die Art. 3, 131 und 238, darüber hinaus die allgemeinen Regelungen in den Art. 5 und 6 über die Aufgaben der Mitgliedstaaten.[13]

12 BBPS, S. 527
13 *Pescatore*, in: Les Nov., Nr. 2293; BBPS, S. 531

3. Kapitel Der Begriff "Handel"

A. Grundbegriffe

Handel bedeutet einen Austausch von Waren und Leistungen, bei dem der Güteraustausch verselbständigt ist und von sozial abgegrenzten Trägern übernommen wird.[14] Dabei unterscheidet man zwischen Handel im engeren Sinne und Handel im weiteren Sinne. Handel im engeren Sinne heißt Austausch von Waren zwischen Wirtschaftspartnern (Warenhandel). Handel im weiteren Sinne meint Austausch von Waren und Dienstleistungen zwischen Wirtschaftspartnern.

B. Volkswirtschaftliche Bedeutung

Der Begriff Handel beschreibt im mikroökonomischen Bereich einen Austauschvorgang. In makroökonomischer Hinsicht ist Handel ein Sektor der Volkswirtschaft und wird auch als Distribution bezeichnet.

Gesamtwirtschaftlich wird Handel dem tertiären Sektor zugeordnet, unter den auch das Verkehrswesen, die Banken, Versicherungen und die beratenden Berufe fallen. In funktioneller Einordnung umfaßt der Handel die wirtschaftliche Tätigkeit der Beschaffung und des Absatzes von Gütern, wobei die Güter im allgemeinen nicht wesentlich be- oder verarbeitet werden.

Handel im institutionellen Sinn umfaßt die Einrichtungen, die ausschließlich oder überwiegend den Handel im funktionellen Sinn durchführen (Handelsunternehmen, Handelsbetrieb und ähnliche Bezeichnungen).[15] Aus der Eigenschaft des Handels als Bindeglied zwischen Produktion und Verbrauch ergeben sich mehrere Einzelfunktionen: Eine Transportfunktion hinsichtlich der Überwindung räumlicher Trennung von Produzent und Verbraucher. Bei zeitlicher Trennung von Produktion und Verbrauch wird diese Zeitspanne durch Lagerhaltung überbrückt. Eine Quantitätsfunktion wird erfüllt, indem die Produktion jeweils großer Mengen dem Einzelverbrauch in jeweils kleinen Mengen angepaßt wird

14 *Ott*, in: Staatslexikon, Bd. II, S. 1178; *Seyffert*, zit. nach *G. Theuer*, in: HdWB der Betriebswirtschaftslehre, Bd. I/2, S. 1738

15 *Zentes*, in: Staatslexikon, Bd. II, S. 1180

(distributierender Handel). Umgekehrt können die jeweils kleinen Produktionsmengen den jeweils großen Verbrauchsmengen angepaßt werden (kollektierender Handel). Es geht also in beiden Fällen um eine bedarfsgerechte Mengenverteilung an die Verbraucher. Eine Qualitätsfunktion wird erfüllt, indem Waren nach Qualitätsmerkmalen zu bedarfsgerechten Sortimenten zusammengefaßt werden. Außerdem gibt es eine Informationsfunktion in zwei Richtungen: zum einen die Information des Verbrauchers über das vorhandene Angebot, zum anderen die Information der Produzenten über Wünsche des Verbrauchers. Dadurch gewinnt der Handel großen Einfluß auf die Anpassung von Produktions- und Verbrauchsstrukturen in einer Volkswirtschaft.

Theoretisch ist eine Volkswirtschaft ohne Handel im institutionellen Sinn denkbar, weil die Handelsfunktionen auch von anderen Institutionen wie z. B. Hersteller oder Verbraucher ausgeübt werden können. Handel im funktionellen Sinn ist aber immer notwendig, denn er ist Bedingung für eine arbeitsteilige Wirtschaft.[16]

Nach dem räumlichen Betätigungsfeld kann zwischen Binnen- und Außenhandel unterschieden werden.

16 *Schüz*, in: Staatslexikon, Bd. II, S. 1183

4. Kapitel Der Begriff "Außenhandel"

A. Definition

Außenhandel (im funktionellen Sinn) ist jeder die Staats- oder Zollgrenzen überschreitende Wirtschaftsverkehr. Darunter fallen alle Umsätze von Waren inländischer Herkunft, die ins Ausland gebracht werden (Export), und alle Umsätze von Waren ausländischer Herkunft, die ins Inland gebracht werden (Import), sowie alle Umsätze von Waren in- und ausländischer Herkunft, die nach Durchfuhr durch ein zweites in ein drittes Land gelangen (Transit).[17] Der Außenhandel umfaßt demnach Import-, Export- und Transithandel. Der Geschäftssitz eines Vertragspartners muß sich im Ausland befinden, denn Warenbewegungen im Inland gehören zum Binnenhandel, auch wenn sie im Geschäftsverkehr mit Ausländern getätigt werden.

Die speziellen Unterschiede zum Binnenhandel ergeben sich durch ein erhöhtes Währungsrisiko aufgrund unterschiedlicher nationaler Währungssysteme, durch handelspolitische Schranken und durch Unterschiede in den politischen und rechtlichen Systemen der Länder, zwischen denen Außenhandel betrieben wird.

Die Zusammenfassung der Wertsummen aller ein- und ausgeführten Waren erfolgt in der Handelsbilanz, die der ein- und ausgeführten Dienstleistungen in der Dienstleistungsbilanz und die der unentgeltlichen Transfers in der Übertragungsbilanz. Alle drei Teilbilanzen zusammen bilden die Leistungsbilanz.

B. Gründe für Außenhandel

Ein Grund für den Außenhandel liegt darin, daß inländische Produzenten bestimmte Wünsche von Verbrauchern unabhängig von Kosten und Preisen nicht bzw. nur zum Teil erfüllen können, weil die nachgefragten Güter im Inland überhaupt nicht oder nur in geringer Menge verfügbar sind

17 *Nöll v. d. Nahmer*, S. 59 f.; *Zentes*, in: Staatslexikon, Bd. II, S. 1180

und deshalb aus dem Ausland eingeführt werden müssen.[18] Der internationale Handel ist demnach vor allem auf Unterschiede bei der Standortgunst in den einzelnen Ländern zurückzuführen. Diese Unterschiede haben eine verschiedene Knappheit der Produktionsfaktoren zur Folge. Daraus resultieren Unterschiede in den Preisen der einzelnen Produktionsfaktoren in verschiedenen Ländern. Die Folge davon sind Bewegungen von Arbeit und Kapital an die Orte des höheren Reallohns bzw. Realzinses. Außerdem kommen die unterschiedlichen Preise von Boden, Kapital und Arbeit in entsprechenden Preisunterschieden der Fertigprodukte zum Ausdruck. Diese führen schließlich zum internationalen Handels- und Dienstleistungsverkehr.[19]

C. Vorteile des Außenhandels

Wenn die Knappheit der Produktionsfaktoren nicht dadurch ausgeglichen wird, daß sie an die Orte des ergiebigsten Einsatzes wandern, führen, wie bei der lokalen Arbeitsteilung in einer Nationalwirtschaft, die internationale Arbeitsteilung innerhalb der Wirtschaftswelt und der internationale Austausch von Waren und Leistungen zu mehr Produktion und zu besserer Verteilung der Güter. Mit den Gütern, die im Inland unter den relativ günstigsten Herstellungsbedingungen produziert werden können, werden die Güter beschafft, die von anderen Ländern unter besseren Bedingungen herstellbar sind. Durch internationalen Handel können auch Unterschiede in der natürlichen Beschaffenheit der einzelnen Wirtschaftsräume, wie z. B. das Vorhandensein und die Beschaffenheit von Rohstoffen, Boden und Klima besser genutzt werden.[20] Die jeweiligen Erzeugnisse können für Bewohner anderer Gebiete nutzbar gemacht werden. Die Einzelwirtschaften der verschiedenen Länder haben auf diese Weise mehr Arten von Gütern zur Verfügung.

Auch dann, wenn von den technischen Möglichkeiten her überall alle Produkte produziert werden könnten, bliebe es trotzdem vorteilhaft, sich vor allem auf die Güter zu spezialisieren, die im internationalen Vergleich am kostengünstigsten hergestellt werden können. Bei internationaler Arbeitsteilung ergibt sich auf diese Weise eine größere Menge an Produkten als bei einer autarken Wirtschaftsweise der Nationalwirtschaften. Darüber

18 Ausführlich zu den Determinanten des Außenhandels: *Hesse*, Außenhandel I, in: HdWW, Bd.I, S. 364 ff.; *Külp*, Internationaler Handel, in: Staatslexikon, Bd. III, S. 158 ff.

19 *Kruse*, S. 13

20 *Schumacher*, in: Gemper (Hg.), S. 95 f.

hinaus muß weniger Kapital für Lagerhaltung aufgewendet werden, je enger der internationale Handel verflochten ist.[21]

21 In der Wirtschaftswissenschaft herrscht weitgehend Einigkeit über die vorteilhaften Wirkungen des Außenhandels. Ausführlich: *Birnstiel*, in: Gemper (Hg.), S. 70 ff.; *Kruse*, S. 22 ff.

5. Kapitel Der Begriff "Handelspolitik"

Handelspolitik ist einer von mehreren Bestandteilen der gesamten Außenwirtschaftspolitik eines Staates. Zur Außenwirtschaftspolitik gehören vor allem währungspolitische Instrumente, Be- und Entlastungen von Preisen in Form von Steuern, Zöllen, Ausgleichsabgaben bzw. Subventionen, mengenmäßige Beschränkungen in Form von Kontingenten, Aus- und Einfuhrverboten, äußere Finanz- und Auftragspolitik staatlicher Stellen sowie bestimmte institutionelle Maßnahmen.[22]

Handelspolitik im klassischen Sinn meint das bewußte Eingreifen des Staates in die Entwicklung der internationalen Arbeitsteilung, um Inhalt und Umfang des zwischenstaatlichen Warenaustausches zu beeinflussen.[23]

22 *Sachs*, S. 33; *Möller*, S. 39 ff.

23 *Nöll v. d. Nahmer*, S. 11 ff.; *Rohleder*, S. 21 ff.; vgl. auch *Bleckmann*, in: RIW/AWD, 1986, S. 195; zur Notwendigkeit rechtlicher Rahmenbedingungen für den internationalen Handel: *Petersmann*, in: EPIL, Bd. 8, Stichwort: "World Trade", Principles, S. 510 ff.

6. Kapitel Die Gründe für eine gemeinsame Handelspolitik

A. Vorbemerkung

Nachfolgend sollen die Gründe für die Konzeption der gemeinsamen Handelspolitik dargelegt werden. Es wird dabei zwischen politischen und wirtschaftlichen Gründen unterschieden. Eine eindeutige Trennung und isolierte Betrachtung der einzelnen Beweggründe ist jedoch kaum möglich. Das Gebiet der Handelspolitik steht immer in engem Zusammenhang mit allgemeiner Wirtschaftspolitik und außenpolitischem Vorgehen, wobei die Erfordernisse des Außenhandels außenpolitische Entscheidungen beeinflussen und umgekehrt die Regelung des Außenhandels als außenpolitisches Instrument gebraucht werden kann. Dies gilt in gleicher Weise für die Gemeinschaft, auch wenn europäische Wirtschafts- und Außenpolitik erst in Ansätzen existiert. Die folgende Unterteilung der Gründe kann daher nicht als starre Reihenfolge gesehen werden, in der jeder Grund nur an der hier gewählten Stelle angeführt werden kann. Die Unterscheidung der einzelnen Motive ist eher fließend und jedes beeinflußt die Ausprägung anderer.

B. Politische Gründe

1. Die Ausnutzung des wirtschaftlichen Gewichts der Gemeinschaft

Sieht man die Gründung der EWG vor dem geschichtlichen Hintergrund, wird deutlich, daß auch eine politische Integration angestrebt wurde.[24] Schon die Gründung der EGKS sollte ein Schritt in Richtung auf eine europäische Föderation sein, die als unverzichtbar zur Erhaltung des Friedens angesehen wurde.[25] In diesem Sinne hat auch die EWG einen politischen Charakter, der auf lange Sicht die Schaffung eines vereinten Europas

24 Zur Entwicklung des Gedankens der Einigung in Europa vgl. *Constantinesco*, S. 69 ff.; *Hallstein*, Die Europ. Gemeinschaft, S. 11 ff.; *BBPS*, S. 28 ff.; *Albonetti*, insbes. Kapitel 5 bis 12; *v. Puttkamer*, Stichwort: "Europäische Einigung", in: Strupp-Schlochauer, WBV, Bd. I, S. 451 ff.

25 *Schuman*, Ecrits politiques, S. 202

erleichtern soll. Seit der Gipfelkonferenz von Paris im Jahr 1972 steht der Begriff der "Europäischen Union" für die Beschreibung einer umfassenden, d. h. nicht auf bestimmte staatliche Tätigkeiten begrenzten Verbindung der Mitgliedstaaten der Europäischen Gemeinschaften.[26] Nachdem bereits in der Präambel der Wille zum Ausdruck kam, mit der EWG "die Grundlage für einen immer engeren Zusammenschluß der europäischen Völker zu schaffen"[27], wurde der Begriff "Europäische Union" in jüngster Zeit in die EEA aufgenommen.[28] So gesehen erscheint die EWG, neben ihrer offensichtlichen Eigenschaft als Wirtschaftsgröße, auch als Ansatz zu einer weitergehenden europäischen Integration. Der Integrationsvorgang vollzieht sich demnach über die Einrichtung gemeinsamer Institutionen, die Schaffung eines Gemeinsamen Marktes und über ein immer enger werdendes Zusammengehen der einzelnen Volkswirtschaften.[29] Daraus erwächst auch die Notwendigkeit zu möglichst weitgehender Vereinheitlichung der einzelstaatlichen Handelspolitiken der Mitgliedstaaten, letztlich die Notwendigkeit einer gemeinsamen Handelspolitik, wie sie von Art. 113 Abs. I vorgesehen ist, damit ein einheitliches Auftreten der Gemeinschaft nach außen gewährleistet wird. Ein Hauptargument für das Konzept einer gemeinsamen Handelspolitik folgt aus der Tatsache, daß ein wirtschaftlicher Zusammenschluß von der Größe der EWG sich im internationalen Rahmen leichter Gehör verschaffen kann, da er beträchtlichen Einfluß auf die internationale Wirtschaftsordnung nimmt.[30] Durch die Schaffung des Gemeinsamen Marktes zwischen den Gründungsmitgliedern der EWG wurde eine wirtschaftliche Größe von bedeutendem Ausmaß ins Leben gerufen, die neben die bis dahin vorherrschenden USA und Großbritannien trat. Ein Zusammenschluß dieser Größenordnung mußte in der Lage sein, gegenüber den Handelspartnern außerhalb der Gemeinschaft als geschlossene Einheit aufzutreten, wenn er sich seine wirtschaftliche Bedeutung zunutze machen wollte.

26 Schlußerklärung der Gipfelkonferenz von Paris, 6. Gesamtbericht 1972, Ziff. 5; eine konkrete Beschreibung des Gedankens der Europäischen Union erfolgte erstmals durch den im Auftrag des Europäischen Rates erstellten Bericht des damaligen belgischen Ministerpräsidenten Tindemans vom 29.12.1975, vgl. Bull. EG, Beilage 1/1976

27 Abs. 1 der Präambel

28 Art. 1 Abs. I EEA; siehe auch Abs. IV der Präambel der EEA, wo die Vertiefung der gemeinsamen Politiken angesprochen wird.

29 *Kim*, S. 23

30 *Frank*, S. 184 f.; *Wellenstein*, in: CMLR 1979, S. 411 f., S. 423

2. Die Zusammenhänge mit anderen Bereichen der Außenbeziehungen

Ein weiterer Grund für die Gestaltung der Handelspolitik als gemeinsame Politik liegt in den Zusammenhängen, die zwischen ihr und einer beginnenden europäischen Wirtschaftspolitik und einer europäischen Außenpolitik, die im Rahmen der EPZ[31] Gestalt annimmt, bestehen. Eine gemeinsame Handelspolitik ist nicht losgelöst von diesen anderen Bereichen durchzuführen.[32] Darüber hinaus ist die gemeinsame Handelspolitik auch Bestandteil einer allmählich entstehenden europäischen Industriepolitik.[33] Die Energie- und Wirtschaftskrise der siebziger Jahre ließ gleichfalls die Notwendigkeit deutlich werden, im Bereich der Handelspolitik ein Höchstmaß an Geschlossenheit anzustreben. Ein weiterer Bereich, in dem ein geschlossenes Auftreten nach außen die Wirksamkeit von Gemeinschaftsmaßnahmen erhöhen kann, ist die Verhängung von Wirtschaftssanktionen gegen Drittländer. In diesem Zusammenhang ist auch die Anwendung von Handelsembargos aus politischen Gründen zu nennen, wie z. B. das Iran-Embargo von 1980 wegen der Geiselnahme in der Teheraner US-Botschaft, die Beteiligung der EG am Getreideembargo gegenüber der Sowjetunion, ebenfalls 1980, aufgrund der Invasion in Afghanistan und das Embargo gegenüber Argentinien nach der Besetzung der Falkland-Inseln im Jahr 1982.[34]

3. Reaktionen dritter Länder auf den europäischen Zusammenschluß

Politische Gründe für eine gemeinsame Handelspolitik ergaben sich auch aus der Situation außerhalb der Gemeinschaft.

Die Gründung der EWG konnte nicht ohne Rückwirkungen auf die Interessen von Drittstaaten bleiben. Sowohl im Hinblick auf günstige Entwicklungen der Handelsbeziehungen zu diesen Ländern als auch mit Blick auf potentielle Verschlechterungen der Handelsbeziehungen zu Drittländern erschien es angebracht, Nichtmitgliedern gegenüber als Einheit aufzutreten.[35]

31 Vgl. Art. 30 EEA

32 *Ernst/Beseler*, in: GBTE, Vorbem. zu Art. 110-116, Rz. 1

33 Zur europäischen Industriepolitik vgl. *BBPS*, S. 477 ff.; siehe auch die Ergänzung des dritten Teils der EWGV durch die EEA, Art. 130f-130g, dazu auch *Sälzer*, in: Integration 1986, S. 121 ff.

34 Zu den speziellen Problemen bei der Anwendung von Handelsembargos vgl. *Petersmann*, in: ZfvglR 1981 S. 1 ff.; *Schröder*, in: GYIl 1980, S. 111 ff.; ders., in: GYIL 1984, S. 334 ff.; *Ehlermann*, in: FS für Teitgen, 1984, S. 145 ff.; *Meng*; in: ZaöRV 1982, S. 789 ff.; *Bruha*, in: DVBl 1982, S. 674 ff.; *Bleckmann*, in: Ress/Will (Hg.), S. 3 ff.; sehr ausführlich: *Kißler*, Die Zulässigkeit von Wirtschaftssanktionen gegen Drittstaaten, passim

35 *Pescatore*, in: Les Nov., Nr. 2290

Die Vorwürfe von dritter Seite liefen hauptsächlich darauf hinaus, die EWG bilde im internationalen Handelssystem eine Präferenzzone, die Nicht-Mitgliedstaaten diskriminiere. Die Kritik betraf vor allem den Gemeinsamen Zolltarif gem. Art. 18 ff., der je nach Höhe eine mehr oder weniger protektionistische Wirkung habe und die Gemeinschaft gegenüber europäischen und außereuropäischen Handelspartnern abschirme bzw. ihnen den Zugang zum Gemeinsamen Markt erschwere.[36]

Außerdem richtete sich die Kritik gegen die Assoziierung der überseeischen Länder und Hoheitsgebiete gem. Art. 131 ff. Diese Assoziierung wurde als unvereinbar mit den GATT-Regeln, insbesondere Art. XXIV Ziff. 4-10 GATT, der die Einrichtung von Zollunionen zum Gegenstand hat, dargestellt. Der Grund für diese Kritik lag in der Befürchtung, die Assoziierung führe zu einseitiger Unterstützung kolonialer Produkte, die auf dem Weltmarkt schon überschüssig seien.[37]

C. Wirtschaftliche Gründe

1. Die wirtschaftliche Lage bei Gründung der EWG

Die wirtschaftlichen Probleme der Mitgliedstaaten, die teilweise noch aus der Nachkriegszeit herrührten, waren noch nicht gelöst. Handels- und Kapitalverkehr wurden durch Protektionismus und Devisenzwangswirtschaft behindert. Außer mit Zahlungsbilanzschwierigkeiten hatten die Staaten mit binnenwirtschaftlichen Störungen der Wirtschaftsabläufe zu kämpfen.[38]

Die Notwendigkeit einer gemeinsamen Handelspolitik zum Schutz des Gemeinsamen Marktes ergab sich vor allem aus der Zollgemeinschaft und dem Schutzsystem für die Einfuhr landwirtschaftlicher Produkte an den Außengrenzen der Gemeinschaft.[39]

2. Der Zusammenhang mit dem Gemeinsamen Zolltarif und der Schutz des Gemeinsamen Marktes

Gemäß Art. 9 Abs. II gelten die Bestimmungen über die Aufhebung der Zölle und der mengenmäßigen Beschränkungen nicht nur für Waren aus

36 *Möller*, Stichwort: "Europäische Gemeinschaft", in: HdWW, Bd. II, S. 499

37 *Küsters*, S. 486; zur Vereinbarkeit des EWGV mit dem GATT vgl. *Kahmann*, in: EA 1958, S. 583 ff.; *Schermers*, in: CMLR 1975, S. 77 ff.; *Kapteyn*, in: Int. Lawyer 1974, S. 74 ff.; *Meessen*, in: CMLR 1976, S. 485 ff.

38 *Küsters*, S. 128

39 *Küsters*, S. 374; *v. d. Groeben*, Aufbaujahre, S. 307

Mitgliedstaaten, sondern auch für Waren aus Drittstaaten, die sich in den Mitgliedstaaten im freien Verkehr befinden. Welche Waren aus Drittstaaten am freien Verkehr teilnehmen, regelt Art. 10. Aus diesen Bestimmungen folgt nicht nur die Notwendigkeit eines Gemeinsamen Zolltarifs (GZT), sondern auch die einer gemeinsamen Handelspolitik.

Es ist unmöglich, den Handel zwischen den Mitgliedstaaten vollständig zu liberalisieren, wenn nicht gleichzeitig die tarifären und nichttarifären Bedingungen für den Handelsverkehr mit Drittstaaten vereinheitlicht werden. Geschieht das nicht, müssen die Mitgliedstaaten untereinander auch nach Aufhebung von Zöllen und mengenmäßigen Beschränkungen weiterhin Grenzkontrollen durchführen. Nur so können dann sog. Umwegeinfuhren verhindert werden, d. h. Einfuhren aus einem Drittland über einen Mitgliedstaat, in dem liberalere Einfuhrbestimmungen gelten als in dem Mitgliedstaat, in den die Einfuhren in Wirklichkeit gelangen sollen. Dasselbe gilt für Ausfuhren.[40] Genau auf diese Situation zielt Art. 115 ab. Schutzmaßnahmen nach dieser Bestimmung, die immer auch eine Störung des Gemeinsamen Marktes bedeuten,[41] werden von Zeit zu Zeit immer wieder erforderlich sein, solange die gemeinsame Handelspolitik nicht vollständig verwirklicht ist. Will man die völlige Abschaffung aller Hindernisse für den freien Warenverkehr im Gemeinsamen Markt, müssen auch die Instrumente vergemeinschaftet werden, die den Handel mit Drittstaaten regeln. Dies unterscheidet den Gemeinsamen Markt von einer Freihandelszone.[42] Aus dieser engen Verbindung von Problemen des inner- und außergemeinschaftlichen Handels folgt die Notwendigkeit einer Liberalisierung des Handels zwischen den Mitgliedstaaten einerseits und der Einführung einer gemeinsamen Außenhandelspolitik andererseits.[43]

40 *Kim*, S. 24 f.
41 Vgl. EuGH, RS. 41/76, Slg. 1976, S. 1922, 1936 f.
42 Zur Definition von Freihandelszone und Gemeinsamer Markt vgl. *Freeman*, S. 169 f.
43 *Pescatore*, in: Les Nov., Nr. 2289

7. Kapitel Die allgemeine Ausrichtung der gemeinsamen Handelspolitik

A. Vorbemerkung

Im folgenden soll an Hand von Maßnahmen aus den Bereichen der vertraglichen und der autonomen Handelspolitik die allgemeine Ausrichtung der gemeinsamen Handelspolitik skizziert werden. Zu diesem Zweck wird auch auf die zunehmende Bedeutung nicht-tarifärer Handelshemmnisse im internationalen Handel und auf protektionistische Tendenzen im Außenhandel der Gemeinschaft eingegangen. Ebenso werden Bestrebungen zum Abbau von Protektionismus und Umstände, die eine liberale Handelspolitik begünstigen, erläutert.

Die ausgewählten Maßnahmen sind für die Gestaltung des Außenhandels der Gemeinschaft von großer Bedeutung und haben die Ausgestaltung der rechtlichen Rahmenbedingungen des internationalen Handels stark beeinflußt. Es geht in diesem Abschnitt nicht um eine detaillierte Analyse des Vorgehens der Gemeinschaft im Bereich des Außenhandels, sondern um die Darstellung handelspolitischer Grundentscheidungen, die letztlich auch für eine Zielbestimmung der gemeinsamen Handelspolitik maßgeblich sind.

B. Der Grundsatz des freien Handels

1. Die Berücksichtigung äußerer Einflüsse

Die EWG wurde zu einem Zeitpunkt gegründet, als allgemein große Anstrengungen unternommen wurden, um den Welthandel zu liberalisieren. Die Mitgliedstaaten waren bereits in OEEC und GATT organisiert und hatten dort Verpflichtungen übernommen.[44]

In dieser Situation erschien vielen Drittstaaten die Errichtung des Gemeinsamen Marktes als ein Vorhaben, das die Entwicklung zu einer Libe-

44 Zum Verhältnis von GATT-Recht und Gemeinschaftsrecht ausführlich: *Ehlermann*, in: *Hilf/Petersmann* (Hg.), S. 209 ff.; *Petersmann*, ebd., S. 119 ff.; *Tumlir*, ebd., S. 87 ff.; *Kim*, S. 28

ralisierung des internationalen Handels behindern konnte.[45] Außerhalb Europas erhob sich Widerspruch, besonders in den Commonwealth-Ländern, in den lateinamerikanischen Staaten und in Japan.

Kanada und Australien kritisierten beispielsweise die Möglichkeit einer protektionistischen Wirkung des gemeinsamen Außenzolltarifs und forderten für ihre industriellen und landwirtschaftlichen Produkte freien Zugang zum Gemeinsamen Markt. Kanada hatte die größten Bedenken im Hinblick auf seine Industrieprodukte, Australien sah in erster Linie seinen Agrarexport gefährdet.

Japan befürchtete eine Behinderung seiner Industrieproduktion, deren Waren hauptsächlich nach Europa und Südost-Asien gehen sollten. Als Folge des Gemeinsamen Marktes wurde mit verminderten Lieferchancen gerechnet, während auf den mittel- und nahöstlichen sowie den südostasiatischen Märkten eine zunehmende Konkurrenz von Waren aus den Mitgliedstaaten erwartet wurde.

Die Kritik aus Ländern der dritten Welt richtete sich vor allem gegen die Investitionspolitik der Mitgliedstaaten in Übersee. In Lateinamerika fürchtete man negative Effekte für das Weltangebot an Rohprodukten, die als Folge der hohen Investitionen der Europäer in den französischen überseeischen Gebieten den Weltmarkt überschwemmen würden. Außerdem sah man als Konsequenz der erhöhten Investitionen in Afrika einen Rückgang der Investitionstätigkeit in Lateinamerika voraus. Darüber hinaus wurden Sanktionen durch die EWG für möglich gehalten. Die lateinamerikanischen Staaten forderten die Einführung eines Systems von Handelspräferenzen, das zu einem gerechten Ausgleich der Interessen führen sollte.[46]

2. Die Entscheidung zur Unterstützung eines liberalen Welthandelssystems

Die Bedenken von Drittstaaten trugen dazu bei, sich für eine möglichst liberale Konzeption der gemeinsamen Handelspolitik zu entscheiden. Auf diese Weise sollte den Vorbehalten gegen die Errichtung des Gemeinsamen Marktes der Boden entzogen werden.[47] Wenn heute davon ausgegangen wird, daß bei der Ausrichtung der gemeinsamen Handelspolitik der freie Handel mit Drittstaaten angestrebt wird, stützt sich dieser Schluß neben Art. 110 z. B. auch auf Abs. VI der Präambel, auf Art. 18, Art. 111 Abs. V und Art. 29 lit. a, in denen der Ausbau des internationalen Handels

45 *Küsters*, S. 490
46 *Küsters*, S. 491
47 *Pescatore*, in: Les Nov., Nr. 2297

und der Abbau von Handelsschranken angesprochen werden und der Wille der Mitgliedstaaten zum Ausdruck kommt, der Zollpolitik und der gemeinsamen Handelspolitik einen liberalen Charakter zu geben.[48] Den Bedenken von dritter Seite wurde auch durch Art. 234 Rechnung getragen. In Art. 234 Abs. I wird klargestellt, daß die internationalen Verpflichtungen der Mitgliedstaaten, die vor Gründung der EWG eingegangen wurden, auch nach Inkrafttreten des EWGV Bestand haben würden. Dies ergab sich zwar bereits aus den Regeln des allgemeinen Völkerrechts und dem Grundsatz "pacta sunt servanda"[49], hatte hier aber auch psychologische Bedeutung angesichts der Befürchtungen außerhalb der Gemeinschaft.[50] Da die EWG auf dem Prinzip einer Vorzugsbehandlung der Mitgliedstaaten untereinander beruht, waren die meisten der von den Mitgliedstaaten vorher geschlossenen Verträge unvereinbar mit den Verpflichtungen, die sich aus dem EWGV ergaben. Durch Art. 234 wird also die Bereitschaft der Mitgliedstaaten betont, durch die Gründung der EWG die bestehende internationale Wirtschaftsordnung im Hinblick auf bereits eingegangene Verpflichtungen nicht zu stören.[51] Gem. Art. 234 Abs. II sollten vielmehr geeignete Mittel angewendet werden, um Unvereinbarkeiten zu beheben.

3. Maßnahmen zur Verwirklichung einer liberalen Handelspolitik

a) Multilaterale Vereinbarungen der GATT-Handelsrunden

Angesichts der politischen Hintergründe bei der Konzeption der Handelspolitik[52] drängt sich leicht der Schluß auf, es handele sich hier um eine reine Absichtserklärung zur Beruhigung der Handelspartner. Das Vorgehen der Gemeinschaft zeigt aber, daß ihr Bekenntnis zu einer liberalen Handelspolitik mehr als eine bloße Deklaration war.

Die grundsätzliche Entscheidung zu einer Politik der Handelsliberalisierung kam sowohl in den Vorschlägen der Gemeinschaft zu den GATT-Zollverhandlungen in den sechziger Jahren als auch in den Ergebnissen dieser Handelsrunden zum Ausdruck. Im Verlauf der Kennedy-Runde, 1964-67, akzeptierten die Teilnehmer schließlich Zollsenkungen, die ca. 70 % des gesamten Welthandels betrafen. Für 46 % des Welthandels wurden

48 Zu Begriff und Entwicklung des wirtschaftlichen Liberalismus vgl. *Zottmann*, S. 79 ff.; *Boelcke*, in: HdWW, Bd. V, S. 41 ff.

49 Art. 26 WVRK

50 Schlußanträge GA Lagrange zu EuGH RS. 10/61, Slg. 1962, S. 39

51 *Kim*, S. 29

52 *Catalano*, S. 354

die Zölle um mindestens 50 % gesenkt, und der durchschnittliche Gemeinsame Zolltarif der Gemeinschaft verminderte sich um 40 %.[53]

Diese Ergebnisse sprechen dafür, daß die Entscheidung für eine liberale Handelsordnung nicht nur politischem Kalkül entsprang und mehr war als eine Absichtserklärung.[54] Auch im Rahmen der Dillon-Runde, 1961-62, hatte sich schon der Wille der Gemeinschaft gezeigt, an einer allgemeinen Zollsenkung durch Kompensationsverhandlungen gem. Art. XXIV Ziff. 6 GATT mitzuwirken. Die Berechnung des Gemeinsamen Zolltarifs sah gemäß Art. 19 die Einsetzung des arithmetischen Mittels der in den vier Zollgebieten der Gemeinschaft angewandten Zollsätze vor.[55] Die Bundesrepublik und die Benelux-Staaten hatten im Vergleich zu Frankreich und Italien niedrigere Zollsätze. Für sie bedeutete die Aufstellung des GZT eine Erhöhung vieler Zollpositionen. Nach Auffassung der übrigen Mitgliedstaaten waren Kompensationsverhandlungen nicht erforderlich, weil durch die Methode des arithmetischen Mittels Zollerhöhungen in einem Land durch Zollsenkungen in anderen Ländern kompensiert würden. Die Bundesrepublik und die Benelux-Staaten teilten diese Ansicht nicht. Auch ihre Handelspartner drängten auf neue GATT-Verhandlungen gem. Art. XXIV Ziff. 6 GATT. Die EWG willigte daraufhin in separate Kompensationsverhandlungen über ca. 200 Produkte ein, deren Ergebnisse allerdings noch nicht so bedeutend waren wie die der folgenden Kennedy-Runde.[56]

Im Rahmen der Tokio-Runde, 1973-79, wurde die Entwicklung der Zollsenkungen weiter vorangetrieben. Der Abbau der Zollbelastungen betrug ca. 38 % als arithmetisches Mittel sämtlicher Zollpositionen.[57]

Die Regelungen über den Gemeinsamen Zolltarif stehen unter dem allgemeinen Grundsatz des Art. 18, worin sich die Mitgliedstaaten zur Senkung des GZT durch Verhandlungen mit Drittstaaten verpflichten. Die Resultate der GATT-Zollverhandlungen machen deutlich, daß diese Verpflichtung ernst genommen wurde. Zollsenkungen als Ergebnisse der GATT-Handelsrunden waren aber nicht die einzigen Schritte zur Liberalisierung des internationalen Handels, an denen die Gemeinschaft mitwirkte. Daneben wurde eine Vielzahl von Nebenabkommen geschlossen,

53 *Steenbergen*, in: CMLR 1980, S. 246; zu den Auswirkungen der Dillon- und der Kennedy-Runde vgl. auch *Belassa*, in: JWTL 1978, S. 409 ff.; siehe auch Beschluß 68/411/EWG des Rates über den Abschluß der auf der Handelskonferenz 1964-67 unterzeichneten mehrseitigen Übereinkommen v. 27.11.1967, ABl. L 305/1 v. 19.12.1968

54 *Everling*, in: WEGS, Art. 110 Rz. 1

55 Die vier Zollgebiete waren die Zollunion der Benelux-Staaten, die Bundesrepublik, Frankreich und Italien.

56 *Senti*, S. 74 f., auch zu den anderen GATT-Runden, S. 70-95

57 *Senti*, S. 88; siehe auch Beschl. 80/271 des Rates über den Abschluß der multilateralen Übereinkommen, die im Rahmen der Handelsrunde von 1973-79 ausgehandelt wurden v. 10.12.1979, ABl. L 71/1 v. 17.3.1980

die dem gleichen Ziel dienten und an denen sich die Gemeinschaft ebenfalls beteiligte.[58]

In diesem Zusammenhang ist auch die Mitwirkung der Gemeinschaft an den internationalen Rohstofforganisationen zu nennen, woraus auch das schrittweise Hineinwachsen der Gemeinschaft in multilaterale Konventionen oder internationale Organisationen ersichtlich wird.[59]

b) Bilaterale Vereinbarungen

Neben den Ergebnissen der GATT-Handelsrunden gibt es andere Beispiele, die das gemeinschaftliche Engagement für ein liberales Handelssystem unterstreichen.

In den Freihandelsabkommen, die 1972/73 nach dem EG-Beitritt der ehemaligen EFTA-Staaten Großbritannien, Irland und Dänemark mit Österreich,[60] der Schweiz,[61] Schweden,[62] Portugal,[63] Island,[64] Norwegen[65] und Finnland[66] geschlossen wurden, findet sich eine Vielzahl von Bestimmungen, die den Handel mit diesen Ländern erleichtern sollen. Der Inhalt dieser Abkommen ist weitgehend übereinstimmend.[67] Einer ihrer Hauptbestandteile ist die Abschaffung der Zölle für die meisten Waren bis zum Jahr 1977.[68] Daneben enthalten sie Bestimmungen, die die Einführung von neuen Abgaben gleicher Wirkung wie Einfuhrzölle untersagen. Ebenso wird die Festsetzung von Ausfuhrzöllen bzw. Abgaben gleicher Wirkung ausgeschlossen. Bestehende Ausfuhrzölle und Abgaben gleicher Wirkung werden innerhalb bestimmter Fristen beseitigt.[69] Weiterhin sind neue mengenmäßige Beschränkungen und Maßnahmen gleicher Wirkung unzulässig; bestehende mengenmäßige Beschränkungen und Maßnahmen gleicher Wirkung werden abgeschafft.[70] Die mit dem Warenverkehr zusammenhängenden Zahlungen unterliegen gem. Art. 19 keinen Beschränkungen. Nach Art. 18 sind steuerliche Maßnahmen oder Praktiken untersagt, die unmittelbar oder mittelbar die Erzeugnisse der Vertragsparteien diskriminieren. Art. 23 verbietet bestimmte Wettbe-

58 Vgl. die Auflistung bei *Vedder*, in: Grabitz, Art. 113, Rz. 201 ff.
59 *Vedder*, Die auswärtige Gewalt, S. 180
60 ABl. 1972, L 300/1
61 ABl. 1972, L 300/189
62 ABl. 1972, L 300/97
63 ABl. 1972, L 301/165
64 ABl. 1972, L 301/2
65 ABl. 1972, L 171/2
66 ABl. 1973, L 328/2
67 Die folgenden Angaben beziehen sich auf das Abkommen mit Österreich.
68 Vgl. Art. 3 des Abkommens mit Österreich
69 Vgl. Art. 6, 7 des Abkommens mit Österreich
70 Art. 13 des Abkommens mit Österreich

werbspraktiken, die den Warenverkehr zwischen den Vertragsparteien behindern können, wie z. B. wettbewerbsverfälschende Vereinbarungen oder abgestimmte Verhaltensweisen von Unternehmen und Unternehmensvereinigungen, mißbräuchliche Ausnutzung einer marktbeherrschenden Stellung und wettbewerbsverfälschende staatliche Beihilfen. In den Art. 24-26 sind die Voraussetzungen für die Anwendung von handelspolitischen Schutzmaßnahmen festgelegt. Für daraus entstehende Streitigkeiten ist ein Konsultations- und Streitschlichtungsverfahren gem. Art. 28 vorgesehen.

Die in allen Abkommen enthaltene Unbeschadetheitsklausel[71] bewirkt, daß sich die durch die einzelnen Verträge errichteten bilateralen Freihandelszonen zu einer großen Freihandelszone vereinigen, welche die Gemeinschaft und die EFTA-Staaten umfaßt. Dies ist weltweit das größte Freihandelssystem, in dessen Grenzen ca. ein Viertel des Welthandels stattfindet.[72]

Neben diesen Freihandelsabkommen hat die Gemeinschaft eine große Zahl von Handelsabkommen geschlossen, die teilweise umfassende Regelungen des Handelsverkehrs beinhalten. Daneben wurden zahlreiche sektorale Übereinkommen vereinbart, die sich auf bestimmte Waren oder Warengruppen beziehen und oft zeitlich befristet sind.[73] Insgesamt besteht ein nahezu weltweites Netz vertraglich geregelter Handelsbeziehungen: die obengenannten Präferenzabkommen auf der Basis von Art. 113 mit den EFTA-Staaten, nichtpräferentielle Handelsabkommen mit mehreren lateinamerikanischen sowie mittel- und ostasiatischen Staaten, außerdem die Präferenzabkommen auf der Basis von Art. 238 mit den AKP- und den Mittelmeerstaaten. Zu den meisten Staatshandelsländern bestehen bis jetzt keine vertraglichen Beziehungen.[74] Nach der gemeinsamen Erklärung von EWG und RGW über die Aufnahme offizieller Beziehungen zwischen der Europäischen Wirtschaftsgemeinschaft und dem Rat für gegenseitige Wirtschaftshilfe vom 25.6.1988[75] ist jedoch zu erwarten, daß mit dieser Staatengruppe künftig vermehrt Abkommen geschlossen werden können.

71 Art. 17 des Abkommens mit Österreich

72 Vgl. die gemeinsame Erklärung des EWG-EFTA-Ministertreffens v. 9.4.1984, in: EA 1984, D, S. 339 ff.

73 Vgl. die Auflistung aller Abkommen mit Drittländern im Fundstellennachweis des geltenden Gemeinschaftsrechts

74 Ausnahmen: Rumänien, Abkommen v. 16.12.1980, ABl. 1980, L 352/1 und Jugoslawien, Abkommen v. 24.1.1983, ABl. 1983, L 41/2

75 ABl. 1988, L 157/35

c) Autonome Maßnahmen

Beispiele für konkrete Maßnahmen der Gemeinschaft zum Abbau von Hindernissen im internationalen Handel finden sich nicht nur in der vertraglichen, sondern auch in der autonomen Handelspolitik. Gemäß Art. 111 Abs. V waren die Mitgliedstaaten schon während der Übergangszeit verpflichtet, ihre Liberalisierungslisten gegenüber dritten Ländern oder Gruppen von dritten Ländern auf einem möglichst hohen Stand untereinander zu vereinheitlichen, um dem in Art. 110 enthaltenen Gebot der Beseitigung von Handelsschranken zu genügen. Heute gehört die Regelung von Einfuhren zum Bereich der Handelspolitik. Grundlagen der Einfuhrpolitik sind heute die VO/EWG Nr. 288/82 des Rates vom 5.2.1982, betreffend die gemeinsame Einfuhrregelung[76] und die VO/EWG Nr. 1765/82 des Rates vom 30.6.1982 über die gemeinsame Regelung für die Einfuhr aus Staatshandelsländern.[77] Für Einfuhren aus der Volksrepublik China gilt die VO/EWG Nr. 1766 des Rates vom 30.6.1982.[78] Die Einfuhren aus Ländern, die der VO/288/82 unterliegen, sind nahezu vollständig liberalisiert. Bei Einfuhren aus Staatshandelsländern sind ca. 90-95 % der Waren von mengenmäßigen Beschränkungen befreit.[79]

Gemäß der VO/EWG Nr. 2603/69 des Rates vom 20.12.1969 zur Festlegung einer gemeinsamen Ausfuhrregelung[80] wurde die Ausfuhr fast aller Waren liberalisiert.

Eine weitere Maßnahme der Gemeinschaft zur Förderung des internationalen Handels ist das Allgemeine Präferenzsystem (APS) im Rahmen der EG-Entwicklungspolitik. Durch das APS werden ca. 130 Entwicklungsländern und ca. 20 von den Mitgliedstaaten und von dritten Staaten abhängigen Gebieten Vergünstigungen für bestimmte Produkte in der Weise gewährt, daß Zollfreiheit eingeführt wird, Präferenzzölle erhoben oder Gemeinschaftszollkontingente eröffnet werden.[81] Das APS wird einseitig gewährt und weicht von den GATT-Grundsätzen der Reziprozität und Meistbegünstigung ab, was zugunsten von Entwicklungsländern im Rahmen der Tokio-Runde von den GATT-Vertragsparteien akzeptiert wurde.[82]

76 ABl. 1982, L 35/1, geändert durch VO/EWG Nr. 1343/86 des Rates vom 28.5.1986, ABl. 1986, L 113/1
77 ABl. 1982, L 195/1
78 ABl. 1982, L 195/21
79 BBPS, S. 534
80 ABl. 1969, L 324/25, geändert durch VO/EWG Nr. 1934/82 des Rates v. 12.7.1982 ABl. 1982, Nr. L 211/1
81 Vgl. VO Nr. 3599/85 des Rates, ABl. 1985, L 352/1
82 *Vedder*, in: Grabitz, Art. 113, Rz. 89, vgl. auch Art. XXXVI-XXXVIII GATT, insbesondere Art. XXXVI, Ziff. 8; ausführlicher zum APS: *Borrmann*, in: Hasenpflug (Hg.), S. 391 ff.

Angesichts dieser konkreten Maßnahmen zur Erleichterung des Welthandels kann die Entscheidung der Gemeinschaft für eine liberale Außenhandelspolitik nicht als bloße Absichtserklärung aus politischen Erwägungen angesehen werden. Die tatsächlich erreichten Fortschritte bei der Gestaltung der rechtlichen Rahmenbedingungen des internationalen Handels und die statistischen Daten lassen eine solche Betrachtungsweise nicht zu. Das Bekenntnis der Gemeinschaft zu handelspolitischem Liberalismus hat sich in ihrem Verhalten manifestiert.[83]

C. Grenzen des Freihandels

1. Der Vorrang der wirtschaftlichen Ziele in der Gemeinschaft

Trotzdem kann nicht übersehen werden, daß es Umstände gibt, die einer vorbehaltlos liberalen Ausrichtung des gemeinschaftlichen Außenhandels entgegenstehen und bei der Gestaltung der gemeinsamen Handelspolitik Berücksichtigung finden. Die gemeinsame Handelspolitik konnte anfangs nur eine Form annehmen, die sich aus einem Kompromiß der nationalen Politiken der Mitgliedstaaten ergab: Die Benelux-Länder und die Bundesrepublik neigten vor Gründung der EWG mehr zu einer liberalen Außenhandelspolitik, Frankreich und Italien waren eher protektionistisch eingestellt. Mit der schrittweisen Einrichtung des Gemeinsamen Marktes wurde nun eine neue wirtschaftliche Einheit geschaffen, die auf dem Gebiet der Mitgliedstaaten Gestalt annahm. Damit war und ist die Handelspolitik auch den wirtschaftlichen Erfordernissen der Mitgliedstaaten unterworfen.[84] Vor allem gibt es aber eigene wirtschaftliche Ziele der Gemeinschaft, die in der Präambel[85] und in Art. 2 definiert werden. Vorrangige Interessen sind demnach eine harmonische Entwicklung des Wirtschaftslebens innerhalb der Gemeinschaft, Wirtschaftswachstum, Stabilität, beschleunigte Anhebung der Lebenshaltung und engere Beziehungen zwischen den Staaten, die in der Gemeinschaft zusammengeschlossen sind. In Art. 3 sind Tätigkeitsbereiche angegeben, welche die in Art. 2 angegebenen Mittel zur Verwirklichung der Vertragsziele präzisieren. Die in Art. 2 genannten Mittel sind die Errichtung eines Gemeinsamen Marktes und die schrittweise Annäherung der Wirtschaftspolitik der Mitgliedstaaten. Art. 3 beschreibt also unter ausdrücklicher Bezugnahme auf Art. 2 die Tätigkeitsbereiche der Gemeinschaft und ist eine Ausführungsvorschrift

83 *Rhein*, in: Neuer Protektionismus in der Weltwirtschaft und EG-Handelspolitik, S. 73 ff.

84 *Kim*, S. 143

85 Abs. 2-5

zu den Zielbestimmungen des Art. 2.[86] Somit dient auch die in Art. 3 lit. b angesprochene Einführung einer gemeinsamen Handelspolitik gegenüber dritten Ländern in erster Linie den Zielen des Art. 2. Diese Ziele beziehen sich vor allem auf Vorgänge, die innerhalb der Gemeinschaft ablaufen und dort ihre positiven Wirkungen entfalten sollen. Das heißt, daß auch die Handelspolitik den Zielen zu folgen hat, die im Inneren der Gemeinschaft angestrebt werden sollen.[87] Die Erreichung der grundsätzlichen Ziele des Art. 2 kann aber unter Umständen - zumindest zeitweilig - dazu führen, daß zum Schutz der Gesamtinteressen der Gemeinschaft Maßnahmen ergriffen werden müssen, die mit dem Idealbild eines möglichst vollständig liberalisierten Außenhandels nicht vereinbar sind.[88] Nach den allgemeinen Ein- und Ausfuhrregelungen können z. B. Schutzmaßnahmen in Form von Überwachungsmaßnahmen und mengenmäßigen Beschränkungen angewendet werden, sofern die Entwicklung der Einfuhren Marktstörungen verursacht oder zu verursachen droht.[89] Ein weiteres Beispiel für Maßnahmen, die den Außenhandel drosseln, sind die Selbstbeschränkungsabkommen im Textilsektor, die regelmäßig mit den wichtigsten Lieferländern im Rahmen des Multifaserabkommens[90] geschlossen werden. In diesen Abkommen werden von den Ausfuhrländern zu beachtende Höchstmengen für die Einfuhr bestimmter Textilien festgelegt.[91] Auf diese Weise sollen Marktstörungen verhindert und die Textilindustrie in der Gemeinschaft geschützt werden.

Darüber hinaus besteht in diesem Bereich die Möglichkeit, gemäß der VO/EWG Nr. 3589/82 des Rates[92] Höchstmengen für die Einfuhr bestimmter Textilwaren festzulegen, was oft in Anspruch genommen wird.[93] Ebenso enthalten die Agrarmarktordnungen Schutzklauseln, die häufig angewendet werden, wenn der Markt der jeweiligen Produkte wegen Aus- und Einfuhren ernstlichen Störungen ausgesetzt oder von ernstlichen Störungen bedroht ist.[94] Mit solchen Maßnahmen können also bestimmte

86 *Grabitz*, in: Grabitz, Art. 3, Rz. 1; *Zuleeg*, in: GBTE, Art. 3, Rz. 2; vgl. auch EuGH RS. 249/81, Slg. 1982, S. 4023

87 In diesem Zusammenhang stehen auch die wirtschafts- und währungspolitischen Vorgaben des Art. 104 für die Wirtschaftspolitik der Mitgliedstaaten.

88 Vgl. EuGH, GA 1/75, Slg. 1975, S. 1363

89 Siehe Art. 3-18 der VO/EWG, Nr. 288/82 des Rates, ABl. 1982, L 35/1; Art. 3-14 der VO/EWG, Nr. 1765/82 des Rates, ABl. 1982, L 195/1

90 ABl. 1974, L 118/2; ABl. 1982, L 83/9

91 ABl. 1975, L 378/1; L 381/1; zu den Selbstbeschränkungsabkommen auch *Krenzler*, in: RIW/AWD 1983, S. 423 ff.

92 ABl. 1972, L 374/106

93 *Vedder*, in: Grabitz, Art. 113, Rz. 145

94 Z. B. Art. 29 der VO/EWG Nr. 1035/72 des Rates über eine gemeinsame Marktordnung für Obst und Gemüse, ABl. 1972, L 118/1; siehe auch die VO/EWG 2707/72 des Rates zur Festlegung der

Wirtschaftszweige im Gemeinsamen Markt geschützt werden, die im Vergleich zu Wettbewerbern aus Drittländern weniger konkurrenzfähig sind.[95]

Die Gemeinschaft kann demnach frei darüber entscheiden, ihrer gemeinsamen Handelspolitik eine Ausrichtung zu geben, die in erster Linie ihren eigenen Interessen dient, seien es Interessen im Inneren des Gemeinsamen Marktes oder nach außen hin.[96] Die Aussagen zum Prinzip des Freihandels, wie sie z. B. in den Art. 18, 29 lit. a und 110 erscheinen, müssen vor dem Hintergrund gesehen werden, daß der Aufbau des Gemeinsamen Marktes grundsätzlich auch dem Schutz der Interessen der Mitgliedstaaten dient und daß der Vertrag im Bereich des Außenhandels zwei gegenläufige Tendenzen enthält: einerseits das liberale Prinzip, andererseits den Schutz von Eigeninteressen.[97] Der liberale Charakter der Außenhandelspolitik wird also zwangsläufig, wie bei einem Staat, von internen ökonomischen Interessen determiniert. Dies gilt um so mehr für die Gemeinschaft, da die Motive für ihre Gründung hauptsächlich im inneren Bereich liegen, wie sich aus der Aufgabenstellung des Art. 2 ergibt. Unter diesen Bedingungen kann eine liberale Handelspolitik nur soweit erwartet werden, wie es dem Erfordernis der Funktionsfähigkeit des Gemeinsamen Marktes entspricht.

2. Die Gegenseitigkeit

Im Außenhandel stehen sich entgegengesetzte Interessen gegenüber. Daraus ergibt sich, daß der Liberalismus in umgekehrter Richtung verläuft wie die Vorteile, die von den Handelspartnern zugestanden werden.

Die Verwendung des Begriffes der Gegenseitigkeit im EWGV scheint vor allem vom GATT beeinflußt zu sein, wo er in Art. XXVIII, Ziff. 2 und Art. XXVIII bis Ziff. 1, erscheint.[98] Im EWGV wird in Art. 18 die Gegenseitigkeit als anwendbares Kriterium bei Zollverhandlungen angesprochen, und in Art. 238 erscheint der Begriff in Zusammenhang mit der Ausgestaltung von Assoziierungsverträgen mit dritten Staaten und Organisationen.

Voraussetzungen für die Anwendung von Schutzmaßnahmen auf dem Sektor Obst und Gemüse, ABl. 1972, L 291/3

95 *Dittmar*, in: Gemper (Hg.), S. 18 f.

96 *Flaesh-Mougin*, S. 49

97 *Pescatore*, in: Les Nov., Nr. 2298; *Kim*, S. 144

98 Über die Gegenseitigkeit als Leitlinie bei den GATT-Verhandlungen siehe *Seyid Muhammad*, S. 101 ff.; *Jackson*, S. 241 ff.; allg. zur Gegenseitigkeit im Völkerrecht: *Decaux*, La réciprocité en droit international, passim; *Schaumann*, in: Strupp-Schlochauer, WBV, S. 630 ff.

Anschrift für Ihre Werbesendung

Vor- und Zuname

Straße und Hausnummer

Postleitzahl, Wohnort

☐ Meine Anschrift bitte ich in Ihre Adressenliste einzutragen

Carl Heymanns Verlag KG
Luxemburger Straße 449

5000 Köln 41

In den meisten Abkommen der Gemeinschaft mit Drittstaaten wird mehrfach und ausdrücklich auf das gegenseitige Zugestehen von Handelsvorteilen verwiesen. Sowohl in den Präambeln als auch in den Vertragstexten selbst wird dabei klargestellt, daß die Grundlage der handelspolitischen bzw. allgemeinwirtschaftlichen Zusammenarbeit das Prinzip der Gegenseitigkeit sein soll. Dies ist grundsätzlich sogar in Abkommen mit wenig entwickelten Ländern der Fall.[99]

In den Abkommen mit Entwicklungsländern wird jedoch auf deren ökonomische Situation Rücksicht genommen, wodurch die Handelspolitik nuanciert angewendet werden kann.[100] Auf diese Weise sollen durch Zugeständnisse seitens der Gemeinschaft die Einnahmen der Entwicklungsländer aus Exporten erhöht werden. Eine ähnliche Tendenz findet sich auch im Rahmen des GATT.[101] Das Prinzip der Gegenseitigkeit ist demnach zwar ein Grundsatz der gemeinsamen Handelspolitik, wird aber nicht immer in gleicher Weise, sondern mit Abstufungen, die auf die Situation der Handelspartner abstellen, zur Anwendung gebracht.

3. Neuer Protektionismus im internationalen Handel

a) Die abnehmende Bedeutung der Zölle

Neben den wirtschaftlichen Zielen im Inneren der Gemeinschaft beeinflussen auch neue Entwicklungen des internationalen Handels die Gestaltung der gemeinsamen Handelspolitik. Die relativ geradlinige Entwicklung in Richtung auf eine weltweite Liberalisierung des Handels, die 1947 zur Gründung des GATT[102] führte, hat sich in den letzten Jahren nicht fortgesetzt.

99 Z. B. Abs. 3 der Präambel und Art. 5 Abs. 1 des Kooperationsabkommens mit Jugoslawien, ABl. 1983, L 41/2; Abs. 3 der Präambel, Art. 3 Buchst. a, c, des Kooperationsabkommens mit den ASEAN-Staaten, ABl. 1980, L 144/2; Art. 2 Abs. 3 Buchst. a, b, Art. 3 Abs. 1 des Rahmenabkommens mit Brasilien, ABl. 1982, L 281/2; Art. 1, 5, 7 des Handelsabkommens mit Bangladesh, ABl. 1976, L 319/2

100 Vgl. z. B. Abs. 1 der Präambel, Art. 1, 2, 14 des Kooperationsabkommens mit Jugoslawien; Abs. 4 der Präambel, Art. 4 des Kooperationsabkommens mit den ASEAN-Staaten; Abs. 5 der Präambel des Rahmenabkommens mit Brasilien; Abs. 3 der Präambel des Abkommens über handelspolitische Zusammenarbeit mit Bangladesh (Fundstellen siehe vorherige Fn.); Art. 1 des Abkommens mit Mexiko, ABl. 1975, L 247/11; Abs. 4, 6, 12 der Präambel, Art. 2 Abs. 1-3 des Kooperationsabkommens mit den Ländern des Vertrages von Cartagena (Bolivien, Kolumbien, Ecuador, Peru, Venezuela), ABl. 1984, L 153/2

101 Art. XVIII, XXXVI-XXXVIII GATT; dazu auch *Senti*, S. 92, 264 ff.

102 Zur Entstehung und zum Aufbau des GATT vgl. *Jackson*, Kap. 2-8; *Senti*, S. 16 ff., 37 ff.; *Petersmann*, in: ArchVR, Bd. 19, 1980/81; S. 23 ff.

Seit Mitte der siebziger Jahre nehmen im Handel der entwickelten Staaten protektionistische Tendenzen zu.[103] Der Handel mit den Entwicklungsländern ist von beachtlichem strukturellen Ungleichgewicht und verlangt mehr und mehr nach positiven Förderungsmaßnahmen.

Unter den Begriff Protektionismus fallen Zölle, nichttarifäre Handelshemmnisse, Exportsubventionen und mehrere andere Handels- und Wettbewerbsbeschränkungen, die zum Schutz nationaler Erzeuger ergriffen werden.[104] Die Bedeutung nichttarifärer Handelshemmnisse für den internationalen Handel ist auch Gegenstand der neuen GATT-Handelsrunde (Uruguay-Runde), in deren Verlauf über Gegenmaßnahmen Einigkeit erzielt werden soll.[105] Einer der Gründe, warum die nichttarifären Handelshemmnisse an Bedeutung gewinnen, liegt in dem weitgehenden Abbau der Zölle im Rahmen des GATT in den vergangenen Jahrzehnten. Es wird immer schwieriger, den internationalen Handel durch Zollsenkungen zu beeinflussen, wenn die durchschnittlichen Zölle schon niedrig sind und Teile des Welthandels sogar zollfrei.[106] Abhängig von der jeweiligen Verarbeitungs- und Veredelungsstufe werden in den Industriestaaten unterschiedliche Zollsätze angewendet. Der Import von Grundstoffen ist nach Ende der Tokio-Runde in fast allen Industriestaaten zollfrei, Halbfertigfabrikate werden mit durchschnittlich ca. 4 % belastet und Fertigprodukte mit durchschnittlich rund 7 %.[107] Ein Absenken der Zölle wird damit zunehmend unwirksam als Mittel zur Beseitigung protektionistischen Verhaltens.

b) Die zunehmende Bedeutung nichtttarifärer Handelshemmnisse

aa) Begriff der nichttarifären Handelshemmnisse

Das Entstehen nichttarifärer Handelshemmnisse muß nicht notwendigerweise die Folge von protektionistischer Politik eines Staates sein; vielmehr führt nahezu jeder Versuch, wirtschaftliche Tätigkeit zu regeln, z. B. technische Mindestanforderungen aus Sicherheitsgründen für bestimmte Produkte durchzusetzen, dazu, daß neue nichttarifäre Handelshemmnisse entstehen. Auf der anderen Seite können Argumente wie z. B. der Verbraucherschutz oder die Notwendigkeit gewisser technischer Normen die dahinterstehende protektionistische Motivierung leicht verschleiern.

103 *Donges*, in: Zeitschrift für Unternehmensgeschichte, Beiheft 37, S. 56, 58 f.

104 *Petersmann*, in: RabelsZ. 1983, S. 478

105 Vgl. den Text der Ministererklärung von Punta del Este, in: EA 1987 D., S. 151 ff.; zur Uruguay-Runde auch *Witt*, in: EA 1988, S. 41 ff.

106 *Steenbergen*, in: CMLR 1980, S. 246

107 *Senti*, S. 132; zu den Zollbelastungen vor der Tokio-Runde siehe *Jägeler*, S. 20 ff.; *Baldwin*, in: EA 1974, S. 555

Der Begriff nichttarifäre Handelshemmnisse meint Eingriffe in den internationalen Güter- und Leistungsverkehr, die anstatt tarifärer Handelshemmnisse, d. h. Zöllen, vorgenommen werden und das Ausmaß, die Struktur und/oder die Richtung der Güter- und Leistungsströme verzerren. Was eine Verzerrung ist, ergibt sich aus dem Vergleich mit der Freihandelssituation. Die nichttarifären Handelshemmnisse können den Zugang ausländischer Anbieter oder Käufer zum inländischen Absatz- oder Beschaffungsmarkt erschweren oder die Wettbewerbsfähigkeit inländischer Produzenten gegenüber ausländischen Konkurrenten auf dem Binnenmarkt oder dem Weltmarkt künstlich verbessern. In jedem Fall differenzieren nichttarifäre Handelshemmnisse zwischen in- und ausländischen Anbietern oder Käufern von Gütern und Dienstleistungen,[108] haben also diskriminierende Wirkung.

bb) Systematisierung der nichttarifären Handelshemmnisse

Die Art. III, VIII und XI des GATT sehen die Beseitigung der nichttarifären Handelshemmnisse vor. Die Vielgestaltigkeit und Wandelbarkeit dieser Handelshemmnisse konfrontiert dieses Vorhaben jedoch mit erheblichen Schwierigkeiten. Einen Überblick über die nichtttarifären Handelshemmnisse ergibt die folgende Systematisierung.[109]

(1) Nichttarifäre Handelshemmnisse aufgrund direkt protektionistischer Gesetze

Darunter fallen zum einen preisbeeinflussende Handelshemmnisse, die ihrerseits wieder unterteilt werden können in:

- preisliche Belastung der Einfuhr wie Einfuhrzuschläge, Einfuhrabschöpfungen, Einfuhrdepots, Einfuhrgebühren und Einfuhrausgleichssteuern,
- preisliche Belastung der Ausfuhr,
- preisliche Entlastung der Inlandsproduktion,
- preisliche Entlastung der Ausfuhr.

Zum anderen fallen unter diese Gruppe die mengenbeschränkenden Handelshemmnisse. Diese lassen sich unterteilen in:

- Beschränkungen der Einfuhrmenge mit Einfuhrverboten und Einfuhrkontingenten,

108 *Donges*, in: HdWW, Bd. 3, S. 784; *Petersmann*, in: RabelsZ 1983, S. 478 f.; *Baldwin*, in: EA 1974, S. 555

109 Grundlage dieses Überblicks ist die Systematik von *Quambusch*, S. 46 ff.; siehe auch *Senti*, S. 147 ff.; *Hasenpflug/Kebschull*, in: Wirtschaftsdienst des HWWA, 1976, S. 129

- freiwillige Exportbeschränkungsabkommen,
- Beschränkungen der Ausfuhrmenge mit Ausfuhrverboten und Ausfuhrkontingenten.

Darüber hinaus gehören die Bestimmungen zur Förderung der Verwendung inländischer Erzeugnisse in diese Kategorie. Das sind:

- Präferenzen im öffentlichen Vergaberecht,
- Verwendungszwang,
- Preiskontrollen,
- diskriminierende Steuern und Gebühren.

(2) Nichttarifäre Handelshemmnisse aufgrund indirekt protektionistischer Gesetze

Maßnahmen dieser Art sind erstens Schutzvorschriften, die sich einteilen lassen in:

- Verbraucherschutzvorschriften mit Kennzeichnungszwang und Absatzvorschriften,
- Vorschriften zum Schutz des Lebens und der Gesundheit von Mensch, Tier und Pflanze,
- technische Normen und Sicherheitsvorschriften.

Zweitens gehören hierzu Verfahrensvorschriften, die sich gliedern in:

- Vorschriften für die Vergabe von Ein- und Ausfuhrlizenzen,
- Vorschriften im Zusammenhang mit der Verzollung wie Ausfuhrformalitäten, Zollklassifizierungen, Zollwertbestimmungen und Zollbeschwerdeverfahren,
- Vorschriften für die Erhebung von Antidumping- und Ausgleichszöllen.

(3) Nichttarifäre Handelshemmnisse in Form von Ermessensentscheiden und Willkürakten

Dies sind Handelshemmnisse, die auf Eingriffen von seiten der Verwaltung durch Ermessensentscheide, auf geheimen Regierungsanweisungen und auf Willkürakten und Schikanen durch die Verwaltung beruhen. Eine nähere Klassifizierung ist bei dieser Gruppe kaum möglich. Die zahlreichen Erscheinungsformen dieser Handelshemmnisse sind aber ein Zeichen dafür, daß sich immer wieder Gesetzeslücken finden lassen, mit denen bestehende Vorschriften umgangen, festgelegte Verfahrensweisen geändert und alte Regelungen in anderer Weise ausgelegt werden können.

cc) Die Einteilung der nichttarifären Handelshemmnisse durch das GATT-Verzeichnis

Das im Rahmen des GATT 1968 eingerichtete Verzeichnis nichttarifärer Handelshemmnisse nimmt folgende Einteilung vor:[110]

- direkte Teilnahme der Regierung am Handel,
- Verfahrensvorschriften über die Abfertigung der Importe an der Grenze,
- Erlasse über Normen,
- mengenmäßige Limitierung des Imports und Exports über Preisvorschriften.

dd) Der Einfluß nichttarifärer Handelshemmnisse auf den internationalen Handel

In einer Untersuchung aus dem Jahre 1967 wird davon ausgegangen, daß in den Industriestaaten ca. 18 % der gesamten Importwerte durch nichttarifäre Handelshemmnisse betroffen sind.

In der folgenden Übersicht werden die Ergebnisse für neun Länder bzw. Ländergruppen angegeben.[111]

Land	Anteil der von nichttarifären Handelshemmnissen betroffenen Importe in % der Gesamtimporte[112]
USA	39
Japan	32
Belgien-Luxemburg	30
BRD	26
Frankreich	20
Italien	19
Niederlande	14
Großbritannien	13
Kanada	11
19 ausgewählte Staaten (insgesamt)[113]	18

110 Vgl. GATT, The Tokyo Round of Multilateral Trade Negotiations, Genf, 1979, S. 50, zit. nach *Senti*, S. 148 f.

111 *Ingo Walter*, Non-Tariff Protection among Industrial Countries: Some Preliminary Evidence. In: Economia Internazionale, Vol. 25 (1972), Nr. 2, zit. nach: *Jägeler*, S. 25

112 Erfaßt sind nur solche nichttarifären Handelshemmnisse, die in bewußt handelsbeschränkender Absicht angewendet werden bzw. von Zeit zu Zeit diesem Zweck dienen.

113 Neben den in der Tabelle aufgeführten Ländern fallen darunter: Dänemark, Finnland, Norwegen, Schweden, Schweiz, Österreich, Portugal, Irland, Australien und Neuseeland

Ein im Jahr 1981 vom Sekretariat des GATT aufgestelltes Verzeichnis enthält allein für den gewerblichen Handel über 600 dem GATT bekannte nichttarifäre Handelsbeschränkungen, z. B. bei Zollverfahren, technischen Produktanforderungen oder Regierungskäufen. Eine genaue Messung des Ausmaßes des Verwaltungsprotektionismus ist nicht möglich. Schätzungen zufolge sind aber seit 1975 5-6 % des internationalen Handels neuen Beschränkungen unterworfen worden, und 40 % des Welthandels insgesamt sind danach von nichttarifären Handelshemmnissen betroffen.[114]

4. Handelsschutzinstrumente der Gemeinschaft

a) Einfuhrpolitik

aa) Instrumente des Zollrechts und mengenmäßige Beschränkungen

Im Jahre 1968 wurde der Gemeinsame Zolltarif (GZT) nach Abschaffung der Zölle und Abgaben gleicher Wirkung zwischen den Mitgliedstaaten gemäß Art. 12-17 durch die VO/EWG Nr. 950/68 des Rates über den GZT eingeführt,[115] womit die nach Art. 9 als Grundlage der Gemeinschaft vorgesehene Zollunion entsprechend den Art. 18-29 geschaffen wurde. Der in einem Anhang der VO/EWG 950/68 enthaltene GZT wird jedes Jahr neu veröffentlicht.[116] Da alle Gründungsmitglieder der EWG auch Vertragsparteien des GATT waren, mußte der GZT den Voraussetzungen des Art. XXIV GATT entsprechen. Der GZT enthält die gegenüber allen Drittstaaten generell geltenden autonomen und vertraglichen Zollsätze für die einzelnen Waren.[117] Als vertragsmäßig gilt ein Zollsatz, der nach Verhandlungen im Rahmen des GATT konsolidiert worden ist. Für den Fall, daß die Gemeinschaft von konsolidierten Zollsätzen abweichen will, sind zuvor Neuverhandlungen im Rahmen des GATT erforderlich. Besondere autonome Zollsätze für Waren aus bestimmten Ländern, vor allem das APS[118] und Präferenzzölle, die durch Abkommen gewährt werden, gehen dem GZT vor.[119]

Die konkrete Anwendung der Zollvorschriften ist Aufgabe der nationalen Verwaltungen in den einzelnen Mitgliedsländern. Von daher besteht ein verhältnismäßig großer Spielraum für Verwaltungsprotektionismus,

114 *Petersmann*, in: RabelsZ 1983, S. 479

115 ABl. 1968, L 172/1

116 Für 1988 siehe ABl. 1987, L 336/14

117 Vgl. EuGH, RS 7/68, Slg. 1968, S. 642 zur Frage, welche Waren unter die Vorschriften über die Zollunion fallen

118 ABl. 1971, L 142/1

119 *Vedder*, in: Grabitz, Art. 113, Rz. 88

dessen tatsächliches Ausmaß nur schwer erfaßbar ist. Das Einfuhrsystem ist darüber hinaus in der Weise aufgebaut, daß nicht für jede Einfuhrware ein einheitlicher Wertzoll anfällt, sondern nach einzelnen Waren und Ländern differenziert wird, was das Verzollungsverfahren zu einem komplizierten Verwaltungsakt werden läßt.[120] Die Folgen dieses Systems sind Schwierigkeiten und Kosten schon bei der Information über das Verzollungsverfahren, die ein nichttarifäres Handelshemmnis darstellen.

Darüber hinaus existieren einige Modifikationen bei der Anwendung des GZT. So können Zölle beispielsweise ausgesetzt werden. Solche Zollaussetzungen sind zeitlich begrenzte Abweichungen von den Sätzen des GZT, die autonom gewährt oder vertraglich vereinbart werden können.[121] Außerdem gibt es die Möglichkeit zur Einrichtung von Gemeinschaftsplafonds, die vor allem im Textilbereich Anwendung finden.

Bei Überschreitung solcher Einfuhrhöchstmengen erlischt die Zollaussetzung nicht automatisch, sondern die Zollsätze können fakultativ wieder eingeführt werden.[122]

Eine weitere Komplizierung wird dadurch herbeigeführt, daß für zahlreiche Produkte mengen- bzw. wertmäßige Grenzen festgelegt oder ausgehandelt werden. Solange diese Grenzen nicht überschritten werden, kommen die eingeführten Waren in den Genuß von Zollfreiheit oder von Vorzugszöllen. Bei diesen sog. Zollkontingenten erlischt die Zollaussetzung automatisch, sobald die festgelegten Grenzen überschritten werden.[123]

Bei rein mengenmäßigen Beschränkungen muß geregelt werden, wie Einfuhren über die Kontingentsmenge hinaus unterbunden werden können und wie Gemeinschaftskontingente gegebenenfalls in nationale Quoten aufgeteilt werden.[124] Mengenmäßige Beschränkungen können leicht in diskrimierender Weise angewendet werden und sind ein Ansatzpunkt für administrativen Protektionismus.[125] Neben Gemeinschaftskontingenten

120 Ausführlich zum Zollrecht: *Landry*, in: Schwarze (Hg.), Das Wirtschaftsrecht des Gemeinsamen Marktes, S. 123 ff.; *Regul* (Hg.), Gemeinschaftszollrecht, passim; *Vaulont*, Die Zollunion der Europäischen Gemeinschaft, passim

121 Z. B. VO/EWG Nr. 1828/87 des Rates vom 15.12.1987 zur zeitweiligen Aussetzung der autonomen Zollsätze des GZT für einige industrielle Waren, ABl. 1987, L 177/1

122 *Vedder*, in: Grabitz, Art. 113, Rz. 88; z. B. VO/EWG Nr. 4122/86 des Rates vom 22.12.1986 zur Festsetzung von Plafonds und zur Einrichtung einer gemeinschaftlichen Überwachung der Einfuhren bestimmter Textilerzeugnisse mit Ursprung in Zypern, ABl. 1986, L 380/39

123 Z. B. VO/EWG Nr. 3058/87 der Kommission vom 13.10.1987 zur Eröffnung und Verwaltung eines Gemeinschaftszollkontingents für Erdbeeren der Tarifstelle ex 08.08 A II des GZT mit Ursprung in den Staaten Afrikas, im karibischen Raum und im Pazifischen Ozean oder in den überseeischen Ländern und Gebieten, ABl. 1987, L 290/5

124 Siehe dazu die VO/EWG Nr. 1023/70 des Rates zur Festlegung eines gemeinsamen Verfahrens für die Verwaltung mengenmäßiger Kontingente v. 25.7.1970, ABl. 1970, L 124/1

125 *Möller*, in: HdWW, Bd. 2, Stichwort "Europäische Gemeinschaften", S. 491

bestehen nach wie vor auch nationale Einfuhrquoten für Waren, deren Einfuhr nicht gemeinschaftlich liberalisiert ist.[126]

Mit diesen Instrumenten, von denen auch in hohem Maß Gebrauch gemacht wird,[127] kann ein wirksamer Handelsschutz zugunsten international nicht konkurrenzfähiger Gemeinschaftsunternehmen, wie z. B. solche im Textilbereich, betrieben werden. Einfuhren in die Gemeinschaft werden auf diese Weise, zusätzlich zu den Hindernissen des aufwendigen Verzollungsverfahrens, erschwert.

bb) Selbstbeschränkungsabkommen

Nach dem weitgehenden Abbau von Zöllen und mengenmäßigen Beschränkungen im Rahmen des GATT haben im Bereich des sog. neuen Protektionismus Selbstbeschränkungsabkommen an Bedeutung gewonnen. Man unterscheidet dabei begrifflich zwischen "freiwilligen Exportbeschränkungen" (voluntary export restraints, VERs), "Exportbeschränkungsabkommen" (voluntary restraint agreements, VRAs) und "Marktordnungsabkommen" (orderly marketing agreements, OMAs). Diese Begriffe sind allerdings nicht klar definiert und werden von verschiedenen Autoren unterschiedlich angewendet.[128] Gemeinsam ist ihnen, daß sie regelmäßig auf zweiseitigen Absprachen zwischen Export- und Importland beruhen, z. B. in Form von Preisabsprachen, mengenmäßigen Beschränkungen, Überwachungssystemen oder Exportprognosen.[129] Sie beinhalten den Gebrauch privater und/oder öffentlicher Exportbeschränkungen und dienen als Mittel zur Umgehung grundlegender Prinzipien des internationalen und nationalen Handels- und Wettbewerbsrechts, wie der offenen Gestaltung der Handelspolitik, der Nichtdiskriminierung, des unverfälschten Wettbewerbs und des Gebrauchs von Schutzklauseln nur aufgrund klarer Voraussetzungen und bei rechtlicher Überprüfbarkeit.[130]

Exportbeschränkungen dieser Art sind besonders im Stahlbereich, bei Nahrungsmitteln, Textilien, Bekleidung, Werkzeugmaschinen, Schuhen

126 Die betreffenden Waren sind aufgeführt in Anhang II der VO/EWG Nr. 3420/83 des Rates über die Einfuhrregelung für auf Gemeinschaftsebene nicht liberalisierte Waren mit Ursprung in Staatshandelsländern vom 14.11.1983, ABl. 1983, L 346/6, gegenüber anderen Drittstaaten im Anhang I der VO Nr. 288/82. Diese Negativlisten werden regelmäßig in aktualisierter Form veröffentlicht.

127 Vgl. die jährliche Veröffentlichung der beschriebenen Maßnahmen im Fundstellennachweis des geltenden Gemeinschaftsrechts

128 Siehe *Hailbronner/Bierwagen*, in: JA 1988, S. 325 und *Petersmann*, in: JWT 1988, Nr. 2, S. 28, Fn. 12

129 Zu den verschiedenen Arten von Selbstbeschränkungsabkommen und zu ihrem Entstehen siehe *Immenga*, in: RabelsZ 49 (1985), S. 306 ff.; *Tatsuta*, in: RabelsZ 49 (1985), S. 331 ff.

130 *Petersmann*, in: JWT 1988, Nr. 2, S. 28 f.; *Lochmann*, in: Harvard International Law Journal 1986, S. 99 ff.

und Unterhaltungselektronik verbreitet.[131] Mitte der 80er Jahre waren ca. 10 % des Welthandels von Exportbeschränkungen betroffen.[132]

Die meisten Beschränkungen werden als kurzfristige Maßnahmen mit Ausnahmecharakter konzipiert, um auf wirtschaftliche Schwierigkeiten bestimmter Industriezweige in den Importländern Rücksicht zu nehmen. Viele dieser Exportbeschränkungen werden jedoch verlängert und weisen eine Tendenz auf, dauerhaft angewendet zu werden. Im Hinblick auf diese Praxis bilden sie mittlerweile einen festen Bestandteil des internationalen Handels.[133]

In der EG-Praxis nehmen Exportselbstbeschränkungen eine wichtige Stellung als industriepolitisches Instrument zur Unterstützung international kaum konkurrenzfähiger Industriezweige ein.[134] Insbesondere die Textilindustrie wird mit solchen Maßnahmen vor zunehmendem Importdruck abgeschirmt.[135] Seitdem die Gemeinschaft Vertragspartei des im Rahmen des GATT geschlossenen Multifaserabkommens[136] geworden ist, hat sie auf der Grundlage von Art. 113 zahlreiche Selbstbeschränkungsabkommen mit wichtigen Exportländern abgeschlossen.[137] Durch diese Abkommen, die in Art. 4 Abs. 2 des Multifaserabkommens ausdrücklich vorgesehen sind, werden Höchstmengen für die Einfuhren bestimmter Textilien in die Gemeinschaft festgelegt, die von den Ausfuhrländern nicht überschritten werden dürfen. Bei Überschreitung der Höchstmengen kann die Gemeinschaft einseitig zu Maßnahmen nach Art. 3 des Multifaserabkommens greifen, wonach mengenmäßige Importbeschränkungen eingeführt werden können, wenn eine sog. Marktzerrüttung vorliegt.[138] Die Gemeinschaft verpflichtet sich ihrerseits, keine Schutzmaßnahmen nach Art. XIX GATT zu ergreifen. Obwohl sie im Multifaserabkommen vorgesehen sind, ist die Vereinbarkeit der Selbstbeschränkungsabkommen mit dem GATT, insbesondere mit den Art. XI und XIX, fraglich. Mit ihrer Hilfe können die strengen Voraussetzungen des Art. XIX GATT ausgeschaltet werden, die sonst beachtet werden müßten, um die dort vorgese-

131 *Petersmann*, in: JWT 1988, Nr. 2, S. 29

132 *Koopmann*, in: Wirtschaftsdienst des HWWA 1984, S. 245 ff.; *Kostecki*, in: The World Economy 1987, S. 425 ff.

133 *Tatsuta*, in: RabelsZ 49 (1985), S. 329

134 *Petersmann*, in: JWT 1988, Nr. 2, S. 27. Nach seinen Angaben betreffen über die Hälfte von etwa 130 bekannten Exportbeschränkungen den Gemeinsamen Markt.

135 BBPS, S. 535, siehe auch den 20. GB-EG, Ziff. 804 ff. und den 21. GB-EG, Ziff. 741 ff.; OECD, Costs and benefits of protection, S. 107 ff.

136 ABl. 1974, L 118/1; zum Multifaserabkommen auch *Krenzler*, in: Hilf/Petersmann (Hg.), S. 225 ff.J

137 Vgl. die Auflistung bei *Krenzler*, in: RIW/AWD 1983, S. 426

138 Siehe dazu *Vedder*, in: Grabitz, Art. 113, Rz. 210

henen Schutzmaßnahmen zu ergreifen.[139] Außerdem steht ihnen Art. XI GATT entgegen, der mengenmäßige Beschränkungen nur für eng begrenzte Ausnahmefälle vorsieht.[140] Mit Hilfe der bilateral ausgehandelten Selbstbeschränkungsabkommen ist die Textilindustrie der EG-Länder bislang erfolgreich geschützt worden, da sie nahezu den gesamten Handel mit Niedriglohnländern erfassen, wobei dieser Schutz allerdings letztlich auf Kosten der Importhändler und Endverbraucher geht.[141]

Generell werden die Kosten von Selbstbeschränkungsabkommen für das jeweilige Importland als sehr hoch eingeschätzt. Ein im Jahr 1983 zwischen der Gemeinschaft und Japan ausgehandeltes Selbstbeschränkungsabkommen über Videorecorder hatte einen Preisanstieg von über 15 % zur Folge und brachte den japanischen Herstellern eine "Protektionsrente" von jährlich ca. 175 Mio. britischen Pfund ein.[142] Das eigentliche Ziel dieser Maßnahme, eine Produktionserweiterung der europäischen Hersteller Philips und Grundig, wurde dagegen nicht erreicht. Beide Firmen gaben die Produktion eigener Modelle auf und gingen dazu über, Videorecorder nur noch unter japanischer Lizenz herzustellen.[143]

Bei der Anwendung von Antidumping- bzw. Ausgleichszöllen nach Art. VI GATT oder mengenmäßiger Einfuhrbeschränkungen gem. der Vorbehaltsklausel des Art. XIX GATT käme die sogenannte Protektionsrente dem Importland bzw. den Importländern zugute. Für die Anwendung von Art. VI GATT müßte allerdings der Nachweis von Dumping oder Subventionierung erbracht werden. Maßnahmen gem. Art. XIX GATT dürfen außerdem nicht selektiv eingesetzt werden. Diese Bedingungen entfallen beim Rückgriff auf Exportbeschränkungen, die ihrerseits aber die Endverbraucher belasten, strukturelle Anpassungsprozesse verhindern,[144] zu Wettbewerbsverzerrungen führen und das Entstehen von Oligopolen begünstigen.

Abgesehen davon, daß Exportselbstbeschränkungen mit einzelnen GATT-Bestimmungen nicht in Einklang stehen, bedeuten sie auch einen

139 *Krenzler*, in: EuR 1977, S. 177

140 Zur Vereinbarkeit der Selbstbeschränkungsabkommen mit dem GATT siehe auch *Krenzler*, in: EuR 1977, S. 178 f.; *Werner*, S. 331; *Quick*, S. 258 ff.; *Petersmann*, in: JWT 1988, Nr. 2, S. 30 ff.; *Immenga*, in: RabelsZ 49 (1985), S. 324 ff.; *Tatsuta*, in: RabelsZ 49 (1985), S. 345 f.; *Hailbronner/Bierwagen*, in: JA 1988, S. 325

141 *Senti*, S. 307

142 Zu den wirtschaftlichen Folgen von Exportbeschränkungen, insbesondere Gewinnsteigerungen der Hersteller im Exportland durch Preissteigerungen im Importland sehr instruktiv *Tatsuta*, in: RabelsZ 49 (1985), S. 344 ff.; zur Kostenentwicklung im Einfuhrland *Hindley*, in: JWT 1986, Nr. 2, S. 168 ff.

143 *Petersmann*, in: JWT 1988, Nr. 2, S. 28

144 *Petersmann*, in: CMLR 1985, S. 441 f.

Rückschritt zu bilateral geprägten Handelsbeziehungen[145], wodurch das unterschiedliche politische und wirtschaftliche Gewicht der Staaten zum Tragen kommt, denn Exportbeschränkungen sind auch das Ergebnis dieser Machtverteilung, die es wirtschaftlich und politisch starken Staaten ermöglicht, sich gegenüber den Exportinteressen des Handelspartners durchzusetzen, eine Entwicklung, die das multilateral angelegte GATT-System gerade überwinden will.[146]

Im Rahmen der neuen GATT-Handelsrunde soll versucht werden, diese Tendenzen in einen rechtlichen Rahmen zu fassen, um die weitere Aushöhlung des GATT-Systems zu vermeiden. Lösungen können sich ergeben über die Offenlegung der Handelspolitik auf nationaler Ebene bzw. auf der Ebene internationaler Organisationen und über eine Aufklärung hinsichtlich der Kosten von Beschränkungen (sog. Protection Balance Sheet), was es bestimmten Interessengruppen erschweren würde, sich mit dem Wunsch nach neuen Beschränkungen durchzusetzen.[147] Ebenso ist eine Neufassung der Schutzklausel des Art. XIX GATT geplant.[148] Die Streitfragen, die dabei überwunden werden müssen, betreffen vor allem die Interpretation des ernsthaften Schadens und der Marktstörung, das Problem, ob Schutzmaßnahmen nach dem Prinzip der Meistbegünstigung gleichmäßig gegen alle oder selektiv angewendet werden sollen, ob sie zeitlich und in abnehmender Weise geregelt werden sollen, ob zugleich Anpassungsprogramme aufgegeben werden dürfen und schließlich Maßnahmen zur Überwachung dieser Verfahren.[149]

Eine Ideallösung müßte die Ziele von Selbstbeschränkungsabkommen berücksichtigen, ohne die Grundprinzipien des GATT aufzugeben, unter Umständen in der Form, daß nichtdiskriminierende Handelsschranken in Form von Zöllen[150] angewendet werden, die zeitlich begrenzt sind, begleitet werden durch Anpassungsmaßnahmen und von den Vertragsparteien überwacht werden können.[151]

145 Zum Begriff des Bilateralimus *Küng*, in: Gemper (Hg.), S. 59 ff.
146 *Immenga*, in: RabelsZ 49 (1985), S. 325; *Petersmann*, in: CMLR 1985, S. 443, Fn. 5
147 *Hailbronner/Bierwagen*, in: JA 1988, S. 327, Fn. 88
148 Vgl. die Ministererklärung von Punta del Este, in: EA 1987, D, S. 152 ff.
149 Ausführlich zu einer möglichen Reform der Schutzklausel bzw. zu einem Schutzklauselkodex, *Petersmann*, in: JWT 1988, Nr. 2, S. 36 ff.; *Immenga*, in: RabelsZ 49 (1985), S. 325 f.
150 *Rhein*, in: Gutowski (Hg.), S. 144
151 *Hailbronner/Bierwagen*, in: JA 1988, S. 327

cc) *Antidumping- und Antisubventionsrecht sowie Schutz gegen unerlaubte Handelspraktiken*[152]

(1) Antidumping- und Antisubventionsrecht

Die gemeinsame Handelspolitik umfaßt gem. Art. 113 Abs. I die handelspolitischen Schutzmaßnahmen. Neben den Schutzklauseln der gemeinsamen Einfuhrregelungen und in jüngerer Zeit dem "neuen handelspolitischen Instrument" ist hier das Antidumpingrecht der Gemeinschaft zu nennen, dem erhebliche praktische Bedeutung zukommt und das immer wieder Gegenstand von Kritik ist.[153]

Neben der EG haben vor allem Australien, Kanada und die Vereinigten Staaten[154] schon seit langer Zeit Erfahrung bei der Anwendung von Antidumpingmaßnahmen, wobei die USA auch darüber hinaus auf ein detailliertes und wirksames Handelsschutzrecht zurückgreifen können, das kontinuierlich weiterentwickelt wird.[155]

Im Gegensatz zu Handelsbeschränkungen auf Grund der gemeinsamen Einfuhrregelungen sind Antidumping- und Antisubventionsmaßnahmen gegen unfaire Handelspraktiken gerichtet,[156] die entweder als gespaltene Preise auf verschiedenen Märkten bzw. als staatliche Subventionen auftreten. Art. VI GATT gibt den Vertragsparteien des Allgemeinen Abkommens das Recht, gegen diese Praktiken vorzugehen, wenn dadurch eine heimische Industrie geschädigt wird oder eine Schädigung droht. Im Verlauf der Tokio-Runde des GATT, die 1979 beendet wurde, einigte man sich auf ein Übereinkommen zur Durchführung des Art. VI des Allgemeinen Zoll- und Handelsabkommens, den sog. Antidumpingkodex.[157] Auf diesen vertragsvölkerrechtlichen Grundlagen steht das Antidumpingrecht der EG. Geltendes Sekundärrecht ist z. Z. die VO 2423/88 über den Schutz gegen gedumpte oder subventionierte Einfuhren aus nicht zur Europäischen Wirtschaftsgemeinschaft gehörenden Ländern.[158]

152 Ausführlich zur Kritik an der Dumpingabwehr der EG und zu ihrer ökonomischen Rechtfertigung *Welge/Neumann*, in.*Röttinger/Weyringer* (Hg.), S. 638 ff.

153 *Glashoff*, in: RIW/AWD 1987, S. 774 ff.; *van Bael*, in: JWT 1987, Nr. 5, S. 5 ff.; ders., in: JWT 1990, Nr. 2, S. 5 ff. *Hanke*, in: Die Zeit, Nr. 41, v. 07.10.1988, S. 28; *Hailbronner/Bierwagen*, in: RIW/AWD 1988, S. 705 ff.; dies., in: JWT 1988, Nr. 3, S. 27 ff.; *Hindley*, in: The World Economy 1988, Nr. 4, S. 445 ff.; ders., in: Financial Times v. 06.01.1989, S. 9.

154 Zum australischen Antidumpingrecht siehe *Keith/Steele*, in: Jackson/Vermulst (Hg.), S. 224 ff.; zum kanadischen *Magnus*, ebd., S. 168 ff.; zum amerikanischen *Horlick*, ebd., S. 100 ff.

155 Zum amerikanischen Recht vgl. auch *Garfinkel*, in: International Lawyer, 1981, S. 240 ff.; *Toepke*, in: RIW/AWD 1983, S. 761 ff.; *Scherwier*, in: RIW/AWD 1985, S. 804 ff.; *Kochinke*, in: RIW/AWD 1985, S. 385 ff.; *Schaumburg/Zalik*, in: RIW/AWD 1987, S. 589 ff.

156 Die erforderliche Schadensschwelle für Antidumping- und Antisubventionsmaßnahmen ist z. B. deutlich niedriger als die für Maßnahmen nach den gemeinsamen Einfuhrregelungen.

157 ABl. 1980, Nr. L 71, S. 90 ff.

158 ABl. 1988, Nr. L 209, S. 1 ff.

Wenn Einfuhren aus solchen Ländern gedumpt oder subventioniert sind und dies zu einer Schädigung bzw. drohenden Schädigung einer Gemeinschaftsindustrie führt, können nach dieser VO Ausgleichszölle angewendet werden, wenn dies den Interessen der Gemeinschaft entspricht.[159]

Eine Ware gilt dann als gedumpt, wenn ihr Ausfuhrpreis nach der Gemeinschaft niedriger ist als der Normalwert der gleichartigen Ware.[160] Derartige Preisdiskriminierungen zwischen verschiedenen Märkten werden als unfairer Wettbewerb betrachtet. Der Grund für diese Betrachtungsweise liegt darin, daß der Ausführer mit dem Erlös aus Verkäufen zu hohen Preisen auf seinem jeweiligen Heimatmarkt seine Exportpreise subventionieren kann; ein Vorteil im Vergleich zu Wettbewerbern, die nicht mit gespaltenen Preisen arbeiten können. Die Märkte in Ländern, von denen aus Dumping betrieben wird, sind dementsprechend häufig gegen Import und Konkurrenz aus anderen Ländern geschützt. Wäre dies nicht der Fall, würden Wettbewerber aus anderen Ländern versuchen, selbst Vorteile aus den Preisunterschieden zu ziehen, indem sie z. B. durch Reimporte oder eigene Exporte in den Hochpreismarkt den dortigen Exporteuren mit niedrigen Preisen Konkurrenz machten. Protektionismus in bestimmten Ländern ist demnach eine Hauptvoraussetzung für Dumpingpraktiken.

Dieser Protektionismus kann zum einen durch hohe Zollsätze auf Importwaren betrieben werden. Eine größere Rolle spielen heute in vielen Ländern jedoch die nichttarifären Handelshemmnisse, die u. a. als staatlich sanktioniertes abgestimmtes Verhalten unter inländischen Wettbewerbern, als Kartelle, geschlossene Vertriebssysteme, Prüf- und Genehmigungsverfahren usw. in Erscheinung treten.[161]

Darüber hinaus können auch die Größe und Lage eines bestimmten Marktes und bestimmte Vorlieben der Konsumenten eine Rolle spielen. Weitere Gründe für Dumpingpraktiken liegen im Devisenbedarf von Staatshandelsländern oder auch im Export von Überschüssen bei sinkender Nachfrage auf dem Heimatmarkt. Bei beiden Varianten werden häufig Waren unter den tatsächlichen Herstellungskosten verkauft, ein Verhalten, das unter der Bezeichnung "sales at a loss" auch überwiegend als

159 Zu den einzelnen Tatbestandsvoraussetzungen und zum Verfahren siehe *Beseler/Williams*, S. 31 ff, S. 97 ff.; *Bellis*, in: Jackson/Vermulst (Hg.), S. 41 ff.

160 Art. 2 Abs. 2 der VO 2423/88; zur Definition des Dumping vgl. auch *Beseler/Williams*, S. 31 f.; *Senti*, S. 230 ff.; *Jackson*, S. 401 f.; zum Begriff der Subventionen in diesem Zusammenhang ebenfalls *Jackson*, S. 382 ff. sowie den Anhang zur VO 2423/88 und Art. II Nr. 1 des Antidumpingkodex; siehe auch Art. VI GATT und die Ergänzungen zu Art. VI Abs. 1 GATT und zu Art. VI Abs. 2 und 3 GATT.

161 Siehe dazu auch oben, 3.b; zu den Besonderheiten des japanischen Marktes sehr instruktiv *Pape*, in: RIW/AWD 1990, S. 726 ff.

Dumping betrachtet wird und das vor allem bei langfristig geplanten Exportoffensiven zu nicht kostendeckenden Preisen eine große Rolle spielt.[162]

Mit der Begründung, Preisdifferenzierungen und Verkäufe zu Verlust seien normale Handelspraktiken, werden diese Begründungen für Dumping und die Berechtigung von Gegenmaßnahmen bestritten.[163] Das Hauptargument dieser Kritik lautet, die beschriebenen Praktiken seien nach einzelstaatlichem und EG-Wettbewerbs- und Kartellrecht nicht verboten bzw. nur unter der Bedingung einer Marktbeherrschung der beteiligten Unternehmen unzulässig. Dieser Argumentation kann jedoch entgegengehalten werden, daß das Antidumpingrecht der Gemeinschaft zwar Instrumente zur Abwehr unfairen Wettbewerbs aus Drittländern bereitstellt, aber nicht Teil eines international geltenden Wettbewerbsrechts ist, das nach wie vor nicht existiert. Daraus folgt, daß Vergleiche mit bestehenden und funktionierenden Wettbewerbsordnungen nicht gezogen werden können, denn es können beispielsweise weder Monopolstellungen noch Kartelle oder ähnliche Verhaltensweisen in einem Drittland ohne dessen Zustimmung geprüft werden. Außerdem gibt es keine rechtlichen Mittel, um z. B. gegen Behinderungen des Marktzugangs durch Vertriebsbindungen usw. in dritten Ländern vorzugehen. Im internationalen Rahmen kann also nicht die Wirksamkeit allgemein anerkannter und funktionsfähiger Wettbewerbsregeln angenommen werden, wie dies auf innerstaatlicher Ebene oder innerhalb der EG der Fall ist.

Auch werden nicht in jedem Fall von Dumping durch die Gemeinschaft Ausgleichszölle erhoben. Häufiger als andere Staaten macht sie von der Möglichkeit Gebrauch, von Exporteuren angebotene Preisverpflichtungen zu akzeptieren, was insbesondere gegenüber Entwicklungsländern als mildere Form der Abhilfe gesehen wird. Dieses Vorgehen ist mit dem Argument angegriffen worden, es fördere wettbewerbswidrige Preisabsprachen, was bislang allerdings nicht nachgewiesen werden konnte.[164]

Besondere Probleme ergaben sich vor allem in den letzten Jahren durch Umgehungen von verhängten Antidumpingzöllen in Form von Importen von Einzelteilen der betreffenden Produkte, die dann innerhalb des Gemeinschaftsgebiets mit meist einfachen Mitteln zusammengebaut wurden. Gegen dieses Verhalten wurde eine Regelung geschaffen, die es erlaubt, auf diese erst in der Gemeinschaft fertiggestellten Waren einen Antidumpingzoll zu erheben, wenn die für den Zusammenbau verwendeten Teile zu

162 Zu den ökonomischen Begründungen für Dumping auch *Beseler/Williams*, S. 31 ff.; *Deardorff*, in: Jackson/Vermulst (Hg.), S. 23 ff.

163 Dazu auch *van Bael/Bellis*, Rz. 204.

164 *Stegemann*, in: Weltwirtschaftliches Archiv 1990, S. 268 ff.

mehr als 60 % aus dem Exportland stammen und die Montage erst nach Eröffnung des Antidumpingverfahrens begonnen oder wesentlich ausgeweitet wurden.[165] Diese Bestimmung wurde mehrfach als nicht GATT-konform kritisiert, und ein von Japan beantragtes Schiedsgericht des GATT hat sie auch als nicht mit dem Allgemeinen Abkommen vereinbar angesehen. Unter dem Vorbehalt, daß die Probleme hinsichtlich der Umgehung von Antidumpingzöllen im Rahmen der Uruguay-Runde gelöst werden sollen, hat die Gemeinschaft diese Entscheidung akzeptiert.[166]

Es ergibt sich aus der Natur des Antidumpingrechts der EG als Handelsschutzinstrument, daß einzelne seiner Bestimmungen bzw. deren Anwendung als unvereinbar mit der Idee eines möglichst unbehinderten Welthandels kritisiert werden, und sein Gebrauch birgt unter Umständen die Gefahr in sich, daß auch andere Teilnehmer am internationalen Handel ihrerseits auf Handelsschutzinstrumente zurückgreifen. Letztendlich muß jedoch auch darauf hingewiesen werden, daß dieses Gemeinschaftsinstrument auf der Grundlage des GATT-Systems steht und es sich dabei um eine Reaktion auf unfaire Verhaltensweisen im internationalen Wettbewerb handelt, die auch von anderen Staaten nicht akzeptiert werden. Es wird solange gerechtfertigt werden können, wie die genannten Umstände weiter existieren und insbesondere einzelne Staaten bei weitgehend geschlossen eigenen Märkten in hohem Maße exportieren, wobei nicht verkannt werden soll, daß der Erfolg solcher Exporte auch durch Fehlentwicklungen in den Industrien der Importländer begünstigt wird.

(2) Schutz gegen unerlaubte Handelspraktiken

Abgesehen von Dumping und Subventionen gibt es einen Bereich sog. unfairer Handelspraktiken, der in den letzten Jahren zunehmend Bedeutung erlangt hat und die Anwendung entsprechender Schutzmaßnahmen herausfordert. Bei diesen Schutzmaßnahmen, die oft selektiv gegen einzelne Staaten Anwendung finden, wird meist gegen das im GATT[167] festgelegte Verbot der Nichtdiskriminierung verstoßen. Dieses Instrumentarium zum Schutz gegen unerlaubte Handelspraktiken wurde insbesondere im Vergleich zum Außenhandelsrecht der USA als noch nicht ausreichend erachtet. Nach Auffassung des europäischen Rates vom Juni 1982 sollte daher das Erforderliche getan werden, damit die Gemeinschaft bei der Führung

165 Art. 13 Abs. 10 der VO 2423/88.

166 Sehr ausführlich zur Umgehungsproblematik und zur Entscheidung des GATT-Schiedsgerichts *Vermulst/ Waer*, in: Michigan Journal of Law 1990, Nr. 4, S. 1119 ff., die auch den amerikanischen Ansatz zur Abwehr von Umgehungen nicht unbedingt als GATT-konform betrachten. Zu Umgehungen auch *Matsumoto/Finlayson*, in: JWT 1990, Nr. 4, S. 16 ff.

167 Vgl. Art. III und XIII GATT

ihrer Handelspolitik ebenso schnell und wirksam handeln könne wie ihre Partner.[168]

Daraufhin wurde das "neue handelspolitische Instrument" in Form der VO/EWG Nr. 2641/84 des Rates zur Stärkung der gemeinsamen Handelspolitik und insbesondere des Schutzes gegen unerlaubte Handelspraktiken v. 17.9.1984 geschaffen.[169] Damit existiert nun ein Auffangtatbestand,[170] mit dem außerhalb des Antidumping- und Antisubventionsrechts gegen unerlaubte Handelspraktiken vorgegangen und die Ausübung der Rechte der Gemeinschaft im Hinblick auf die Handelspraktiken der Drittländer gesichert werden soll. Angesichts der weitgefaßten Schutzfunktion wurde auf eine klare Definition bestimmter Tatbestände verzichtet. Als "unerlaubte Handelspraktiken" im Sinne der VO 2641/84 gelten allgemein alle Praktiken, die mit den Regeln des Völkerrechts oder den "allgemein anerkannten Regeln" nicht vereinbar sind, wobei besonders der letzte Begriff außerordentlich flexibel ist. Er erlaubt es nicht nur, GATT-Grundsätze auch gegenüber Nicht-GATT-Mitgliedern anzuwenden, sondern auch, die rechtlich noch nicht gefestigten Geschäftspraktiken im internationalen Handel, das sog. "soft law", als Beurteilungskriterium heranzuziehen.[171] Ein Untersuchungsverfahren kann nicht nur auf Initiative der Kommission, sondern auch auf Antrag der Mitgliedstaaten[172] oder der Gemeinschaftserzeuger, die sich als Wirtschaftszweig geschädigt fühlen, in Gang gebracht werden.[173] Die Antragsbefugnis der Gemeinschaftsproduzenten beschränkt sich auf die Einleitung eines Verfahrens wegen unerlaubter Handelspraktiken. Voraussetzung für die Verfahrenseröffnung ist auch bei diesem Verfahren die Bejahung eines gemeinschaftlichen Interesses,[174] bei dessen Feststellung die Gemeinschaftsorgane einen weiten Beurteilungsspielraum haben.[175] Das gemeinschaftliche Interesse muß auch vorliegen, wenn im konkreten Fall handelspolitische Maßnahmen angewendet werden sollen,[176] wobei alle rechtmäßigen Handlungsweisen in Betracht kommen, wie z. B. die Rücknahme handelspolitischer Zugeständnisse, die Anhebung von Zollsätzen und die Einführung mengenmäßiger Beschränkungen.[177] Im Hinblick auf die Erfahrungen in den

168 Vgl. Bull.EG 6/82, Ziff. 1.5.1.-1.5.10.

169 ABl. 1984, L 252/1

170 *Hilf/Rolf*, in: RIW/AWD 1985, S. 299

171 *Vedder*, in: Grabitz, Art. 113, Rz. 149

172 Art. 4 der VO 2641/84

173 Art. 3 der VO 2641/84

174 Art. 6 Abs. 1 der VO 2641/84

175 S. o., a), aa)

176 Art. 10 Abs. 1 der VO 2641/84

177 Art. 10 Abs. 3 der VO 2641/84; im einzelnen zur VO 2641/84 siehe *Hilf/Rolf*, in: RIW/AWD 1985, S. 297 ff.; *Heukels*, in: RIW/AWD 1984, S. 972 ff.

USA wird allerdings davon ausgegangen, daß das Untersuchungsverfahren allein schon genügend Wirkung erzeugen kann und zum Einlenken der jeweiligen Drittländer in Form von Angeboten einseitiger Verpflichtungen führen wird.[178]

Bis jetzt sind allerdings noch nie konkrete Maßnahmen nach der VO 2641/84 ergriffen worden, Befürchtungen hinsichtlich einer protektionistischen Tendenz dieser VO haben sich also nicht bewahrheitet. Darüber hinaus wurde zur Zeit des Inkrafttretens der VO 2641/84 die Befürchtung geäußert, als Folge von Verfahrenseinleitungen könnten bilaterale Maßnahmen handelsbeschränkender Art stark an Bedeutung gewinnen. Das laufe jedoch dem multilateralen Ansatz des GATT-Systems zuwider[179] und sei auch mit den Zielen der "harmonischen Entwicklung des Welthandels" und der "schrittweisen Beseitigung der Beschränkungen im internationalen Handelssverkehr" in Art. 110 nicht vereinbar.[180] Hierzu ist anzumerken, daß derartige Gefahren zwar denkbar sind, die bisherigen Erfahrungen mit dem "neuen handelspolitischen Instrument" aber zeigen, daß sie sich nicht realisiert haben. Wie bereits gesagt, ist die praktische Bedeutung dieser Gemeinschaftsregelung hierfür zu gering. Im übrigen war die Schaffung dieses Instruments lediglich die Reaktion auf nicht GATT-konformes Verhalten anderer Teilnehmer am Welthandel und derartige Verhaltensweisen sind auch unabdingbare Voraussetzungen für jedes Vorgehen nach der VO 2641/84.

b) Ausfuhrpolitik

Aus Art. 112 ergibt sich die Verpflichtung der Mitgliedstaaten zur schrittweisen Vereinheitlichung ihrer Ausfuhrbeihilfesysteme im Rahmen ihrer internationalen Verpflichtungen.

Gemäß Art. 113 ist die Gemeinschaft nach Ablauf der Übergangszeit auch für die Ausfuhrpolitik zuständig.[181] Ausfuhrpolitik bedeutet dabei hauptsächlich Förderung der Ausfuhr.[182] Vertraglich ist die Gemeinschaft vor allem durch den GATT-Antisubventionskodex und den OECD-Konsens über Ausfuhrkredite und durch Sektorenabkommen gebunden. Im Bereich der autonomen Handelspolitik bestehen nur lückenhafte Regelungen, so daß eine Vereinheitlichung in diesem Bereich der Handelspolitik noch weitgehend aussteht.

178 *Klein*, in: DÖV, 1988, S. 906; Bull.EG 4, 1984, Ziff. 2.2.4.

179 *Heukels*, in: RIW/AWD, 1984, S. 980; *Petersmann*, in RabelsZ 1983, S. 478 f.

180 *Hilf/Rolf*, in: RIW/AWD, 1985, S. 311

181 Grundsätzlich zur Zuständigkeit der Gemeinschaft für die Ausfuhrpolitik siehe EuGH, GA 1/75, Slg. 1975, S. 1355 ff.

182 *Ernst/Beseler*, in: HEW, Bd. 10, Art. 113, Rz. 57

Nach dem GATT-Antisubventionskodex[183] sind Ausfuhrsubventionen grundsätzlich verboten. Ausnahmen gelten allerdings für die Subventionierung der Ausfuhr von Grundstoffen, sofern der ausführende Staat nicht mehr als einen angemessenen Teil am Welthandel des betreffenden Grundstoffs erreicht[184] und für Subventionen landwirtschaftlicher Fremd- und Verarbeitungserzeugnisse.[185] Ein Teil der im Anhang des Kodex aufgelisteten Exportsubventionen wird zum Teil generell verboten,[186] zum Teil erst dann, wenn sie beginnen, den internationalen Wettbewerb zu verzerren.[187] Die Möglichkeit zur Subventionierung landwirtschaftlicher Erzeugnisse wird von der Gemeinschaft durch das System der Ausfuhrbeihilfen für landwirtschaftliche Grundstoffe und Folgeprodukte, die als sog. Erstattungen Bestandteil der Agrarmarktordnungen[188] sind, so weit wie möglich ausgenutzt, was schon seit langem Anlaß zu heftiger internationaler Kritik geboten hat. Eine Kritik, die angesichts der protektionistischen Ausgestaltung der gemeinsamen Agrarpolitik mit ihrer Garantie von normalerweise über dem Weltmarktniveau liegenden Inlandspreisen, einer Absatzgarantie für erzeugte Überschüsse, einer äußeren Abschirmung durch gleitende Abschöpfungen bei Einfuhren und Erleichterungen der Ausfuhr durch Erstattungen nicht unberechtigt ist, auch wenn der Teilaspekt der Ausfuhrerstattungen in Einklang mit dem Antisubventionskodex steht.[189]

Die Praktiken bei der staatlichen bzw. halbstaatlichen Förderung der Ausfuhren durch Kredite, Kreditgarantien und Kreditversicherungen, die häufigsten Maßnahmen moderner Ausfuhrpolitik, sind Gegenstand des OECD-Konsenses über Leitlinien für öffentlich unterstützte Exportkredite von 1976. Dieser Konsens ist lediglich ein gentlemen's agreement, an das sich neben der Gemeinschaft u. a. die USA, Japan, Kanada, Norwegen, Schweden, die Schweiz und Finnland halten.[190] Er enthält Leitlinien für die Förderung von Exporten mit öffentlichen Mitteln, vor allem in bezug auf Mindestzinssätze, die alle sechs Monate neu angepaßt werden, und in bezug auf die Laufzeiten von Krediten. Daneben wurden Sektorenabkom-

183 Übereinkommen zur Auslegung und Anwendung von Art. VI, XVI, XXIII GATT v. 12.4.1979, ABl. 1980, L 71/72

184 Art. 9, 10 des Kodex

185 Art. 10 des Kodex und die Ergänzung zu Art. XVI GATT, Abschnitt B, Ziff. 2

186 Z. B. direkte öffentliche Zahlungen, Ausfuhrprämien, Devisenbelassungen, Transport- und Frachtbegünstigungen

187 Z. B. bevorzugte Bereitstellung von Waren und Dienstleistungen für die Exportproduktion, Steuerrückvergütungen, Ausfuhrkredite und Ausfuhrkreditversicherungen

188 Vgl. Art. 40, Abs. 2, Buchst. c

189 *Ernst/Beseler*, in: HEW, Bd. 10, Art. 113, Rz. 58; ausführlich zur Agrarpolitik siehe BBPS, S. 446 ff.; *Priebe/Scheper/v.Urff*, Agrarpolitik in der EG, passim

190 Abdruck in: Berichte und Informationen v. 24.1.1984

men über Exportkredite für Schiffe und über Ausfuhrkredite für Kernkraftwerke vereinbart.[191]

Darüber hinaus ist ein gemeinschaftliches Vorgehen im Bereich der Exportkredite nur bruchstückhaft verwirklicht durch die Entscheidung 73/391/EWG des Rates über die Verfahren für Konsultationen und Notifizierungen auf dem Gebiet der Kreditsicherung, der Bürgschaften und der Finanzkredite vom 3.12.1973,[192] die Entscheidung 82/854/EWG des Rates über die Regelung, die auf dem Gebiet der Ausfuhrgarantien und -bürgschaften und der Ausfuhrfinanzierung auf bestimmte Zulieferungen aus anderen Mitgliedsländern oder auch Nichtmitgliedsländern der EG Anwendung findet, vom 10.12.1982[193] und die Richtlinie 84/568/EWG des Rates, betreffend die gegenseitigen Verpflichtungen der Ausfuhrkredit-Versicherungsunternehmen der Mitgliedstaaten im Falle der Mitversicherung für ein Geschäft, das eine oder mehrere Zulieferungen aus einem oder mehreren Mitgliedstaaten der EG umfaßt, vom 27.11.1984[194].

Eine umfassende Abstimmung auf diesem Gebiet, wie sie von den Art. 112 und 113 gefordert wird, existiert noch nicht. Als Folge davon bleibt den Mitgliedstaaten ein großer Spielraum für einzelstaatliche Maßnahmen. Hinzu kommt, daß die Ausfuhrförderungspolitik teilweise noch immer als Angelegenheit von nationalem Interesse betrachtet wird, obwohl sie nach der Rechtsprechung des EuGH Teil der gemeinsamen Handelspolitik ist.[195] Die Ausfuhrförderung ist damit auch Beispiel für die Fortsetzung nationaler Handelspraktiken[196] entgegen den Bestimmungen des EWGV. Auch wenn Beihilfen aus öffentlichen Mitteln, die Ausfuhren in dritte Länder fördern sollen, in gewissen Grenzen international üblich und durch den GATT-Antisubventionskodex für bestimmte Produkte ausdrücklich erlaubt sind, neigt diese Form des Protektionismus doch zu einer Verfälschung des internationalen Wettbewerbs, die dem Sinn des GATT zuwiderläuft.[197] Dies wird besonders deutlich im Handel mit Agrarprodukten, der vom grundsätzlichen Verbot der Exportsubventionen des Antisubventionskodex weitgehend ausgenommen ist. Bei den landwirtschaftlichen Erzeugnissen, die Gegenstand von Marktordnungen sind, kann von freiem Handel nicht die Rede sein; es besteht hier eine weitgehende Abschottung des Gemeinsamen Marktes gegen Produkte aus

191 Bull.EG, Nr. 7/8, 1984, S. 71
192 ABl. 1973, L 346/1
193 ABl. 1982, L 357/20
194 ABl. 1984, L 314/24
195 EuGH, GA 1/75, Slg. 1975, S. 1355 ff.
196 *Möller*, Stichwort "Europäische Gemeinschaften", in: HdWW, Bd. 2, S. 492
197 *Küng*, in: Gemper (Hg.), S. 68

Drittländern, während die Ausfuhr mit großem finanziellem Aufwand gestützt wird.

Bei anderen Produkten führt die mangelnde Vereinheitlichung zu Verzerrungen des innergemeinschaftlichen Wettbewerbs und damit auch zu Störungen im Gemeinsamen Markt, die durch die schrittweise Vereinheitlichung nach Art. 112 und die einheitliche Ausfuhrpolitik gem. Art. 113 gerade verhindert werden sollen.[198] Insgesamt besteht auf dem Gebiet der Ausfuhrförderung noch erheblicher Handlungsbedarf zur Einführung einer gemeinsamen Ausfuhrpolitik i. S. des Art. 113. Die derzeitige Praxis ist mit den Vorgaben des EWGV kaum vereinbar.[199]

D. Maßnahmen zum Abbau des Protektionismus

1. Abkommen im Rahmen des GATT

Neben dem Antidumping- und dem Antisubventionskodex sind als Ergebnis der Tokio-Runde im Rahmen des GATT eine Reihe anderer Vereinbarungen geschlossen worden, die dem Ziel dienen, den internationalen Handel auszuweiten und Handelsbeschränkungen abzubauen:

- das Übereinkommen zur Durchführung von Art. VII GATT vom 12.4.1979.[200] Es definiert den Zollwert einer Ware grundsätzlich als "Transaktionswert". Andere Methoden zur Bestimmung treten dahinter zurück.[201]
- das Übereinkommen über technische Handelshemmnisse vom 12.4.1979.[202] Dieses Übereinkommen begründet die Verpflichtung der Vertragsparteien zur Einführung international gültiger Normen und Kennzeichnungssysteme; außerdem verpflichten sich die Unterzeichner, keine ungerechtfertigten Handelshemmnisse einzuführen, vor allem nicht in handelsbeschränkender Absicht.[203]
- das Übereinkommen über Einfuhrlizenzen vom 12.4.1979.[204] Es regelt das Einfuhrlizenzverfahren, insbesondere das über automatische

198 Vgl. Art. 112, Abs. 1; zum Verhältnis der Art. 112, 113 zu den Art. 92 ff. siehe *v. Wallenberg*, in: Grabitz, Art. 92, Rz. 85; *Ernst/Beseler*, in: GBTE, Art. 113, Rz. 53

199 Zur nationalen Praxis der Ausfuhrförderung siehe auch *Koopmann*, in: Wirtschaftsdienst des HWWA, 1984, Nr. 5, S. 248 f.

200 ABl. 1980, L 71/107

201 Vgl. *Vedder*, in: Grabitz, Art. 113, Rz. 96

202 ABl. 1980, L 71/29

203 Dazu auch *Bourgeois*, in: CMLR 1982, S. 5 ff.

204 ABl. 1980, L 71/102

Einfuhrlizenzverfahren, die keine handelsbeschränkende Wirkung haben dürfen.[205]

- das Übereinkommen über das öffentliche Beschaffungswesen vom 12.4.1979.[206] Gegenstand dieses Verfahrens ist die Beschaffung von Waren und Dienstleistungen durch staatliche oder staatlich kontrollierte Stellen. Die Vertragspartner verpflichten sich, von einer bestimmten Auftragsgröße an den Anbietern aus anderen Unterzeichnerstaaten Inländerbehandlung und Nichtdiskriminierung zu gewähren.[207]
- das Übereinkommen über den Handel mit Zivilluftfahrzeugen vom 12.4.1979.[208] In diesem Bereich wirtschaftlicher Tätigkeit ist staatliche Hilfe für die Unternehmen der Luftfahrtindustrie international weit verbreitet. Mit dem Übereinkommen sollen auf diesen Wirtschaftsbereich die GATT-Regeln angewendet werden. Vor allem sollen für bestimmte Luftfahrzeuge, Teile und Ausrüstungen, die in einer Liste zusammengestellt sind, Zölle und Kontingente abgeschafft werden.
- die Übereinkunft über Rindfleisch vom 12.4.1979.[209] Der Handel mit Rindfleisch und lebenden Rindern soll damit liberalisiert werden, und eine internationale Zusammenarbeit bei Information und Marktüberwachung wird angestrebt. Daneben wird ein internationaler Fleischrat gegründet.
- die internationale Übereinkunft über Milcherzeugnisse vom 12.4.1979.[210] Sie soll zur Liberalisierung des Handels und zur Marktsicherung bei Milch, Butter, Käse, Milchfett und weiteren Milchprodukten beitragen. Außerdem verpflichten sich die Vertragspartner im Rahmen der Nahrungsmittelhilfe[211] zur Lieferung von Milcherzeugnissen. Weiterhin wird ein internationaler Rat für Milcherzeugnisse ins Leben gerufen.
- die internationale Weizen-Übereinkunft von 1986[212] und das Nahrungsmittelhilfe-Übereinkommen von 1985.[213] Ziel der Weizen-Übereinkunft ist die Stabilisierung und Förderung des internationalen Weizenhandels durch verstärkten Informationsaustausch über Produktion und Bedarf.

205 Zum Einfuhrlizenzverfahren siehe auch Titel IV der VO 288/82 sowie Titel V der VO 1765/82
206 ABl. 1980, L 71/44
207 Hierzu ebenfalls *Bourgeois*, in: CMLR 1982, S. 5 ff.
208 ABl. 1980, L 71/58
209 ABl. 1980, L 71/7
210 ABl. 1980, L 71/11
211 Zur Nahrungsmittelhilfe der EG siehe auch *Wainright*, in: CMLR 1976, S. 367 ff.; *Marenco*, in: CDE 1974, S. 623 ff.; *Pisani*, in: EA 1983, S. 197 ff.
212 ABl. 1986, L 195/3
213 ABl. 1986, L 195/16

Das Nahrungsmittelhilfe-Übereinkommen ist Grundlage eines Programms zugunsten der Entwicklungsländer, in dessen Rahmen sich die Vertragsparteien zu Lieferung bestimmter Mengen von Nahrungsmitteln bzw. zur Zahlung entsprechender Geldmittel verpflichten.

- die Vereinbarung über den internationalen Handel mit Textilien (Multifaserabkommen vom 20.12.1973[214]). Ihr Ziel ist einerseits eine Ausweitung des Handels, Beseitigung von Handelshemmnissen und eine zunehmende Liberalisierung des internationalen Textilhandels, auf der anderen Seite soll der Zerrüttung von Märkten und Produktionszweigen sowohl in den Ein- als auch in den Ausfuhrländern entgegengewirkt werden. Mengenmäßige Beschränkungen sind grundsätzlich verboten, können aber im Fall einer Marktzerrüttung eingeführt werden. Nach Art. 4 Abs. 2 des Abkommens können bilaterale Selbstbeschränkungsabkommen zur Verhinderung von Marktzerrüttungen abgeschlossen werden. Von dieser Möglichkeit hat vor allem auch die Gemeinschaft in hohem Maße Gebrauch gemacht. Die Vereinbarkeit dieser Praxis mit dem GATT-System, insbesondere mit den Art. XI und XIX ist strittig.[215] Von seiten der Entwicklungsländer wird die Forderung nach Aufhebung des Multifaserabkommens erhoben; es liegt im Bereich des Möglichen, daß es nach seinem Auslaufen nicht erneuert werden wird.[216]

2. Multilaterale Zusammenarbeit zur Vereinheitlichung des Zollrechts

Die internationale Zusammenarbeit hinsichtlich des Zollrechts erfolgt in erster Linie im Brüsseler Rat für die Zusammenarbeit auf dem Gebiet des Zollwesens[217] und daneben auch im Rahmen der ECE.[218] Zwar ist die Gemeinschaft formell nicht Vertragspartei des Brüsseler Zollrats, nimmt aber de facto eine solche Stellung ein.[219] Im Brüsseler Zollrat wurde eine Reihe internationaler Abkommen ausgehandelt, von denen vor allem die zwei nachfolgend erläuterten die Abwicklung internationaler Handelsvorgänge erleichtern sollen:

214 ABl. 1974, L 118/2, zuletzt verlängert durch Protokoll v. 24.11.1986, ABl. 1986, L 341/33

215 Zur Vereinbarkeit der Selbstbeschränkungsabkommen mit dem GATT siehe *Krenzler*, in: EuR 1977, S. 178 f.; *Werner*, S. 331; *Quick*, S. 258 ff.; eine Zusammenstellung der Abkommen ist abgedruckt bei *Krenzler*, in: RIW/AWD, 1983, S. 426

216 *Wimmer*, in: EG-Magazin, Nr. 7/8, 1988 S. 14; *Witt*, in: EA 1988, S. 43

217 Abkommen v. 15.12.1950, BGBl. 1952 II, S. 1/19

218 Zur ECE siehe *Seidl-Hohenveldern*, RiO, 3. Aufl., Rz. 919, 2105; *Goodrich*, S. 272, 289

219 Zur Frage der Funktionsnachfolge siehe *Vedder*, in: Grabitz, Art. 234, Rz. 17 ff. m.w.N.

- das internationale Übereinkommen zur Vereinfachung und Harmonisierung der Zollverfahren.[220] Es verpflichtet die Vertragsparteien zur Vereinfachung und Harmonisierung ihrer Zollverfahren durch ein festgelegtes System von Normen und Praktiken, die als Anlagen dem Übereinkommen beigefügt sind. Gleichzeitig mit dem Übereinkommen wurden von der Gemeinschaft noch mehrere andere Anlagen angenommen: über Zollager, Ursprungsregeln und -nachweise, Zollgutversand, vorübergehende Einfuhr zur aktiven Veredelung, vorübergehende Ausfuhr zur passiven Veredelung,[221] über vorübergehende Verwahrung von Waren und über Freizonen,[222] über die Überführung in den freien Verkehr, über die endgültige Ausfuhr, über die Erstattung von Eingangsabgaben[223] und über die Verbindung von Verfahren beim Zollgutversand.[224]
- das internationale Übereinkommen über das Harmonisierte System zur Bezeichnung und Codierung von Waren.[225] Das Harmonisierte System löste zum 1.1.1988 die bisher gültige Zollnomenklatur ab, die zwar von über 150 Staaten angewendet wurde, nicht aber von den USA, Kanada, der UdSSR und China. Die USA[226] und Kanada sind jetzt Vertragsparteien des Übereinkommens, das nur noch ein Dokument für die Angabe der für die Tarifierung notwendigen Daten der statistischen und der Transportnomenklaturen vorsieht und auf diese Weise die Zollformalitäten erheblich vereinfacht.

Im Rahmen der ECE wurden ebenfalls zwei Abkommen ausgehandelt, die zur Erleichterung des internationalen Handels beitragen:

- Das Zollübereinkommen über den internationalen Warenaustausch mit Carnets TIR (TIR-Übereinkommen).[227] Dieses Übereinkommen legt fest, daß Waren, die ohne Umladung über eine oder mehrere Grenzen von einer Abgangszollstelle bis zur Bestimmungszollstelle einer anderen oder derselben Vertragspartei in Straßenfahrzeugen, Lastzügen oder Behältern transportiert werden, an den Grenzen nicht zollamtlich kontrolliert werden und dort auch keine Zollabgaben zu entrichten sind. Abgesehen von diesen zollrechtlichen Bestimmungen wird durch das Abkommen auch die Beschaffenheit der Transportfahrzeuge geregelt.

220 ABl. 1978, L 160/14
221 Beschluß 77/145 EWG des Rates v. 3.6.1977, ABl. 1977, L 166/1
222 Beschluß 78/528 EWG des Rates v. 6.6.1978, ABl. 1978, L 160/13
223 Beschluß 85/204 EWG des Rates vom 7.3.1985, ABl. 1985, L 87/8
224 Beschluß 85/250 EWG v. 22.4.1985, ABl. 1985, L 112/56
225 ABl. 1987, L 198/3
226 Vgl. *Steyer*, in: RIW/AWD 1988, S. 127 ff.
227 ABl. 1978, L 252/2

- Das internationale Abkommen zur Harmonisierung der Warenkontrollen an den Grenzen[228] zielt hauptsächlich auf die Vereinfachung der Ein-, Aus- und Durchfuhr von Waren durch Vereinfachung der Zollformalitäten ab. Außerdem sollen Zahl und Dauer von Zollkontrollen verringert sowie gesundheitsrechtliche, tierärztliche, pflanzenschutzrechtliche Kontrollen und Qualitätskontrollen einfacher gestaltet werden.

3. Die Vorhaben der neuen GATT-Handelsrunde

Die Probleme des Welthandels, für die während der Uruguay-Runde des GATT Lösungen gesucht werden sollen, sind außerordentlich vielfältig und gehen in ihrer Komplexität über die Vorhaben der vergangenen Jahre hinaus.[229] Die Hauptziele sind die Eindämmung protektionistischer Entwicklungen, die weitere Liberalisierung des Welthandels durch Abbau von Zöllen, mengenmäßigen Beschränkungen und anderen nichttarifären Handelshemmnissen sowie die Stärkung des GATT im multilateralen Handelssystem, darüber hinaus die engere Zusammenarbeit mit anderen internationalen Organisationen zwecks besserer Koordination handelspolitischer Entwicklungen in Fragen der Wirtschafts-, Währungs-, Finanz- und Entwicklungspolitik.[230]

An neuen Themen sollen erstmals Dienstleistungs- und Investitionsfragen, ein verbesserter Schutz geistigen Eigentums und vor allem auch der bisher kaum behandelte Bereich des Agrarhandels Beachtung finden. Um den Fortgang der Verhandlungen nicht durch neue handelspolitische Maßnahmen zu erschweren, enthält die Ministererklärung von Punta del Este eine "Standstill-Verpflichtung", d. h. den Verzicht auf Maßnahmen, die die eigene Position während der Verhandlungen verbessern.[231] Bis zum Abschluß der Uruguay-Runde sollen alle bestehenden GATT-widrigen Maßnahmen aufgehoben werden (sog. rollback), was unter anderem auch die Selbstbeschränkungsmaßnahmen[232] und internationale Absprachen zur Marktaufteilung, wie z. B. im Automobil- und Stahlsektor, betrifft.

In diesem Zusammenhang steht auch das Bemühen um eine Änderung der Schutzklausel des Art. XIX GATT bzw. der Versuch zur Erstellung eines verbindlichen Schutzklauselkodex.

228 ABl. 1984, L 126/3

229 Zu den GATT-Verhandlungen auch: *Piper*, in: Die Zeit, Nr. 49, v. 2.1.2.1988, S. 29 f.

230 Siehe den Text der Ministererklärung von Punta del Este, in: EA 1987, D, S. 151 ff.; dazu auch *Simmonds*, in: CMLR 1988, S. 95

231 *Wimmer*, in: EG-Magazin, Nr. 7/8, 1988, S. 13; *Witt*, in: EA 1988, S. 42

232 *Wimmer*, in: EG-Magazin, Nr. 7/8, 1988, S. 14

Im Bereich der Landwirtschaft betreibt nicht nur die Gemeinschaft, sondern auch die anderen europäischen Industrieländer, die USA und Japan eine Politik, die stark auf den Schutz der eigenen Produzenten ausgerichtet ist und die Erzeugung großer Überschüsse fördert, die z. T. mit massiver Subventionierung auf Drittmärkten abgesetzt werden. Dies führt zu immer größerer Wettbewerbsverzerrung im internationalen Maßstab und verdrängt Länder wie Australien, Neuseeland, Argentinien und Uruguay, deren Landwirtschaft wesentlich geringer subventioniert wird, von ihren traditionellen Märkten.[233] Eine Lösung der Probleme des Agrarhandels muß dabei in erster Linie zwischen den USA, der Cairns-Gruppe, in der 13 Länder mit nicht oder gering subventionierter Landwirtschaft zusammengeschlossen sind und der Gemeinschaft herbeigeführt werden, die schon aus finanziellen Gründen zu einer Reform ihrer Landwirtschaftspolitik gezwungen ist.[234]

Was den Handel mit Dienstleistungen anbelangt, wurden die Verhandlungsziele nur relativ unverbindlich mit der Errichtung eines multilateralen Rahmens von Prinzipien und Regeln und der Ausweitung des Dienstleistungshandels durch mehr Transparenz und schrittweise Liberalisierung angegeben. Aufgrund der Schwierigkeiten, die bereits eine allseits akzeptierte Definition des Begriffs "Dienstleistungen" aufwirft, ist dies nicht verwunderlich. Abgesehen davon bestehen auch in diesem Bereich erhebliche Interessenunterschiede zwischen Industrie- und Entwicklungsländern. Erstere suchen neue Märkte für Banken, Versicherungen, Telekommunikations- und Transportunternehmen, letztere sind u. a. viel mehr am Export arbeitsintensiver Dienstleistungen, z. B. im Bausektor, interessiert, ein Begehren, das im Hinblick auf die Arbeitsmarktsituation in vielen Industrieländern auf heftigen Widerstand stößt. Es ist nicht zu erwarten, daß bis zum Ende der Handelsrunde ein umfassendes multilaterales Abkommen für den Dienstleistungsbereich zustande kommen wird; es können jedoch zumindest Lösungswege vorbereitet werden.[235]

233 *Herlt*, in: EG-Magazin, Nr. 8, 1986, S. 4

234 Zu den Lösungsvorschlägen der einzelnen Länder bzw. Ländergruppen siehe *Witt*, in: EA 1988, S. 44 ff.

235 *Witt*, in: EA, 1988, S. 47

E. Faktoren zugunsten einer liberalen Handelspolitik

1. Die Abhängigkeit der Mitgliedstaaten vom Außenhandel

Die Struktur des Handels in den Mitgliedstaaten ist traditionell vom Außenhandel geprägt. Will die Gemeinschaft den Notwendigkeiten, die sich aus diesem Umstand ergeben, gerecht werden, kann sie langfristig keine protektionistische Handelspolitik betreiben. Vor allem ihre Abhängigkeit von Rohstofflieferungen aus Drittstaaten und ihr Interesse an der Erhaltung und Neuerschließung von Absatzmärkten impliziert eine Ausrichtung der gemeinsamen Handelspolitik, die zumindest grundsätzlich am Idealbild des Freihandels orientiert ist.[236] Wenn also die grundlegenden Bedürfnisse der Gemeinschaft darin bestehen, ihre Versorgung mit Rohstoffen zu sichern und neue Absatzmärkte für Fertigwaren zu erschließen, erfordern diese Faktoren auch die Berücksichtigung der Bedürfnisse ihrer Handelspartner. Aufgrund der wirtschaftlichen Struktur ihrer Mitgliedstaaten, die eine Politik der Autarkie nicht zuläßt, ist die Entwicklung eines offenen und nichtdiskriminierenden Welthandelssystems im Sinne des GATT für die Gemeinschaft eine Notwendigkeit, aus der sich eine liberale Handelspolitik ergibt,[237] auch wenn in einigen Teilbereichen, wie z. B. dem Stahl- und Textilhandel, eine Politik des freien Handels nur langfristig angestrebt werden kann und von strukturellen Änderungen in diesen Wirtschaftsbereichen begleitet sein muß.

2. Die internationale Arbeitsteilung

Der Gründung der EWG lag auch die Erwägung zugrunde, mit diesem Schritt die internationale Arbeitsteilung zu verbessern, zunächst innerhalb der Gemeinschaft, später auch weltweit. Die Art. 29 lit. b und 110 Abs. II sind Ausdruck dieser Überlegung.

Man ging davon aus, daß der Gemeinsame Markt die Wettbewerbsfähigkeit der Unternehmen stärken werde, wodurch es den Mitgliedstaaten leichter fallen sollte, ihre Wirtschaft nach außen hin zu öffnen. Dieser Liberalismus sollte in der Folge die Wirtschaft der Mitgliedstaaten in eine verbesserte internationale Arbeitsteilung integrieren.[238] Unterstützung erhielt diese Sichtweise vor allem von den Mitgliedstaaten, die den Freihandel ohnehin bevorzugten, wie den Benelux-Staaten und der Bundesrepublik. Für sie war die Errichtung des Gemeinsamen Marktes ein

236 *Kim*, S. 33; vgl. auch 1. GB-EWG, S. 119; siehe ferner die Art. 29c und 103 Abs. 4, in denen die Regelungen für Versorgungsfragen getroffen werden

237 *Yannopoulos*, in: JWT 1985, Nr. 5, S. 451; *Petersmann*: in: CMLR 1985, S. 483

238 *Everling*, Rechtsprobleme, S. 239 f., 248 f.; ders., in: WEGS, Art. 110, Rz. 3

Schritt in Richtung auf eine letztlich auch weltweite Liberalisierung des Handels.

Die Faktoren, die eine Liberalisierung des Außenhandels begünstigen, stehen allerdings den Zwängen gegenüber, die sich aus der Verwirklichung der inneren Ziele der Gemeinschaft ergeben und werden beeinflußt von der Gesamtsituation der Volkswirtschaften in den Mitgliedstaaten.[239] Voraussetzung für einen Beitrag der Gemeinschaft zu einer besseren internationalen Arbeitsteilung ist auch die Verwirklichung der inneren Ziele der Gemeinschaft, wie ökonomische Integration, Spezialisierung im Inneren und wirtschaftliches Wachstum.

Für die Entwicklung im Inneren der Gemeinschaft ergeben sich besondere Probleme hinsichtlich des Strukturwandels, der als Folge verstärkter internationaler Arbeitsteilung mit Ländern der dritten Welt und den sog. Schwellenländern notwendig wird. Beispiele für die Schwierigkeiten struktureller Anpassungsprozesse gibt es u. a. im Bereich der Stahlerzeugung, im Schiffbau und im schon mehrfach erwähnten Textil- und Bekleidungssektor. Die Importkonkurrenz aus Drittstaaten belastet hier in besonderem Maße den Arbeitsmarkt und betrifft Arbeitnehmer, die ohnehin schon benachteiligt sind, z. B. gering qualifizierte Beschäftigte und weibliche Arbeitskräfte. Außerdem treffen diese Probleme häufig strukturschwache Gebiete mit bereits hoher Arbeitslosigkeit. Die günstigen Auswirkungen für den Arbeitsmarkt, die sich aus Exporten ergeben, sind dagegen weiter verteilt und kommen in erster Linie höher qualifizierten Arbeitnehmern zugute.[240]

Ein weitgehend unbehinderter Außenhandel erfordert demnach auch die Förderung der beruflichen Weiterbildung von Arbeitnehmern und Maßnahmen der Regionalpolitik zur Ansiedlung von Industriezweigen, die international konkurrenzfähig sind. Zur Lösung dieser Probleme können Mittel des Europäischen Sozialfonds[241] und der Europäischen Investitionsbank[242] im Rahmen einer gemeinschaftlichen Regionalpolitik beitragen, deren Bedeutung für eine harmonische Entwicklung der Gemeinschaft durch die EEA besonders hervorgehoben wurde.[243]

239 *Kim*, S. 34

240 *Schumacher*, in: Gemper (Hg.), S. 104

241 Art. 123-128; dazu: *Stabenow*, in: CMLR 1977, S. 435 ff.

242 Art. 129, 130

243 Art. 130a-130t eingefügt durch Art. 23-25 EEA; zur Regionalpolitik auch: *De Witte*, in: CMLR 1985, S. 419 ff.

3. Kosten und langfristige Konsequenzen protektionistischen Verhaltens

Die jährlichen Kosten von Handelsbeschränkungen der EG werden für das Jahr 1983 auf 300 Mrd. DM geschätzt.[244] Dieser Betrag liegt höher als die jährlichen Ausgaben der Gemeinschaft und verdeutlicht, daß der Schutz einzelner Produktionsbereiche langfristig Kaufkraft bindet, die sonst, zumindest teilweise, in den Konsum anderer Produkte fließen könnte.[245] Durch protektionistische Handelsbeschränkungen kann eine Volkswirtschaft nicht insgesamt geschützt werden.[246] Die Vorteile des Außenschutzes kommen einigen Produzenten in Form deutlicher Vorteile zugute, sei es die sog. Protektionsrente oder das Einsparen von Mitteln, die sonst für Anpassungsmaßnahmen an den Einfuhrwettbewerb eingesetzt werden müßten. Die Vorteile eines weitgehend unbeschränkten Außenhandels kommen dagegen sehr weit gestreut einer Vielzahl von Endverbrauchern, z. B. in Form niedrigerer Preise und größerer Auswahl, zugute. Diese Vorteile sind allerdings aufgrund ihrer breiten Verteilung weit weniger augenfällig als die Auswirkungen von Handelsbeschränkungen für die geschützten Industriezweige. Ebenso verhält es sich mit den volkswirtschaftlichen Gesamtkosten protektionistischer Maßnahmen. Auch sie verteilen sich auf viele Endverbraucher, weshalb sie zunächst kaum ins Auge fallen.[247] Letztlich führen sie zu Einkommensumverteilungen zu Lasten der Endverbraucher und haben insgesamt wohlfahrtsmindernde Wirkungen. Die Industriezweige, denen Außenschutz gewährt wird, haben dadurch auf lange Sicht nicht unbedingt einen Vorteil. Wenn eine Anpassung an die Bedingungen des internationalen Wettbewerbs unterbleibt, werden diese Bereiche zu einem späteren Zeitpunkt von den Folgen ihrer mangelnden Wettbewerbsfähigkeit getroffen. Dies zu verhindern kann zum Ziel einflußreicher Interessengruppen werden, die um den Preis politischer Unterstützung weitere Schutzmaßnahmen durchzusetzen versuchen.[248] Ein erfolgreiches Vorgehen dieser Art führt zwangsläufig zu immer weniger Wettbewerbsfähigkeit und damit zu immer mehr Forderungen nach Beschränkungen im Außenhandel. Damit verbunden sind Kosten für Durchführung und Überwachung der entsprechenden Maßnahmen.

244 *Petersmann*, in: CMLR 1985, S. 441, Fn. 1; berechnet auf der Basis erhöhter Endverbraucherpreise durch Handelsbeschränkungen

245 Eine Wirkungsanalyse der Außenhandelsprotektion findet sich bei *Hiemenz*, in: Gemper (Hg.), S. 87 ff.

246 Dazu *Petersmann*, in: CMLR 1985, S. 442, Fn. 3 m.w.N.

247 *Petersmann*, in: JWT 1988, Nr. 2, S. 26

248 Dazu *Tatsuta*, in: RabelsZ 49 (1985), S. 343 f.; *Immenga*, ebd., S. 305; *Rhein*, in: Gutowski (Hg.), S. 139 f.

Gerade die Gemeinschaft als größter Handelspartner im internationalen Maßstab hat in dieser Beziehung eine Vorbildfunktion.[249] Ihr Beispiel bei der Gestaltung von Handelspolitik und der Beachtung des GATT-Systems beeinflußt viele andere Teilnehmer am Welthandel. Protektionistisches Vorgehen in der Außenhandelspolitik stellt für einen Gemeinsamen Markt zumindest kurzfristig eine große Versuchung dar, um auf diese Weise die innergemeinschaftliche Politik des freien Handels vor wirtschaftlichem Druck zu bewahren. Vor allem wenn Subventionen an bedrängte Industrien nicht unbegrenzt gewährt werden sollen, erscheint es um so leichter, der daraus erwachsenden Kritik mit Außenschutz zu begegnen - dies um so mehr, da solche Maßnahmen gemeinschaftlich wirksamer organisiert werden können als von den Mitgliedstaaten allein.[250] Maßnahmen dieser Art können den Außenhandel der Gemeinschaft und den Handel des Gemeinsamen Marktes wirksam schützen und stehen nicht von vornherein im Widerspruch zur grundsätzlichen Bejahung des Freihandels, sofern sie zeitlich begrenzt sind und von Maßnahmen zur Strukturanpassung begleitet werden, die eine Rückkehr zum freien Handel ermöglichen.[251] Von Drittstaaten werden sie aber schnell als Ausdruck von Protektionismus angesehen, wenn es den Gemeinschaftsorganen nicht gelingt, die Handelspolitik durch Maßnahmen der Industriepolitik abzustützen.[252]

Ein Rückgriff der Gemeinschaft auf gelenkten Handel und bilateral vereinbarte Beschränkungen, die sich außerhalb des GATT in einem handelspolitisch kontrollfreien Raum vollziehen, bewirkt eine Schwächung des internationalen Wirtschaftsverkehrs insgesamt.[253] Langfristig führt eine solche Entwicklung zu einem Handelssystem, das über politisch motivierte Diskriminierungen, Kartellbildung und verringerte Wettbewerbsfähigkeit aufgrund verstärkten Außenschutzes dem liberal und multilateral konzipierten GATT-System die Grundlage entzieht.[254] Der internationale Handel würde mehr und mehr behindert, eine Entwicklung, welche die Stellung der Gemeinschaft im Welthandel und alle damit verbundenen Vorteile auch in bezug auf die Entwicklung des Gemeinsamen Marktes in Frage stellen würde. Diese Konsequenzen protektionistischen Verhaltens sprechen für eine weitere Verwirklichung der grundsätzlich auf freien Handel gerichteten gemeinsamen Handelspolitik.

249 *Krenzler*, in: EA 1988, S. 248, 243
250 *Steenbergen*, in: CMLR 1980, S. 247
251 Dazu auch *Haferkamp*, in: Die neue Gesellschaft, 1977, S. 736 f.
252 *Steenbergen*, a. a. O.
253 *Immenga*, in: RabelsZ 49 (1985), S. 325
254 *Petersmann*, in: CMLR 1985, S. 443

8. Kapitel Zusammenfassung des ersten Teils

Betrachtet man heute die Gründe, die in den fünfziger Jahren dem Konzept einer gemeinsamen Handelspolitik zugrunde lagen, wird offenbar, daß die meisten von ihnen nach wie vor Gültigkeit haben und die Gestaltung dieser Politik beeinflussen.

Vor allem die Tatsache, daß die Gemeinschaft heute weltweit der größte Handelspartner ist, bedingt mehr denn je die Notwendigkeit eines homogenen Außenhandelsrechts. Ebenso stellen die Zusammenhänge und Überschneidungen der Handelspolitik mit einer allmählich entstehenden europäischen Wirtschaftspolitik, vor allem auch im Hinblick auf das Vorhaben des gemeinsamen Binnenmarktes, Faktoren dar, welche die Ausgestaltung der Handelspolitik als gemeinsame Politik erfordern. Dasselbe gilt für die Berührungspunkte mit der allgemeinen Außenpolitik. Vorbehalte dritter Länder gegenüber dem europäischen Zusammenschluß, Befürchtungen in bezug auf Handelsverlagerungen, diskriminierende Behandlung der Nichtmitgliedstaaten und Abschottung der Gemeinschaft nach außen hin sind gerade seit Inkrafttreten der EEA wieder vermehrt vorgebracht worden. Eine berechenbare und auf Interessenausgleich bedachte Außenhandelspolitik, die möglichst viele Bereiche des Außenhandels umfaßt und damit einzelstaatliches Vorgehen, das zu dieser Politik in Widerspruch stehen kann, weitgehend ausschließt, kann diesen Vorbehalten am glaubhaftesten begegnen und dafür Sorge tragen, daß sich die Handelspartner der Gemeinschaft nicht vorschnell zu handelsbeschränkenden Maßnahmen veranlaßt sehen. Schließlich steht das Ziel eines liberalisierten Handels zwischen den Mitgliedstaaten auch heute noch unter der Bedingung einheitlicher Regelungen für den gemeinschaftlichen Außenhandel. Solange diese Bedingung nicht erfüllt ist, kommt es immer wieder zu Störungen des Gemeinsamen Marktes durch Schutzmaßnahmen nach Art. 115.

Was die grundsätzliche Ausrichtung der gemeinsamen Handelspolitik anbelangt, stellen sich Entwicklungen dar, die nicht frei von Widersprüchen sind. Dem grundsätzlichen Bekenntnis der Gemeinschaft zu einem möglichst liberalen Welthandelssystem entspricht zunächst ihre Kooperation im Verlauf der GATT-Handelsrunden in den sechziger Jahren. Das Ausmaß der damals erreichten weltweiten Zollsenkungen wäre ohne ihre Bereitschaft zu erheblichen Verminderung des GZT nicht durchführbar gewesen. Damit wurde eine wesentliche Voraussetzung für die Expansion des internationalen Handels geschaffen. Auch im Verlauf der Tokio-Runde in den siebziger Jahren gelang noch einmal ein allgemeiner Abbau der Zollbelastungen.

Die Mitwirkung der Gemeinschaft am Ausbau des zwischenstaatlichen Handels beschränkte sich nicht auf die im Rahmen des GATT übernommenen Verpflichtungen. In der vertraglichen Handelspolitik wurde ebenfalls auf eine Liberalisierung der Handelsbeziehungen hingearbeitet. Mit Hilfe der präferentiellen Freihandelsabkommen zwischen der EG und den EFTA-Staaten entstand das weltweit größte Freihandelssystem, in dessen Grenzen ca. 25 % des Welthandels abgewickelt werden.

Darüber hinaus wurden zahlreiche Abkommen mit anderen Drittstaaten geschlossen, die den Handelsverkehr regeln und zu Erleichterungen des Handels führen sollen. Auch die Präferenzabkommen auf der Basis von Art. 238 mit den AKP-Staaten und den Mittelmeeranrainern sind in diesem Zusammenhang zu nennen. Für eine Ausweitung der bislang kaum entwickelten vertraglichen Beziehungen zwischen EG und Staatshandelsländern wurde mit der gemeinsamen Erklärung von EWG und RGW über die Aufnahme offizieller Beziehungen eine grundlegende Voraussetzung geschaffen.

Im Bereich der autonomen Handelspolitik wurden ebenfalls Schritte in Richtung auf die Erleichterung des Außenhandels unternommen. Hinsichtlich der Einfuhren in die Gemeinschaft wurde u. a. mit der VO 288/82, betreffend die gemeinsame Einfuhrregelung, und mit der VO 1765/82 über die gemeinsame Regelung für die Einfuhr aus Staatshandelsländern die Wareneinfuhr in die Gemeinschaft weitgehend von mengenmäßigen Beschränkungen ausgenommen. Mit der VO 2603/69 zur Festlegung einer gemeinsamen Ausfuhrregelung wurde die Ausfuhr der meisten Waren liberalisiert.

Die einseitige Gewährung des APS unter Abweichung von den GATT-Grundsätzen der Reziprozität und Meistbegünstigung gegenüber Entwicklungsländern im Rahmen der EG-Entwicklungspolitik soll diesen Staaten durch Ausweitung ihrer Handelsbeziehungen den Aufbau ihrer Binnenwirtschaft erleichtern und trägt gleichzeitig zur Expansion des gemeinschaftlichen Außenhandels bei.

Die Hinwendung der Gemeinschaft zu möglichst ungehindertem Freihandel steht gleichwohl unter dem Vorbehalt der Entwicklung im Inneren des Gemeinsamen Marktes, deren Ziele in Art. 2 definiert werden. Auch die in Art. 3 lit. b angesprochene Einführung einer gemeinsamen Handelspolitik dient in erster Linie den Zielen des Art. 2. Zur Verwirklichung dieser grundsätzlichen Ziele kann es jedoch notwendig sein, zum Schutz des Gemeinsamen Marktes und der Gesamtinteressen der Gemeinschaft Maßnahmen zu ergreifen, die dem Idealbild eines weitgehend liberalisierten Außenhandels nicht entsprechen. Die Politik der Gemeinschaft wird im Bereich des Außenhandels sowohl vom liberalen Prinzip als auch von der Notwendigkeit zum Schutz der Eigeninteressen determiniert.

Das Prinzip der Gegenseitigkeit bildet ein weiteres Hemmnis für die Entwicklung einer freihändlerischen Außenpolitik. Nicht nur im GATT, sondern auch im EWGV wird auf diesen Grundsatz mehrfach verwiesen. Die meisten Abkommen der Gemeinschaft auf dem Gebiet des Außenhandels sind auf gegenseitigem Zugestehen von Handelsvorteilen gegründet. Grundsätzlich gilt dies auch für Abkommen mit Entwicklungsländern, jedoch wird bei diesen Vereinbarungen auf die ökonomische Situation der betreffenden Länder Rücksicht genommen, so daß handelspolitische Mittel nuanciert angewendet werden können. Ähnliche Regelungen finden sich im GATT.

Nach den umfassenden Zollsenkungen im Rahmen des GATT nahm die Bedeutung von Zöllen als Mittel zur Beeinflussung des internationalen Handels immer mehr ab. Gleichzeitig begannen die sog. nichttarifären Handelshemmnisse eine immer bedeutendere Rolle zu spielen. Nach einer Auflistung des GATT gab es im Jahr 1981 allein für den gewerblichen Handel über 600 nichttarifäre Handelsbeschränkungen. Neueren Schätzungen zufolge sind rund 40 % des Welthandels von nichttarifären Handelshemmnissen betroffen, ein Zeichen dafür, daß viele Handelspartner angesichts wirtschaftlicher Schwierigkeiten Zuflucht in protektionistischem Verhalten suchen. Ein Hauptansatzpunkt für protektionistisches Vorgehen in der Gemeinschaft liegt in der Anwendung der Zollvorschriften durch die nationalen Verwaltungen der einzelnen Mitgliedstaaten. Darüber hinaus ist das Verzollungsverfahren selbst von nicht unerheblicher Kompliziertheit und kann von daher als nichttarifäres Handelshemmnis angesehen werden. Daneben bestehen noch immer nationale Einfuhrquoten für Waren, deren Einfuhr auf Gemeinschaftsebene bislang nicht liberalisiert worden ist.

Eine andere Erscheinungsform des sog. neuen Protektionismus sind die in den letzten Jahren immer häufiger anzutreffenden Selbstbeschränkungsabkommen, mit denen grundlegende Prinzipien des internationalen Handels und damit des GATT-Systems unterlaufen werden. Besondere Verbreitung haben diese Handelsbeschränkungen im Stahlbereich, bei Nahrungsmitteln, Textilien, Bekleidung, Werkzeugmaschinen und bei Geräten der Unterhaltungselektronik gefunden. Mitte der 80er Jahre waren ca. 10 % des Welthandels von Exportbeschränkungen betroffen. Die

EG macht insbesondere im Textilsektor Gebrauch von diesem Instrument, um heimische Produzenten vor Einfuhrwettbewerb zu schützen.

Protektionistische Tendenzen finden sich auch im Antidumping- und Antisubventionsrecht der Gemeinschaft sowie in ihren Regelungen zum Schutz gegen unerlaubte Handelspraktiken. Sowohl die Ausgestaltung der entsprechenden Verordnungen als auch ihre Handhabung durch Gemeinschaftsorgane können protektionistisch wirken. Vor allem die Neuregelung zur Abwehr von Input- und Assembly-dumping entsprechen kaum den Anforderungen des GATT. Das Instrumentarium zum Schutz gegen unerlaubte Handelspraktiken kann eine weitere Zunahme von Selbstbeschränkungen und anderen bilateralen handelsbeschränkenden Maßnahmen herbeiführen, was dem multilateralen Ansatz des GATT-Systems zuwiderliefe.

Auf dem Gebiet der Ausfuhrpolitik ist eine umfassende Abstimmung, wie sie von den Art. 112, 113 gefordert wird, noch nicht erreicht. Maßnahmen der Ausfuhrförderung werden von den Mitgliedstaaten zum Teil noch als Angelegenheiten nationalen Interesses angesehen, obwohl sie Teil der gemeinsamen Handelspolitik sind. Selbst wenn Ausfuhrbeihilfen aus öffentlichen Mitteln in bestimmten Grenzen international üblich sind und durch den GATT-Antisubventionskodex für bestimmte Waren ausdrücklich zugelassen werden, führt auch diese Art von Protektionismus zu Verfälschungen des internationalen Wettbewerbs, was nicht dem Sinn des GATT entspricht. Die mangelnde Vereinheitlichung der Ausfuhrförderung führt im Bereich der Gemeinschaft zu Verzerrungen des innergemeinschaftlichen Wettbewerbs und damit auch zu Störungen im Gemeinsamen Markt, die durch eine einheitliche Ausfuhrpolitik gerade verhindert werden sollen.

Bestrebungen zum Abbau protektionistischen Verhaltens im Rahmen des GATT führten zum Abschluß einer Reihe von Vereinbarungen, die den internationalen Handel ausweiten und Handelsbeschränkungen vermeiden sollen. Im Zuge der internationalen Zusammenarbeit auf dem Gebiet des Zollwesens im Brüsseler Zollrat und in der ECE wurden ebenfalls mehrere internationale Abkommen geschlossen, mit denen die Erleichterung internationaler Handelsvorgänge bezweckt wird.

In der neuen Handelsrunde des GATT werden Bestrebungen zur Eindämmung von Protektionismus im Mittelpunkt der Verhandlungen stehen. Es soll versucht werden, das GATT-System den veränderten Bedingungen des internationalen Handels anzupassen; insbesondere sollen Fragen des Dienstleistungsverkehrs und des Handels mit Agrarerzeugnissen behandelt werden. Zur Vermeidung einer weiteren Verbreitung von Selbstbeschränkungsmaßnahmen und internationaler Absprachen zur

Marktaufteilung soll eine Änderung des Art. XIX GATT bzw. der Abschluß eines verbindlichen Schutzklauselkodex angestrebt werden.

Für die Handelspolitik der Gemeinschaft, die zum einen das grundsätzliche Bekenntnis des EWGV zum Freihandel und zum anderen die inneren Ziele der Entwicklung des Gemeinsamen Marktes zu berücksichtigen hat, ergibt sich aus der Abhängigkeit ihrer Wirtschaft von Rohstofflieferungen aus Drittstaaten und aus ihrem Interesse an der Erhaltung und Neuerschließung von Absatzmärkten in Nichtmitgliedstaaten eine Ausrichtung, die einen möglichst ungehinderten Handelsverkehr erlaubt. Für einige Teilbereiche des gemeinschaftlichen Außenhandels kann dies aber nur langfristig ins Auge gefaßt werden.

Darüber hinaus wäre die Stellung der EG als größter Handelspartner durch eine zunehmend protektionistische Handelspolitik langfristig gefährdet. Zu den hohen Kosten protektionistischer Maßnahmen kämen eine abnehmende Wettbewerbsfähigkeit der geschützten Wirtschaftsbereiche, Forderungen nach weiteren Schutzmaßnahmen und nicht zuletzt eine Signalwirkung dieses Verhaltens auf die anderen Teilnehmer am internationalen Handel, die auf immer neue Beschränkungen hinausliefe, eine Entwicklung, die auch im Hinblick auf die Entwicklung im Inneren der Gemeinschaft nicht in ihrem Interesse stünde.

Zweiter Teil Grundbegriffe und Verhältnis der gemeinsamen Einfuhrregelungen zum GATT

1. Kapitel Vorgehensweise und Zweck der Untersuchung

Im folgenden werden zunächst einige Grundbegriffe aus dem Bereich der gemeinsamen Handelspolitik erläutert, die zum Verständnis des Systems der gemeinsamen Einfuhrregelungen notwendig sind. Daran anschließend wird das Verhältnis dieser Regelungen zum GATT dargestellt, um ihre Grundlagen im Vertragsvölkerrecht deutlich zu machen. Schwerpunkte der Erörterung sind das Verhältnis der Gemeinschaft zum GATT allgemein, die Verpflichtung zur Beseitigung mengenmäßiger Beschränkungen im internationalen Handel gem. Art. XI GATT, die Bedeutung des Art. XIX GATT als Schutzklausel sowie die Reformvorhaben hinsichtlich dieser Bestimmung im Rahmen der multilateralen Verhandlungen im bisherigen Verlauf der Uruguay-Runde. Darüber hinaus wird auf das Verhältnis der Art. XI-XV GATT zu Art. XXIV GATT, in dem Voraussetzungen für die Einrichtung von Freihandelszonen und Zollunionen auch in bezug auf deren Außenhandel enthalten sind, eingegangen.

2. Kapitel Begriffsbestimmungen und Verhältnis des gemeinschaftlichen Einfuhrrechts zum nationalen Einfuhrrecht

A. Einfuhrpolitik

Der Begriff Einfuhrpolitik umfaßt allgemein die Steuerung des Warenverkehrs in den Wirtschaftsraum der Gemeinschaft. Die Instrumente dieser Steuerung können vertraglichen oder autonomen Charakter haben. Art und Umfang dieser Beeinflussung sind auf wirtschafts- und handelspolitischen Entscheidungen gegründet, wobei die Grundsätze des Art. 110 zu beachten sind. Eine maßgebliche Rolle bei der Festlegung einer gemeinschaftlichen Einfuhrpolitik spielen Erwägungen aus der Konjunktur-, Wirtschafts- und Zahlungsbilanzpolitik.[1] Diese Bereiche unterliegen noch weitgehend mitgliedstaatlicher Kompetenz und können erst durch die Verwirklichung der Wirtschafts- und Währungsunion vergemeinschaftet werden.[2]

B. Einfuhr

Eine Definition des Begriffs Einfuhr findet sich weder im EWGV selbst noch in den seit 1968 in Kraft getretenen gemeinsamen Einfuhrregelungen.

Einfuhr kann in diesem Zusammenhang jedoch als das Verbringen von Waren aus dem Wirtschaftsgebiet eines Drittlandes in das Wirtschaftsgebiet der Gemeinschaft definiert werden, wobei der Begriff des Verbringens jede körperliche Fortbewegung, unabhängig vom Zweck, von der Rechtsgrundlage und den Eigentumsverhältnissen einschließt. Es können alle beweglichen Sachen und auch Elektrizität eingeführt werden.[3]

1 Vgl. Art. 103-109; *Ehle-Meier*, S. 451

2 Zum Vorhaben der Wirtschafts- und Währungsunion siehe Art. 102a, eingefügt durch Art. 20 EEA

3 *Ehle-Meier*, S. 452; dazu auch *Schmidt*, in: DÖV 1974, S. 50; ders. in: ZfZ 1972, S. 294 ff.; EuGH, RS. 51-54/71, »International Fruit Company«, Slg. 1971, S. 1107 ff.

C. Wirtschaftsgebiet der Gemeinschaft

Das Wirtschaftsgebiet der Gemeinschaft ist nicht mit dem durch die VO 2151/84[4] festgelegten Zollgebiet der Gemeinschaft identisch; seine Bestimmung richtet sich nach Art. 227. Das Verbringen von Waren in Gebiete, die vom Zollgebiet der Gemeinschaft ausgenommen sind,[5] aber gleichwohl zum Wirtschaftsgebiet gehören, stellt eine Einfuhr dar. Umgekehrt handelt es sich nicht um eine Einfuhr, wenn Waren in Gebiete gebracht werden, die zwar zum Zollgebiet gehören, aber kein Wirtschaftsgebiet der Gemeinschaft sind. Dies sind Gebiete, die außerhalb des Territoriums der Mitgliedstaaten liegen, aber mit Rücksicht auf speziell für sie geltende Abkommen und Verträge als zum Zollgebiet der Gemeinschaft gehörend angesehen werden.[6]

D. Verhältnis zum nationalen Einfuhrrecht

Sowohl primäres als auch sekundäres Gemeinschaftsrecht gehen nationalem Recht vor und machen es unanwendbar.[7] Mit Ende der Übergangszeit dürfen die Mitgliedstaaten auf handelspolitischem Gebiet nicht mehr rechtsetzend tätig werden; neugeschaffenes nationales Recht verstieße gegen Art. 113. Da die Kompetenzübertragung im Bereich der Handelspolitik jedoch keine »dingliche« Wirkung hat,[8] sind die Mitgliedstaaten de facto nicht daran gehindert, weiterhin nationales Recht zu schaffen oder völkerrechtliche Verträge abzuschließen, was die Durchsetzung einer ausschließlichen handelspolitischen Kompetenz der Gemeinschaft gegenüber den Mitgliedstaaten und auch Drittstaaten erschwert.[9]

4 ABl. 1985, L 197/1

5 Vgl. Art. 1 der VO Nr. 2151/84

6 *Ehle-Meier*, S. 453; siehe auch Art. 2 der VO 2151/84. Im Hinblick auf Deutschland handelt es sich hier um die österreichischen Gebiete von Jungholz und Mittelberg, im Hinblick auf Frankreich um das Fürstentum Monaco und im Hinblick auf Italien um die Republik San Marino; vgl. den Anhang der VO 2151/84

7 Ausführlich zur Frage des Verhältnisses von Gemeinschaftsrecht zu nationalem Recht siehe *Ipsen*, Gemeinschaftsrecht, S. 255 ff.; *Constantinesco*, Recht der Europäischen Gemeinschaften, S. 639 ff.; *Bleckmann*, Europarecht, 5. Aufl., S. 288 ff.; *Fuß*, in: GS Sasse, Bd. 1, S. 171 ff.; aus der Rspr. des EuGH vor allem das Urteil »Costa/Enel«, RS. 6/64, Slg. 1964, S. 1251 ff.; weiterhin die Urteile »Internationale Handelsgesellschaft«, RS. 11/70, Slg. 1970, S. 1125; »Variola«, RS. 34/73, Slg. 1973, S. 981; »Rutili«, RS. 36/76, Slg. 1975, S. 1219; »Simmenthal«, RS. 106/77, Slg. 1978, S. 629

8 *Vedder*, in: Grabitz, Art. 113, Rz. 5; zur Übertragung von Hoheitsrechten auf zwischenstaatliche Einrichtungen gem. Art. 24 Abs. 1 GG vgl. auch *Ipsen*, S. 53 ff.

9 *Vedder*, in: Grabitz, Art. 113, Rz. 10; zum Verhältnis von gemeinschaftlichem zu deutschem Einfuhrrecht auch *Bijock* in: AWD 1974, S. 24 ff.

Das deutsche Außenwirtschaftsgesetz (AWG)[10] bezieht sich gem. § 1 Abs. 1 auf den »Waren-, Dienstleistungs-, Kapital-, Zahlungs- und sonstigen Wirtschaftsverkehr...«, überschneidet sich also zum Teil mit dem Regelungsbereich von Art. 113. Durch die Unberührtheitsklausel des § 1 Abs. 2 AWG ist der Vorrang von primärem und sekundärem EG-Außenhandelsrecht jedoch gesetzlich festgeschrieben; darüber hinaus sind gem. § 5 AWG, der Rechtsgrundlage für Beschränkungen der allgemeinen Außenwirtschaftsfreiheit, Einschränkungen, die sich aus Gemeinschaftsrecht ergeben können, möglich.[11] Die Ermächtigungsvorschriften der §§ 26 Abs. 1 und 28 Abs. 2, S. 1 AWG wurden durch das Vierte Gesetz zur Änderung des AWG vom 6.10.1980[12] dahingehend geändert, daß die Umsetzung von Gemeinschaftsrecht vereinfacht wird. Mit diesen Änderungen dürfte das AWG grundsätzlich mit den Regelungen der gemeinsamen Handelspolitik vereinbar sein.[13]

10 AWG v. 28.4.1961, BGBl. 1961 I, S. 481, i.d.F.v. 24.4.1986, BGBl. 1986 I, S. 560; siehe dazu auch die Außenwirtschaftsverordnung (AWV) v. 22.8.1961, BGBl. 1961 I, S. 1381 i.d.F.v. 18.12.1986, BGBl. 1986 I, S. 2671

11 Siehe dazu auch die Kommentierung bei *Hocke*, *Berwald*, *Maurer*

12 BGBl. 1980 I, S. 1905

13 *Fikentscher*, Wirtschaftsrecht, Bd. 2, S. 450

3. Kapitel Die Grundlagen der gemeinsamen Einfuhrregelungen im System des GATT

A. Das Verhältnis der Gemeinschaft zum GATT

Zwar sind alle Mitgliedstaaten der Gemeinschaft Vertragsparteien des GATT, doch ist die EG selbst bisher nicht formell Vertragspartei geworden. Sie wird allerdings heute als de facto-Vertragspartei angesehen[14] und könnte gegebenenfalls nach Art. XXXIII GATT dem Allgemeinen Abkommen beitreten.[15] Die Kommission vertritt die Gemeinschaft im GATT, führt die Verhandlungen für sie im Verlauf der großen Handelsrunden, und die Gemeinschaft selbst ist Vertragspartei von zahlreichen im Rahmen des GATT geschlossenen internationalen Verträgen, wenn auch zum Teil neben den Mitgliedstaaten.[16]

Daraus ergibt sich, daß die gemeinsamen Einfuhrregelungen als handelspolitische Instrumente und das Vorgehen der Gemeinschaft mit den Regeln des GATT in Einklang stehen müssen. Die Bindung der Gemeinschaft an das GATT ist unstrittig, allerdings wird in der Rspr. des EuGH den GATT-Regeln keine unmittelbare Anwendbarkeit zuerkannt.[17]

B. Die allgemeine Beseitigung von mengenmäßigen Beschränkungen gem. Art. XI GATT

Nach Art. XI Abs. 1 GATT sind alle mengenmäßigen Beschränkungen der Ein- und Ausfuhr im Handel zwischen Vertragsparteien des GATT grundsätzlich untersagt. Der Begriff der mengenmäßigen Beschränkungen umfaßt dabei Globalkontingente, Individualkontingente, Länderkontin-

14 *Vedder*, in: Grabitz, Art. 113, Rz. 195

15 Zu den Voraussetzungen, unter denen eine Wirtschaftsgemeinschaft Vertragspartei des GATT werden kann, siehe *Jaeger*, S. 310 f.; *Steinberger*, S. 215 ff.; *Jackson*, S. 102 f.

16 Ausführlich zur Beteiligung der drei Gemeinschaften an Internationalen Organisationen und multilateralen Konventionen: *Vedder*, Die auswärtige Gewalt, S. 153 ff.

17 Siehe dazu EuGH, Urteil »International Fruit Company«, RS. 21-24/72, Slg. 1972, S. 1219 ff.; aus der Literatur zum Verhältnis des GATT zur EG: *Tumlir*, in: Hilf/Petersmann (Hg.), S. 87 ff.; *Petersmann*, in: Hilf/Petersmann (Hg.), S. 119 ff.; *Grabitz*, in: KSE, Bd. 25, S. 47 ff.; speziell zur innergemeinschaftlichen Anwendung der GATT-Regeln: *Ehlermann*, in: EuR 1985, S. 91 ff.

gente, Zollkontingente, Lizenzen, Bewilligungen und in manchen Fällen auch die Festlegung des Wertes der Importe und Exporte zwischen Vertragsparteien.[18] Aufgrund der Erfahrungen aus den dreißiger Jahren und der Zeit des zweiten Weltkriegs galten solche Maßnahmen bei den Verhandlungen zur Gründung einer internationalen Handelsorganisation in der zweiten Hälfte der vierziger Jahre als besonders handelshemmend.[19]

Art. XI Abs. 2 GATT enthält Ausnahmen vom allgemeinen Verbot mengenmäßiger Beschränkungen, die einen relativ großen Bereich umfassen. Im einzelnen sind ausgenommen:

- »Ausfuhrverbote oder Ausfuhrbeschränkungen, die vorübergehend angewendet werden, um einen kritischen Mangel an Lebensmitteln oder anderen für die ausführende Vertragspartei wichtigen Waren zu verhüten oder zu beheben«[20]
- »Einfuhr- und Ausfuhrverbote oder Einfuhr- und Ausfuhrbeschränkungen, die zur Anwendung von Normen oder Vorschriften über die Sortierung, die Einteilung nach Güteklassen und den Absatz von Waren im internationalen Handel notwendig sind.«[21]
- »Beschränkungen der Einfuhr von Erzeugnissen der Landwirtschaft oder Fischerei in jeglicher Form, die zur Durchführung staatlicher Maßnahmen in diesen Bereichen erforderlich sind.«[22]

Bislang ist ein umfassender Abbau mengenmäßiger Beschränkungen im internationalen Handel allerdings nicht gelungen, und seit einigen Jahren ist eher eine steigende Tendenz zu verzeichnen. Seit Ende der sechziger Jahre haben vor allem bilateral ausgehandelte Mengenbeschränkungen an Bedeutung gewonnen, die gerade auch von Handelspartnern wie den USA, Japan und der Gemeinschaft kleineren Handelspartnern gegenüber angewendet werden.[23] Die gemeinsamen Einfuhrregelungen stehen zwar unter dem Grundsatz allgemeiner Einfuhrfreiheit und genügen von daher den Anforderungen des Art. XI Abs. 1 GATT[24], sehen aber für bestimmte Situationen gleichwohl die Anwendung mengenmäßiger Beschränkungen vor.[25]

18 *Senti*, S. 160, Fn. 70; vgl. auch *Küng*, Zahlungsbilanzpolitik, S. 629 ff.; zur Definition auch *Jackson*, S. 305 ff.

19 Zu den ITO-Verhandlungen und zum Entstehen des GATT siehe *Jackson*, S. 35 ff.; *Liebich*, S. 9 ff.; *Imhoff*, S. 1 ff.

20 Art. XI Abs. 2 lit. a GATT

21 Art. XI Abs. 2 lit. b GATT

22 Art. XI Abs. 2 lit. c GATT; darüber hinaus vgl. auch die Ausnahmebestimmungen der Art. XII, XIX und XX GATT

23 Siehe dazu Teil 1, 7. Kapitel, C.3. und 4.

24 Art. 1 der VO 1765/82; Art. 1 Abs. 2 der VO 288/82

25 Siehe die Titel IV und V der VOen 1765/82 und 288/82

C. Art. XIX GATT als Schutzklausel

Die Anwendung mengenmäßiger Beschränkungen in den gemeinschaftlichen Einfuhrregelungen muß den Vorgaben der Schutzklausel des Art. XIX GATT entsprechen. Diese Bestimmung sieht vor, daß Verpflichtungen, die von Vertragsparteien auf Grund des GATT eingegangen wurden, zurückgenommen oder abgeändert werden können, wenn sie sich nachteilig auf die Wirtschaft der betroffenen Vertragsparteien auswirken bzw. auszuwirken drohen. Das heißt, die Ursachen solcher Störungen im Außenhandel beruhen auf Abläufen, die durch die eigene Politik im Bereich des Außenhandels verursacht werden.[26] Bezogen auf die Einfuhrregelungen der Gemeinschaft kommen hier Beschränkungen der Einfuhrfreiheit in Betracht. Der Grundsatz der Einfuhrfreiheit ist eine Verpflichtung, die von der Gemeinschaft auf Grund des Art. XI Abs. 1 GATT eingegangen wurde. Bei Störungen infolge der Durchführung dieser Verpflichtung, d. h. als Konsequenz der gemeinsamen Handelspolitik in diesem Bereich, erlaubt Art. XIX GATT die Anwendung von Schutzmaßnahmen. Die Formulierung der entsprechenden Bestimmungen in den gemeinsamen Einfuhrregelungen ist dem Wortlaut von Art. XIX GATT stark angeglichen.[27]

Art. XIX Abs. 1 lit. a GATT erlaubt die Anwendung mengenmäßiger Einfuhrbeschränkungen, wenn »...infolge unvorhergesehener Entwicklungen und der Auswirkung der von einer Vertragspartei aufgrund dieses Abkommens eingegangenen Verpflichtungen, einschließlich der Zollzugeständnisse, eine Ware in das Gebiet dieser Vertragspartei in derart erhöhten Mengen und unter derartigen Bedingungen eingeführt ...« wird, »... daß dadurch den inländischen Erzeugern gleichartiger oder unmittelbar konkurrierender Waren in diesem Gebiet ein ernsthafter Schaden zugefügt wird oder zugefügt zu werden droht«. Schutzmaßnahmen können so lange angewendet werden, wie » ...dies zur Verhütung oder Behebung des Schadens erforderlich ist«.

In Abs. 2 ist ein Konsultationsverfahren vorgesehen, das, außer in Dringlichkeitsfällen, durchgeführt werden muß, bevor eine Vertragspartei zu Schutzmaßnahmen greift. Abs. 3 regelt die Anwendung von Gegenmaßnahmen durch Vertragsparteien, deren Ausfuhren von Schutzmaßnahmen betroffen sind.[28]

26 *Senti*, S. 240
27 Vgl. Art. 11 Abs. 1 der VO 1765/82 und Art. 15 Abs. 1 der VO 288/82
28 Zu Art. XIX GATT auch *Merciai*, in: JWTL 1981, Nr.5, S. 41 ff.

D. Reformvorhaben hinsichtlich Art. XIX GATT im Rahmen der Uruguay-Runde

1. Die Nachteile der bisherigen Regelung

Die Wirksamkeit der Schutzklausel ist allerdings nicht überzeugend. 1982 wurde im Vorfeld einer GATT-Ministertagung von amerikanischer Seite darauf hingewiesen, daß im Jahre 1981 ein Anteil von ca. 2,5 Mrd. US $ im Welthandel von der Schutzklausel des GATT betroffen gewesen sei. Schutzmaßnahmen außerhalb des GATT in Form von bilateralen Abmachungen und freiwilligen Selbstbeschränkungsabkommen erstreckten sich dagegen auf einen Anteil von ca. 60 Mrd. US $ am internationalen Handel.[29] Im Zeitraum von 1978-1982 wurden weltweit 250 Schutzmaßnahmen ergriffen, von denen aber nur rund zehn Prozent im Rahmen des GATT abgewickelt wurden.

Es sind im wesentlichen die folgenden Gründe, die eine Vertragspartei bei der gegenwärtigen Ausgestaltung von Art. XIX GATT davon abhalten können, nach dieser Bestimmung vorzugehen:

- Die Konsultationen, die gem. Art. XIX Abs. 2 GATT vor dem Ergreifen von Schutzmaßnahmen mit dem betreffenden Ausfuhrland durchzuführen sind, bergen für die Vertragspartei, die Art. XIX GATT in Anspruch nimmt, die Gefahr, daß sie für die Beseitigung der erlittenen Nachteile eine Gegenleistung zu erbringen hat.
- Bei der Anwendung von Schutzmaßnahmen im Außenhandel geht es in den meisten Fällen darum, den Import aus bestimmten Ländern zu beschränken, während die Handelsbeziehungen zu den übrigen Staaten möglichst nicht beeinträchtigt werden sollen. Vom Prinzip der Meistbegünstigung wird daher in solchen Fällen immer wieder abgewichen. Grundsätzlich muß nämlich die Anwendung der Schutzmaßnahmen in nichtdiskriminierender Weise geschehen[30]. Die als Reaktion darauf gem. Art. XIX Abs. 3 GATT gerechtfertigten Gegenmaßnahmen dürfen dagegen diskriminierend sein. Eine Vertragspartei, die GATT-konforme Schutzmaßnahmen gegenüber allen anderen Vertragsparteien ergreift, geht also das Risiko ein, mit selektiven Gegenmaßnahmen konfrontiert zu werden.
- Darüber hinaus zieht die Inanspruchnahme des Art. XIX GATT durch das Erfordernis der Konsultationen ein zeitraubendes Verfahren nach sich. Außerdem besteht durch das Prinzip der Meistbegünstigung die

29 *Senti*, S. 245
30 *Jackson*, S. 564

Gefahr, immer größere Teile des Welthandels mit protektionistischen Maßnahmen zu behindern.[31]

2. Die wichtigsten Reformvorhaben

Zu den soeben geschilderten Schwachpunkten der Konzeption von Art. XIX GATT kommen Schwierigkeiten bei der Definition der tatbestandlichen Voraussetzungen, da sie sehr allgemein gehalten sind und mißbräuchlich interpretiert werden können. Die zeitliche Begrenzung der Schutzmaßnahmen ist ebenfalls äußerst unbestimmt.[32]

Aus diesen Gründen wird bereits seit langem eine Änderung von Art. XIX GATT angestrebt. Im Verlauf der Tokio-Runde wurde zu diesem Zweck eine Arbeitsgruppe eingesetzt. Man konnte sich jedoch nicht über eine Neufassung einigen, so daß es bei einer Aufstellung der vordringlichsten Reformvorhaben blieb. Es handelte sich dabei um folgende Probleme:[33]

- Die Definiton des »ernsthaften Schadens« und der »Marktstörung«
- Sollen Schutzmaßnahmen gemäß dem Prinzip der Meistbegünstigung gegen alle Vertragsparteien oder selektiv gegen einzelne angewendet werden können?
- Sollen Schutzmaßnahmen zeitlich begrenzt werden?
- Ist eine degressive Anwendung der Schutzmaßnahmen vorzuschreiben?
- Dürfen gleichzeitig binnenwirtschaftliche Anpassungsprogramme für Vertragsparteien, die die Schutzklausel in Anspruch nehmen, vorgeschrieben werden?
- Wie soll die Anwendung der Schutzklausel überwacht werden?

Da keines dieser Reformvorhaben im Verlauf der Tokio-Runde realisiert werden konnte, soll nunmehr versucht werden, im Rahmen der Uruguay-Runde eine Einigung herbeizuführen.[34]

Hinsichtlich der Definition des »ernsthaften Schadens« und der »Marktstörung« i. S. v. Art. XIX Abs. 1 lit. a GATT wird versucht, nach Möglichkeit quantifizierbare Faktoren und konkrete Tatbestände als Grundlage einer Definition zu verwenden.[35] Unklar ist, inwieweit eine ursächliche Verbindung zwischen erhöhten Einfuhren und einem Schaden der einheimischen Produzenten zuverlässig nachgewiesen werden kann. Eben-

31 Ausführlich zu den Nachteilen der gegenwärtigen Fassung von Art. XIX GATT *Senti*, S. 245 ff.
32 *König*, S. 13
33 *Senti*, S. 247
34 Dazu *Hailbronner/Bierwagen*, in: JA 1988, S. 327; vgl. auch Teil 1, Kapitel 7. C.4.a, bb
35 GATT, MTN, GNG, NG 9, Nr. 2 v. 25.6.1987, S. 4, Sitzungsbericht, nicht veröffentlicht

so ist noch unklar, ob in jedem Fall eine absolute Steigerung der Einfuhren vorauszusetzen ist oder ob auch eine relative Steigerung für die Inanspruchnahme der Schutzklausel ausreichen soll. Vorgeschlagen wurde auch die Einbeziehung solcher Faktoren wie Marktanteil, Handelsumlenkung, technologische Veränderungen, Änderungen im Verbraucherverhalten, die allgemeine Wettbewerbsfähigkeit eines Industriezweiges und seine Fähigkeit zur Kapitalbeschaffung.[36] Von mehreren Seiten wurde auf die Gefahr hingewiesen, daß erfolgreiche Wettbewerber, die nicht gegen die Regeln des internationalen Handels verstoßen, durch eine zu enge Definition des »ernsthaften Schadens« benachteiligt werden können. Generell könne von Schädigung im Wettbewerb unter fairen Bedingungen nicht gesprochen werden. Es solle daher verstärkt zur Anwendung binnenwirtschaftlicher Anpassungsmaßnahmen kommen, womit auch verhindert werde, daß die Last wirtschaftlicher Anpassungsprozesse vom Importland auf das Exportland verlagert werde.[37] Von seiten der USA wurde hervorgehoben, Sec. 201 des US Trade Act von 1974 als nationales Gesetz zur Anwendung von Art. XIX GATT enthalte zwar keine Definition des »ernsthaften Schadens«, es sei jedoch die Heranziehung ökonomischer Faktoren, wie das Stilliegen von Fertigungskapazitäten, das Ausbleiben angemessener Gewinne und der Grad der Arbeitslosigkeit in einem bestimmten Industriezweig zur Feststellung von Schädigungen vorgesehen.[38] Vertreter der EG nannten die VO 288/82 als gemeinschaftsrechtliches Äquivalent zu Sec. 201 des US Trade Act von 1974. Diese Regelung enthalte genau umschriebene Kriterien zur Bestimmung einer Schädigung.[39] In bezug auf die Frage, ob zur Festellung von Schädigungen und allgemein zur Anwendung von Maßnahmen nach Art. XIX GATT ein Überwachungsorgan im Rahmen des GATT geschaffen werden soll, herrscht noch weitgehend Uneinigkeit.[40]

Die Auffassungen der Verhandlungsdelegationen im Hinblick auf die Berücksichtigung des Prinzips der Meistbegünstigung weichen stark voneinander ab: Die schwächeren Handelspartner, vor allem auch eine Reihe von Entwicklungsländern, sprechen sich für eine Beibehaltung dieses Grundsatzes aus. Die Gemeinschaft tritt dagegen für eine selektive Anwendung der Schutzklausel ein, um handelsbeschränkende Maßnahmen möglichst auf die Länder begrenzen zu können, die Handelsstörungen

36 GATT, MTN, GNG, NG 9, Nr. 3 Abs. 1, v. 17.11.1987, S. 1, Sitzungsbericht, nicht veröffentlicht

37 GATT, MTN, GNG, NG 9, Nr. 5, v. 22.4.1988, S. 2, Sitzungsbericht, nicht veröffentlicht

38 GATT, MTN, GNG, NG 9, Nr. 5, v. 22.4.1988, S. 3, Sitzungsbericht, nicht veröffentlicht

39 GATT, MTN, GNG, NG 9, Nr. 5, v. 22.4.1988, S. 4, Sitzungsbericht, nicht veröffentlicht; vgl. dazu Art. 9 Abs. 1 der VO 288/82

40 GATT, MTN, GNG, NG 9, Nr. 8 v. 8.11.1988, S. 9, Sitzungsbericht, nicht veröffentlicht

verursachen. Die Haltung der Vereinigten Staaten zu dieser Frage bewegte sich von einer strikten Befürwortung der Meistbegünstigung bei Schutzmaßnahmen zu einer eher vermittelnden Position, die auch die Möglichkeit einer »consensual selectivity« einschließt, d.h. die selektive Anwendung von Schutzmaßnahmen unter der Voraussetzung, daß sich die betroffenen Länder damit einverstanden erklären.[41]

Was die Fragen der zeitlichen Begrenzung, der degressiven Anwendung und der Notwendigkeit binnenwirtschaftlicher Anpassungsprogramme angeht, bestehen zwar ebenfalls unterschiedliche Auffassungen, doch sind diese Meinungsverschiedenheiten nicht so tiefgreifend wie bei den anderen Fragen. Die Einigung auf einen umfassenden Schutzklauselkodex im Verlauf der Uruguay-Runde ist insgesamt jedoch noch nicht abzusehen.[42]

E. Das Verhältnis der Art. XI-XV GATT zu Art. XXIV GATT

1. Die Bedeutung von Art. XXIV GATT

Art. XXIV Abs. 5 GATT erlaubt die Bildung von Zollunionen, Freihandelszonen und vorläufigen Vereinbarungen zur Bildung solcher Unionen oder Zonen, sofern die Voraussetzungen der lit. a-c des Abs. 5 erfüllt sind. Die anderen Bestimmungen des Allgemeinen Abkommens sollen derartigen Zusammenschlüssen gem. Art. XXIV Abs. 5 S. 1 GATT nicht entgegenstehen. Der Grund für diese Regelung findet sich in Art. XXIV Abs. 4 GATT. Danach gilt es als wünschenswert, die wirtschaftliche Integration von Vertragsparteien durch freiwillige Vereinbarungen zu fördern und mehr Freiheit im Handelsverkehr anzustreben. Der Handel innerhalb von Zollunionen und Freihandelszonen soll dabei erleichtert, der Handel anderer Vertragsparteien mit diesen Gebieten aber nicht erschwert werden. In diesem Punkt liegt aber die größte Schwierigkeit bei der Anwendung dieser Bestimmung. Durch die Erlaubnis zur Einrichtung regionaler Zusammenschlüsse unter den Vertragsparteien besteht die Gefahr, daß neue Hindernisse für den Handel zwischen den Vertragsparteien, die Mitglieder von Zollunionen oder Freihandelszonen sind, und den übrigen Vertragsparteien entstehen. Eine auf diese Weise geschaffene Handelsumlenkung kann größer sein als die Ausweitung des Handels in der Gesamtheit aller Vertragsparteien,[43] d. h. der Zuwachs an Handelsverkehr innerhalb

41 Vgl. dazu die Stellungnahme des Sprechers der US-Verhandlungsdelegation zu den amerikanischen Vorschlägen in GATT, MTN, GNG, NG 9, Nr. 4, v. 16.12.1987, S. 1 f., Sitzungsbericht, nicht veröffentlicht

42 Zu diesem Vorhaben bereits *Tumlir*, in: JWTL 1973, S. 404 ff.

43 *Jackson*, S. 581

eines regionalen Zusammenschlusses kann zu Lasten des Handels mit anderen Vertragsparteien gehen, denn ein regionaler Zusammenschluß bedingt eine gewisse Präferenzierung der teilnehmenden Länder untereinander. Ohne diese Vorzugsbehandlung im Inneren einer Zollunion oder Freihandelszone wäre dagegen die in Art. XXIV Abs. 4 GATT gewünschte Förderung der wirtschaftlichen Integration kaum denkbar.

Darüber hinaus sind die in Art. XXIV GATT verwendeten Kriterien für die Zulässigkeit von regionalen Zusammenschlüssen ungenau und stehen in einem unklaren Verhältnis zu den grundsätzlichen Zielen des GATT. Dies gilt insbesondere für die Abs. 5 und 8. Es ist auch darauf hinzuweisen, daß ca. zwei Drittel aller Vertragsparteien zu regionalen Zusammenschlüssen gehören, was eine latente Gefahr für das Prinzip der Meistbegünstigung darstellt.[44]

Im folgenden soll zunächst auf das Problem der Präferenzierung innerhalb der Gemeinschaft eingegangen werden. Daran anschließend geht es um die gemeinschaftliche Anwendung mengenmäßiger Beschränkungen, wie sie in den gemeinsamen Einfuhrregelungen vorgesehen ist.

2. Die GATT-Konformität der Präferenzierung unter den Mitgliedstaaten

Die Art. 30 ff. regeln die Beseitung mengenmäßiger Beschränkungen im Handel zwischen den Mitgliedstaaten. Gem. Art. 30 sind dabei mengenmäßige Beschränkungen und Maßnahmen gleicher Wirkung zwischen den Mitgliedstaaten grundsätzlich verboten. Mit dieser Regelung entspricht der EWGV den Anforderungen des Art. XXIV Abs. 8 lit. a (i) GATT, wonach neben den Zöllen auch die beschränkenden Handelsvorschriften für den Handel innerhalb einer Zollunion im wesentlichen abgeschafft werden sollen.

Problematisch ist die Anwendung mengenmäßiger Beschränkungen gem. den Art. XI Abs. 2, XIII, XIX und XX GATT gegenüber Drittstaaten, die ebenfalls GATT-Vertragsparteien sind. Im Hinblick auf die gegenwärtigen gemeinsamen Einfuhrregelungen sind dies die Schutzmaßnahmen des Titels V der VO 288/82 und des Titels V der VO 1765/82. Handelsbeschränkungen nach diesen Verordnungen zielen nur auf die Einschränkung des Handels mit Drittländern. Art. XIII Abs. 1 GATT bestimmt jedoch, daß Verbote und Beschränkungen im Bereich des Handels nur gleichmäßig gegenüber allen Vertragsparteien zur Anwendung kom-

44 *Jackson*, S. 588

men dürfen.[45] Demnach müßten die Schutzmaßnahmen der gemeinsamen Einfuhrregelungen auch für den innergemeinschaftlichen Handel angewendet werden. Andererseits besagt Art. XXIV Abs. 8 lit. a (i) GATT, daß zwischen den Mitgliedstaaten die beschränkenden Handelsvorschriften zu beseitigen sind, so daß hier ein Widerspruch zwischen Art. XIII GATT und Art. XXIV GATT zu bestehen scheint.

Für eine strikte Anwendung des Diskrimierungsverbots des Art. XIII GATT spricht die Grundtendenz des GATT, nach der zur Regelung des internationalen Handels Zölle eingesetzt werden sollen, mengenmäßige Beschränkungen aber grundsätzlich verboten sind.[46] Mit der Begründung, ein Vergleich zwischen lit. (i) und (ii) von Art. XXIV Abs. 8 lit. a GATT zeige, daß ausdrücklich von »beschränkenden« Handelsvorschriften die Rede sei, wenn es um mengenmäßige Handelsbeschränkungen gehe, wurde die Einbeziehung solcher Beschränkungen unter den Begriff »Handelsvorschriften« i.S. der Abs. 5 und 8 des Art. XXIV GATT abgelehnt. Unter »Handelsvorschriften« i.S.v. Art. XXIV Abs. 8 lit. a (ii) GATT, der den Außenhandel von Zollunionen betrifft, sollen danach nur Verwaltungsformalitäten wie Zollwertfestlegung, Zollerhebung, Grenzkontrollen etc. zu verstehen sein.[47]

Dem Sinn und Zweck des Art. XXIV GATT wird diese Auslegung jedoch kaum gerecht. Ein gegenseitiger Abbau handelsbeschränkender Vorschriften entspricht genau dem in Art. XXIV Abs. 4 GATT als wünschenswert bezeichneten Ziel der wirtschaftlichen Integration. Die damit einhergehende Durchbrechung des Diskriminierungsverbots aus Art. XIII GATT läßt sich mit den positiven Auswirkungen der Vorzugsbehandlung innerhalb von Zollunionen rechtfertigen.[48] Das ausnahmslose Befolgen des allgemeinen Diskriminierungsverbots würde zudem schon die Gründung regionaler Zusammenschlüsse erschweren, was dem Art. XXIV Abs. 5, S. 1 GATT zuwiderliefe, wonach die Bestimmungen des GATT der Einrichtung regionaler Zusammenschlüsse nicht entgegenstehen.[49] Darüber hinaus spricht ein Argument aus den Formulierungen der Abs. 1 und 8 lit. a von Art. XXIV GATT für diese Sichtweise. Nach Abs. 8 lit. a bedeutet »Zollunion« die Ersetzung von zwei oder mehr Zollgebieten durch ein einziges Zollgebiet. Art. 1 GATT stellt fest, daß hinsichtlich des Geltungsbereichs dieses Abkommens jedes Zollgebiet als Vertragspartei gilt.

45 Ausnahmen von diesem Diskrimierungsverbot sind lediglich unter den in Art. XIV GATT aufgeführten Voraussetzungen zulässig.

46 *Allen*, S. 221

47 So ein Untersuchungsausschuß des GATT zur Prüfung der GATT-Konformität des EWGV im Jahre 1958 in: GATT, BISD 6th Suppl., 1958, S. 77 ff., zit. nach *Senti*, S. 164, Fn. 86

48 So auch *Steinberger*, S. 179

49 *Jaeger*, S. 303

Aus diesen Bestimmungen läßt sich die Anwendung der GATT-Regeln insgesamt auf eine Zollunion als Ganzes ableiten, sobald sie errichtet wurde. Dann aber ist eine Zollunion auch als Einheit zur Anwendung von GATT-Schutzklauseln, wie dem Art. XIX GATT, berechtigt.[50] Auf Art. XIX GATT beruhen wiederum die Schutzklauseln in den gemeinsamen Einfuhrregelungen, nach denen handelsbeschränkende Maßnahmen ausschließlich gegenüber dritten GATT-Vertragsparteien anwendbar sind.

Im Hinblick auf die Formulierung von Art. XXIV Abs. 8 lit. a (i) GATT ergibt sich auch, daß nach dem Sinn dieser Vorschrift Zölle nicht durch außertarifäre Maßnahmen für den Handel innerhalb einer Zollunion ersetzt werden sollen. Wollte man mengenmäßige Beschränkungen nicht unter den Begriff der »beschränkenden Handelsvorschriften« im Sinne des Abs. 8 lit. a (i) GATT fassen, ergäbe die Bestimmung keinen Sinn mehr. Dies ergibt sich auch bei einem Vergleich mit Art. XI GATT. Nach dessen Abs. 1 werden mengenmäßige Beschränkungen im internationalen Handel möglichst umfassend abgebaut. Diesem Ziel widerspräche es aber, würden im Rahmen von Art. XXIV GATT eben diese Beschränkungen als vereinbar mit dem Ziel einer größeren Freiheit des Handels, wie es in Art. XXIV Abs. 4 GATT niedergelegt ist, angesehen. Gerade diese Konsequenz ergibt sich aber, faßt man mengenmäßige Beschränkungen nicht unter den Begriff der »beschränkenden Handelsvorschriften« i.S.v. Art. XXIV Abs. 8 lit. a (i) GATT.[51]

Zusammenfassend kann also festgestellt werden, daß bei teleologischer Betrachtung der GATT-Regeln die gegenseitige Bevorzugung der Mitgliedstaaten einer Zollunion bei der Anwendung mengenmäßiger Beschränkungen zulässig ist. Insofern besteht auch kein Widerspruch zwischen den Bestimmungen von Art. XIII GATT und Art. XXIV GATT.[52]

3. Die Zulässigkeit gemeinschaftlicher Anwendung von mengenmäßigen Beschränkungen

Nach den Bestimmungen der gemeinsamen Einfuhrregelungen ist vorgesehen, daß mengenmäßige Beschränkungen bei der Einfuhr von Waren aus Drittstaaten von der Gemeinschaft als Ganzes angewendet werden können[53]. Auch die Zulässigkeit dieser gemeinschaftlichen Anwendung mengenmäßiger Einfuhrbeschränkungen wirft Probleme hinsichtlich der

50 *Jackson*, S. 617

51 So auch *König*, S. 17

52 In diesem Sinne auch *Jaeger*, S. 305, Fn. 21, der die Auslegungsproblematik auf eine Vertragslücke zurückführt und eine entsprechende Ergänzung von Art. XXIV Abs. 8 GATT vorschlägt.

53 Vgl. die Titel V der VOen 288/82 und 1765/82

Vereinbarkeit mit den Regeln des GATT auf. Wie soeben bereits, ist auch bei dieser Problematik das Verhältnis der Art. XI ff. GATT zu Art. XXIV GATT von Bedeutung.

Als im Jahre 1958 der EWGV im Rahmen des GATT auf seine Vereinbarkeit mit dem Allgemeinen Abkommen überprüft wurde, stellte sich die Frage, ob ein Mitglied eines regionalen Zusammenschlusses nur dann berechtigt sein sollte, auf mengenmäßige Handelsbeschränkungen zurückzugreifen, wenn die Rechtfertigungsgründe des GATT und hierbei insbesondere Art. XII GATT[54] jeweils für das Mitglied selbst vorlägen. Hält man sich nur an den Wortlaut, kommt eine andere Lösung nicht in Betracht, da immer von »Vertragsparteien« die Rede ist. Die Alternative dazu sah so aus, daß auch ein Staat, der selbst keine Probleme mit seiner Zahlungsbilanz hatte, mengenmäßige Beschränkungen zugunsten eines Partnerstaates in einem regionalen Zusammenschluß ergreifen durfte. Kern des Problems war also die Entscheidung, ob die Mitglieder eines Zusammenschlusses bei der Anwendung von Art. XII GATT als Einheit betrachtet werden sollten. Für die EWG-Mitgliedstaaten spielte diese Frage zur damaligen Zeit vor allem auch in Zusammenhang mit Art. 108 eine Rolle. Die Bestimmungen über den gegenseitigen Beistand bei Zahlungsbilanzschwierigkeiten eines Mitgliedstaates in Art. 108 Abs. II sehen zwar keine Einfuhrbeschränkungen der übrigen Mitgliedstaaten zugunsten des in Schwierigkeiten geratenen vor, die Aufzählung in Art. 108 Abs. II ist jedoch nicht abschließend.[55] Speziell dieses Problem war zum damaligen Zeitpunkt von größerer Bedeutung als heute, da die wichtigsten Währungen in Europa noch nicht konvertierbar waren und der umfassende Abbau mengenmäßiger Beschränkungen durch die Mitgliedstaaten der EWG noch nicht begonnen hatte.[56]

Die EWG-Staaten vertraten die Ansicht, Art. XXIV Abs. 8 lit a (i) und Abs. 5 lit. a GATT gewähre einer Zollunion das Recht, mengenmäßige Beschränkungen gemeinschaftlich anzuwenden, auch wenn nicht bei allen Mitgliedstaaten die Voraussetzungen der Art. XI ff. GATT vorlägen.

Die anderen GATT-Mitglieder beharrten demgegenüber auf dem Standpunkt, ein EWG-Mitgliedstaat dürfe nur dann mengenmäßige Beschränkungen nach Art. XI ff. GATT anwenden, wenn die Gründe dafür in seinem Gebiet vorlägen. Demgemäß sollten die anderen Mitgliedstaaten der Gemeinschaft nicht zugunsten einzelner Mitgliedstaaten zu mengenmäßigen Beschränkungen des Außenhandels greifen dürfen. Gemeinschaftliche Beschränkungen verstießen daher gegen Art. XII GATT, denn

54 Beschränkungen zum Schutz der Zahlungsbilanz
55 *Zuleeg*, in: GBTE, 3. Aufl., Art. 108, Rz. 34
56 *Steinberger*, S. 181

sie zerstörten das Zusammenspiel der Rechte und Pflichten innerhalb des GATT.[57]

Eine Lösung dieses Problems könnte sich aus der Anerkennung regionaler Zusammenschlüsse als ein Gebiet im Hinblick auf Art. XI ff. GATT ergeben. Ein solcher Zusammenschluß erwirbt nicht automatisch die Stellung einer Vertragspartei, selbst dann nicht, wenn er ein einheitliches Zollgebiet darstellt und auf dem Gebiet des Außenhandels ein hohes Maß an supranationaler Autonomie erreicht.[58] Die Gemeinschaft könnte aufgrund dieser Eigenschaften zwar gem. Art. XXXIII GATT dem Allgemeinen Abkommen beitreten, doch wurde dieser Schritt bislang nicht vollzogen.[59]

Der entscheidende Gesichtspunkt kann, wie schon bei der Frage der Zulässigkeit der Präferenzierung innerhalb regionaler Zusammenschlüsse, dem Gedanken des Art. XXIV Abs. 4 GATT und den grundsätzlichen Zielen des Allgemeinen Abkommens entnommen werden.[60] Gem. Art. XXIV Abs. 4 GATT soll die wirtschaftliche Integration der Vertragsparteien durch freiwillige Vereinbarungen, d. h. Zusammenschlüsse, gefördert und die Freiheit des Handels vergrößert werden. Für den Handel anderer Vertragsparteien mit diesen Zusammenschlüssen sollen möglichst keine neuen Hindernisse entstehen.[61] Gemeinsame Einfuhrbeschränkungen einer Zollunion führen jedoch keineswegs zwangsläufig zu einer stärkeren Beschränkung des Handels mit Drittländern als einzelstaatlich angewendete Schutzmaßnahmen der Mitgliedstaaten.[62] Darüber hinaus ist zu beachten, daß in einer Zollunion grundsätzlich auch Waren aus Drittländern in den freien Warenverkehr innerhalb der Union mit einbezogen werden.[63] In dieser Lage sind einzelstaatliche Beschränkungen aber in vielen Fällen nur dann wirksam, wenn sie sich auch auf den Binnenhandel innerhalb einer Zollunion erstrecken, was hingegen der angestrebten Integration entgegenwirkt und nicht dem Sinn des Art. XXIV Abs. 4 GATT entspricht.[64]

57 Der Streit ist dokumentiert in: GATT, BISD, 6th Suppl. (1985), S. 77 ff., zit. nach *Senti*, S. 164, Fn. 86

58 Ausführlich zur Möglichkeit eines Beitritts der Gemeinschaft zum GATT und zu ihrer Parteifähigkeit: *Steinberger*, S. 208 f.; *Jaeger*, S. 309 ff.

59 Die Mitgliedstaaten der Gemeinschaft würden durch einen Beitritt der Gemeinschaft vor allem im Hinblick auf ihr Stimmrecht Einfluß verlieren. Von daher ist ein Beitritt in näherer Zukunft ohnehin fraglich.

60 Vgl. dazu auch die Präambel des GATT

61 Darauf zielen die Voraussetzungen des Art. XXIV Abs. 5 lit. a und b GATT ab.

62 *Steinberger*, S.183

63 Vgl. Art. 9, 10 EWGV

64 *Steinberger*, S. 184; *Jaeger*, S. 308

Die positiven Auswirkungen wirtschaftlicher Integration, wie z. B. die Standortwahl nach dem Kriterium der komparativen Kosten, höhere Spezialisierung und größere Arbeitsteilung kommen jedoch nur in einem von mengenmäßigen Beschränkungen freien Binnenhandel zum Tragen.[65]

Im Hinblick auf das Ziel der Handelsförderung durch wirtschaftliche Integration, wie es von Art. XXIV Abs. 4 GATT festgelegt ist, sollten regionale Zusammenschlüsse dritten Ländern gegenüber als einheitliche Wirtschaftsgebilde angesehen werden, auch wenn sie nicht den formellen Status von Vertragsparteien im Sinne der Art. XI ff. GATT haben. Bei dieser Auslegung des GATT ist die gemeinschaftliche Anwendung mengenmäßiger Beschränkungen, wie sie auch in den gemeinsamen Einfuhrregelungen vorgesehen ist, mit dem Allgemeinen Abkommen vereinbar.[66]

Zu beachten sind aber die Einschränkungen in Art. XXIV Abs. 4 S. 2 und Abs. 5 lit. a GATT, nach denen gemeinschaftliche Beschränkungen nicht zu einer größeren Behinderung der Einfuhren aus Drittländern führen dürfen als dies vor der Einrichtung eines Zusammenschlusses der Fall war.

4. Die Vereinbarkeit regional begrenzter Schutzmaßnahmen der Gemeinschaft mit dem GATT

Von der Feststellung, daß gemeinschaftlich angewendete mengenmäßige Beschränkungen mit dem GATT vereinbar sind, ist die Frage zu unterscheiden, ob gemeinschaftliche Einfuhrbeschränkungen auch auf einzelne Gebiete der Gemeinschaft begrenzt werden können.[67] Solche Maßnahmen könnten in Widerspruch zu Art. XXIV Abs. 8 lit. a (ii) GATT stehen, denn eine im wesentlichen gleichartige Maßnahme liegt in so einem Fall nicht vor. Zwar betrifft die jeweilige Maßnahme alle Drittstaaten, die in die Gemeinschaft exportieren, doch sind bei regional begrenzten Schutzmaßnahmen die Möglichkeiten der Einfuhr in die einzelnen Mitgliedstaaten unterschiedlich.

Diese Unterschiedlichkeit ließe sich in der Weise vermeiden, daß die Einfuhr auch für die Gebiete bzw. Mitgliedstaaten beschränkt werden könnte, die nicht von einer Gefahrenlage gem. Art. 14 der VO 288/82 oder gem. Art. 11 der VO 1765/82 betroffen sind.

65 *Steinberger*, S. 184; *Sannwald-Stohler*, S. 161

66 Zur Behebung des daraus folgenden Widerspruchs mit dem Wortlaut der Art. XI ff. GATT schlägt *Jaeger*, S. 313, vor, diese Bestimmungen so zu ergänzen, daß außer Vertragsparteien auch Zollgebiete, die die materiellen Voraussetzungen der Parteifähigkeit erfüllen, genannt werden.

67 Regionale Begrenzungen sind in Art. 15 Abs. 3a der VO 288/82 und in Art. 11 Abs. 3 der VO 1765/82 vorgesehen.

Ein derartiges Vorgehen stünde aber wiederum nicht mit Sinn und Zweck von Art. XXIV Abs. 4 GATT in Einklang, wonach im Rahmen einer Zollunion der Handel mit Drittstaaten möglichst unbehindert ablaufen soll. Eine gleichmäßige Anwendung mengenmäßiger Beschränkungen auf das gesamte Gemeinschaftsgebiet, auch wenn nur Teile davon in einer Gefahrenlage sind, würde den Außenhandel stärker behindern als es in einer derartigen Situation notwendig wäre.[68]

Daher ist auch die regional begrenzte Anwendung gemeinschaftlicher Einfuhrbeschränkungen mit dem GATT vereinbar.

68 *König*, S. 21

Dritter Teil Die Vorbereitung der gemeinsamen Einfuhrregelungen während der Übergangszeit

1. Kapitel Vorgehensweise und Zweck der Untersuchung

In diesem Teil geht es um Vorgeschichte und Ausarbeitung der ersten gemeinschaftlichen Einfuhrregelungen für Importe aus Drittländern. Anhand einer Darstellung der gem. Art. 111 vorgesehenen Koordinierung der mitgliedstaatlichen Handelspolitiken im Laufe der Übergangszeit werden die ersten noch rein mitgliedstaatlichen Liberalisierungen der Einfuhr aus Drittländern erörtert. Parallel dazu wird auf die vorbereitenden Arbeiten der Gemeinschaftsorgane zur Konzipierung gemeinschaftlicher Regelungen und auf die ersten Teilregelungen selbst eingegangen. Von besonderer Bedeutung im Rahmen der Analyse dieser Vorbereitungsphase sind der Ratsbeschluß über die beschleunigte Verwirklichung der Vertragsziele vom 12.5.1960, die Entscheidung des Rates über ein Arbeitsprogramm auf dem Gebiet der gemeinsamen Handelspolitik vom 25.9.1962 sowie die VO 3/63 des Rates vom 24.1.1963. Dieser Teil umfaßt den Zeitraum bis 1968.

2. Kapitel Die Notwendigkeit der Koordinierung einzelstaatlicher Handelspolitik während der Übergangszeit

Einfuhrregelungen, gleich ob nationaler oder gemeinschaftlicher Art, fallen unter den Oberbegriff der Handelsregelungen. Diese sind die Gesamtheit der Regeln, die sich auf Import, Export und Transit beziehen. Im einzelnen gliedern sich diese Vorschriften in Kontrollmaßnahmen unterschiedlicher Art und in mengenmäßige Beschränkungen, unter Umständen bis hin zum Verbot jeglichen Handels.

Im EWGV ist der Begriff der Handelsregelungen nicht enthalten; ebensowenig erscheint der Ausdruck der mengenmäßigen Beschränkungen. Die Verwendung dieser Maßnahmen ist vielmehr in der Weise vorgesehen, daß in den Art. 111 Abs. V und 113 Abs. I die Vereinheitlichung der einzelstaatlichen Liberalisierungsmaßnahmen festgeschrieben wird. Es handelt sich hier um Bestimmungen, die von der Idee des Freihandels geprägt sind,[1] was zunächst einmal der politische Aspekt der Problematik ist. Vom juristischen Standpunkt interessiert allerdings weniger die Vereinheitlichung der Liberalisierungsmaßnahmen als vielmehr die Vereinheitlichung von Kontroll- und Beschränkungsmaßnahmen.[2] Die Notwendigkeit zur Koordinierung bzw. Vereinheitlichung der handelsbeschränkenden Maßnahmen, wie sie von Art. 111 Abs. V vorgesehen ist, ergab sich aus einem engen Zusammenhang der Auswirkungen solcher Maßnahmen mit dem Funktionieren des Gemeinsamen Marktes.[3]

Solange diese Maßnahmen nicht vereinheitlicht sind, kommt es zugunsten von Mitgliedstaaten, die von Verkehrsverlagerungen aus anderen Mitgliedstaaten betroffen sind, immer wieder zum Rückgriff auf die Ausnahmeregelung des Art. 115.[4] Konkret heißt das, ein Mitgliedstaat kann mit Zustimmung der Kommission bestimmte Waren, die aus einem anderen Mitgliedsland kommen, an seinen Außengrenzen zurückweisen. Mit anderen Worten, solange noch handelspolitische Unterschiede im

1 Vgl. auch die Art. 18 und 110

2 *Pescatore*, in: Les Nov., Nr. 2329

3 *Pescatore*, in: Les Nov., Nr. 2330

4 Ausführlich zu Art. 115: *Vedder*, in: Grabitz, Art. 115; *Weber*, in: EuR 1979, S. 30 ff.; *Börner*, in: KSE Bd. 28, S. 63 ff.; *Neme*, in: RMC 1988, S. 578 ff.

gemeinschaftlichen Außenhandel bestehen, führt Art. 115 das Grundprinzip der Freihandelszone in die Zollunion ein, indem er gestattet, den freien Warenverkehr für Waren mit Ursprung außerhalb der Zollunion zu unterbrechen.[5] Das Prinzip des Gemeinsamen Marktes wird dadurch in Frage gestellt, weshalb Art. 115 als Ausnahmevorschrift eng ausgelegt werden muß.[6]

5 *Ernst*, in: EA 1963, S. 286

6 EuGH, RS. 29/75 »Kaufhof«, Slg. 1976, S. 442; EuGH, RS. 41/76 »Donckerwolcke«, Slg. 1976, S. 1137

3. Kapitel Erste Maßnahmen auf Gemeinschaftsebene

Gem Art. 111 Abs. I war für die Übergangszeit eine umfassende Koordinierung der mitgliedstaatlichen Handelsbeziehungen zu dritten Ländern vorgesehen, damit am Ende der Übergangszeit[7] die Voraussetzungen für die gemeinsame Handelspolitik gegeben sein sollten.

Die ersten Maßnahmen zur Verwirklichung dieses Zieles wurden bereits im Jahre 1958 ergriffen. Der Ministerrat entschied sich damals für Handelserleichterungen und gleichzeitigen Zollabbau zugunsten der anderen GATT-Länder.[8] In diesem Schritt manifestierte sich erstmals die liberale Grundhaltung des EWGV. Vorerst noch auf der Grundlage bilateraler Abkommen mit der Gemeinschaft und noch nicht in Form autonomer Gewährung, wurde den GATT-Partnern eine allgemeine Handelsliberalisierung angeboten. Diese erste Initiative ging allerdings nicht so weit, daß den Handelspartnern gegenüber Verpflichtungen i.S.d. Art. 30 ff. angeboten worden wären, wie sie für die Abschaffung der mengenmäßigen Beschränkungen zwischen den Mitgliedstaaten galten.[9]

Im Jahre 1959 unterbreitete die Kommission dem Rat Vorschläge zur weiteren Erleichterung des Außenhandels, die im sog. »Hallstein-Memorandum« dargelegt waren.[10] Diese Vorschläge gingen in zwei wesentlichen Punkten über die Beschlüsse des Vorjahres hinaus: Zum einen beschränkten sie die neuen Liberalisierungen nicht mehr auf GATT-Länder und zum anderen wurde ein Liberalisierungsmodus vorgelegt, der den Bestimmungen der Art. 30 ff. entsprach. Hinsichtlich der Abschaffung mengenmäßiger Einfuhrbeschränkungen gegenüber Drittländern sollten also die Maßnahmen ergriffen werden, wie sie der EWGV für die Erweiterung des innergemeinschaftlichen Handels vorsah und insofern keine Diskriminierung zwischen Mitgliedstaaten und Drittländern mehr stattfinden. Von dieser Gleichbehandlung sollten lediglich Einfuhren aus Niedriglohnländern wie z. B. Japan und Hongkong ausgeschlossen sein.[11] Am 24.11.1959 beschloß der Rat, die Vorschläge der Kommission anzunehmen

7 Zur Einteilung der Übergangszeit vgl. Art. 8
8 Dazu *Armengaud*, in: PE 1960, S. 135
9 *Halff*, in: PE 1959, S. 527
10 EA 1960, D, S. 170 ff.
11 *Halff*, in: PE 1959, S. 528,

und sie am 1.1.1960 in Kraft treten zu lassen.[12] Dieses Vorgehen wurde teilweise als Ausdruck einer Besänftigungstaktik den Drittländern gegenüber angesehen, da diese ein Zurückgehen ihres Handels mit der Gemeinschaft wegen der Vorzugsbehandlung der Mitgliedstaaten untereinander befürchteten.[13] Angesichts der Tatsache, daß sich die Importe in die Gemeinschaft aus Nicht-Mitgliedstaaten im Vergleich der Jahre 1958 und 1959 deutlich erhöhten, erscheint diese Vermutung allerdings nicht stichhaltig.[14]

12 Vgl. die Beschlüsse des Ministerrats der Europäischen Wirtschaftsgemeinschaft vom 24.11.1959 betr. die Beziehungen der EWG zu dritten Staaten

13 *Armengaud*, in: PE 1960, S. 136

14 Siehe dazu die statistischen Angaben bei *Halff*, in: PE 1959, S. 527, Fn. 1

4. Kapitel Maßnahmen auf einzelstaatlicher Ebene

Im Rahmen der ersten Koordinierungsmaßnahmen einzelstaatlicher Handelspolitik mußte besonderes Gewicht auf eine gewisse Gleichzeitigkeit zwischen der Verwirklichung des Gemeinsamen Marktes und der Harmonisierung der sechs verschiedenen Außenhandelssysteme gelegt werden.[15] Der Grund dafür lag darin, daß nur auf diese Weise ein allzu häufiger Rückgriff auf die Ausnahmebestimmung des Art. 115 vermieden werden konnte.[16] Diese Konsequenz hätte sich als Folge der Verkehrsverlagerungen aufgrund zu großer Unterschiede der einzelstaatlichen Liberalisierungsmaßnahmen ergeben. Die Kommission erarbeitete zu dieser Zeit in Erfüllung von Art. 111 Abs. V S. 2 entsprechende Vorschläge für die Koordinierung der mitgliedstaatlichen Handelspolitiken gegenüber bestimmten Ländern, Gebieten und Währungszonen, die für den Außenhandel der Gemeinschaft bzw. den der Mitgliedstaaten von besonderer Bedeutung waren.[17]

Im Laufe des Jahres 1960 wurden die Arbeiten zur Durchführung der Vorgaben des Art. 111 Abs. V kontinuierlich fortgesetzt. Die Liberalisierungsmaßnahmen mehrer Mitgliedstaaten förderten die angestrebte Vereinheitlichung ganz beträchtlich. In diesem Zusammenhang sind vor allem Maßnahmen Frankreichs zu nennen, mit denen es Ende 1958 erstmals seit 1955 die von der OEEC festgelegten Liberalisierungsquoten erreichen und sogar übertreffen konnte.[18] Die Kommission prüfte die Möglichkeiten zur Ausdehnung der innerhalb der OEEC erreichten Liberalisierung auf andere Drittstaaten, insbesondere die der Dollarzone. Bereits zu diesem Zeitpunkt gab es nur noch geringe Diskriminierungen zwischen der Dollarzone und dem OEEC-Gebiet.[19]

15 2. GB, 1959, Ziff. 58; *Pescatore*, in: Les Nov., Nr. 2312

16 Vgl. *Wockenfoth*, in: AWD 1961, S. 301

17 2. GB, 1959, Ziff. 59

18 Zu den Einzelheiten des Liberalisierungsprogramms der OEEC siehe *Steinberg*, S. 72 ff.; *Schilling*, in: EA 1952, S. 4886 ff.; der Text des OEEC-Abkommens mit Zusatzprotokoll Nr. I und Entschließung Nr. 1 ist abgedruckt bei *Kraus/Heinze* unter Ordnungsnummer 21, außerdem bei *Schlochauer*, S. 186 ff.

19 3. GB., 1960, Ziff. 348 f.

5. Kapitel Der Ratsbeschluß über die beschleunigte Verwirklichung der Vertragsziele vom 12.5.1960

Während des Frühjahrs 1960 befaßte sich die Kommission mit verschiedenen Anregungen zur Verkürzung der Übergangszeit und leitete dem Rat entsprechende Empfehlungen zu. Diese Vorschläge wurden vom Ministerrat grundsätzlich gebilligt und dem Rat der ständigen Stellvertreter zur weiteren Erörterung überwiesen. Am 28.3. des Jahres wurden die Beschleunigungsvorschläge dem Europäischen Parlament unterbreitet und von diesem am 31.3.1960 gebilligt. Am 12.5.1960 verabschiedete der Rat den Beschleunigungsbeschluß.[20]

In erster Linie ging es dabei um ein beschleunigtes Vorgehen zur Einführung des Gemeinsamen Zolltarifs. In Artikel 4 des Beschlusses wurde darüber hinaus festgelegt, daß die Mitgliedstaaten der EWG so bald wie möglich den Bestimmungen des GATT entsprechend und unter Berücksichtigung der Empfehlungen des Internationalen Währungsfonds die mengenmäßigen Einfuhrbeschränkungen für Industrieerzeugnisse beseitigen sollten. Außerdem wurden am gleichen Tag zwei Absichtserklärungen verabschiedet. In der ersten wurde die Bereitschaft zum Ausdruck gebracht, neben der Zollunion auch die Wirtschaftsunion beschleunigt zu verwirklichen, in der zweiten wurden neue Verhandlungen mit den Mitgliedstaaten des Ausschusses für Handelsfragen vorgeschlagen und die Einrichtung eines Kontaktausschusses zur Lösung der zwischen EWG und EFTA bestehenden Probleme angeregt.[21]

20 EA 1960, D, S. 174 f.
21 EA 1960, D, S. 178 f.

6. Kapitel Die Entscheidung des Rates über ein Arbeitsprogramm auf dem Gebiet der Handelspolitik vom 25.9.1962

A. Vorgeschichte des Arbeitsprogramms

1961 wurde die einzelstaatliche Politik der Liberalisierung im Sinne von Art. 4 des Beschleunigungsbeschlusses vom 12.5.1960 weiter vorangetrieben.[22] Vor allem sollten bis zum 31.12.1961 alle mengenmäßigen Beschränkungen im innergemeinschaftlichen Handel abgeschafft sein und im Handel mit den anderen GATT-Ländern eine möglichst schnelle Beseitigung angestrebt werden.[23] Ein Hauptproblem bei neuen Liberalisierungen gegenüber anderen GATT-Mitgliedern waren die Einfuhren aus sog. Niedrigpreisländern.[24]

Am 21.4.1961 legte die Kommission dem Rat in Erfüllung von Art. 111 Abs. V ein erstes Memorandum betreffend ein Verfahren zur Durchführung der gemeinsamen Handelspolitik vor.[25] Dieses Memorandum gab einen Überblick über die handelspolitische Lage und enthielt eine Liste von Verfahren hinsichtlich der handelspolitischen Fragen, mit denen sich die Gemeinschaft bis dahin befaßt hatte. Dies waren in erster Linie Fragen der bilateralen Handelsbeziehungen, wie z.B. der Inhalt bilateraler Handelsabkommen, die Vereinheitlichung der Liberalisierungslisten und Beratungsverfahren bzw. Methoden der Zusammenarbeit zwischen Mitgliedstaaten und Kommission.[26] Insgesamt hatte dieses Dokument einen stark politischen Charakter, enthielt jedoch auch juristische Elemente. Es trug vor allem zu einer gewissen Präzisierung des Begriffs der gemeinsamen Handelspolitik bei, beinhaltete Kriterien zur Bestimmung der Kompetenzverteilung und wies mehrfach auf Zusammenhänge zwischen Art. 111 und Art. 113 hin.[27] Am 25.9.1962 billigte der Rat schließlich in Form

22 Zu den dabei erzielten Fortschritten siehe die statistischen Angaben im 4. GB, 1961, Ziff. 191

23 Allgemein zu Wesen und volkswirtschaftlicher Auswirkung von Kontingenten siehe *König*, S. 3 ff.; *Krämer*, in: JIR Bd. 10, S. 56 f.

24 4. GB, 1961, Ziff. 191

25 Nicht veröffentlicht

26 Bull. EWG Nr. 6, 1961, Ziff. 12

27 *Pescatore*, in: Les Nov. Nr. 2317

einer an die Mitgliedstaaten gerichteten Entscheidung[28] eine zweite Denkschrift der Kommission vom März 1962.[29] Diese Entscheidung enthielt ein konkretes Arbeitsprogramm für das Gebiet der gemeinsamen Handelspolitik. Dieses Programm war untergliedert in zwei Hauptteile: Vereinheitlichung der Einfuhrregelungen und Vereinheitlichung der Ausfuhrregelungen.[30]

B. Die Vereinheitlichung der mitgliedstaatlichen Einfuhrregelungen

Im Hinblick auf die Vereinheitlichung der Einfuhrregelungen sollten folgende Ziele erreicht werden:[31]

- Vereinheitlichung der Liberalisierungslisten gegenüber dritten Ländern auf einem möglichst hohen Stand (Art. 111 Abs. V)
- Vereinheitlichung der Kontingentspolitik (Art. 111 Abs. I und Art. 113)
- Vereinheitlichung der eigentlichen handelspolitischen Schutzmaßnahmen im Sinne von Antidumping- und Ausgleichszöllen (Art. 111 Abs. I und Art. 113)

1. Vereinheitlichung der Liberalisierungslisten gegenüber GATT-Ländern oder Drittstaaten, deren Außenhandel nach GATT-Grundsätzen geregelt war

In bezug auf den Handel mit GATT-Ländern war als Ziel des Arbeitsprogramms die vollständige Liberalisierung der Einfuhren vorgesehen, verbunden mit der Möglichkeit zur Erweiterung auf Länder, die ihren Außenhandel den GATT-Bestimmungen entsprechend abwickelten, ohne formell Mitglieder des GATT zu sein.[32]

Verfahrensmäßig sollte so vorgegangen werden, daß entsprechend Art. 111 Abs. V die Vereinheitlichung der einzelstaatlichen Listen nach geographischen Zonen und einzelnen Erzeugnissen auf möglichst hohem Stand angestrebt wurde. War nach Ansicht des Rates ein ausreichendes Niveau der Vereinheitlichung erreicht, sollte er auf Vorschlag der Kommission

28 Entscheidung des Rates über ein Arbeitsprogramm auf dem Gebiet der gemeinsamen Handelspolitik vom 25.9.1962, ABl. 1962, Nr. 90, S. 2353 ff.
29 Dazu auch *Hesse*, in: ZfZ 1965, Nr. 1 S. 2 f.
30 Zur Zielsetzung des Arbeitsprogramms siehe auch *Léonard*, *Simon*, in: RTDE 1971, S. 123
31 Vgl. Punkt A. des Arbeitsprogramms
32 Punkt A.1 des Arbeitsprogramms

gemäß dem Verfahren nach Art. 111 Abs. I und III die Aufstellung einer gemeinsamen Liberalisierungsliste beschließen.

Die Vereinheitlichung auf geographischer Ebene sah zunächst die Beseitigung von Diskriminierungen in den einzelstaatlichen Einfuhrregelungen vor, die auf der einen Seite noch für die Mitglieder der früheren OEEC und auf der anderen Seite noch für die Länder des Dollar-Raumes galten. Unter der Bedingung, daß das Problem der Einfuhren sog. empfindlicher Erzeugnisse aus Niedrigpreisländern gelöst würde, sollte die auf die Mitglieder der früheren OEEC und die Länder des Dollar-Raumes anwendbare Liberalisierungsliste auf andere GATT-Länder ausgedehnt werden.[33]

Die Vereinheitlichung nach Erzeugnissen sollte im Hinblick auf Industrieprodukte so vor sich gehen, daß die im Mai 1960 zwischen den Mitgliedstaaten beschlossene Liberalisierung[34] auf alle GATT-Länder ausgedehnt wurde, vorbehaltlich der Ausnahme für die bereits erwähnten sog. empfindlichen Erzeugnisse. Bei Agrarerzeugnissen war die Liberalisierung im Laufe der Einführung der gemeinsamen Agrarpolitik und nach den dafür festgelegten Modalitäten vorgesehen.

Für die Aufstellung der gemeinsamen Liberalisierungsliste sollte zunächst eine Gegenüberstellung der in den Mitgliedstaaten verwendeten Listen gegenüber den GATT-Ländern oder anderen dritten Ländern, deren Außenhandel nach den Grundsätzen des GATT geregelt war, erfolgen. Darüber hinaus sollten die Gründe geprüft werden, welche die Mitgliedstaaten zur Rechtfertigung ihrer jeweiligen Kontingentierung vorbrachten. Kommission und Mitgliedstaaten sollten bei diesem Verfahren zusammenarbeiten. Erzeugnisse, die schon in drei der vier Zollgebiete der Gemeinschaft[35] liberalisiert waren, sollten bei den Untersuchungen bevorzugt werden.

2. Vereinheitlichung der Kontingentpolitik gegenüber Ländern, die nicht dem GATT angehörten und deren Außenhandel nicht nach dessen Grundsätzen geregelt war

Die Kontingente gegenüber dieser Gruppe sollten im Laufe der Übergangszeit schrittweise vereinheitlicht werden, um auf diese Weise Handelsregelungen zu erreichen, die auf einheitlichen Grundsätzen beruhten. Spätestens bis zum Ende der Übergangszeit sollten für alle Erzeugnisse aus

33 Vgl. 6. GB, 1963, Ziff. 263; Bull EWG Nr. 5, 1962, Kap. IV, Ziff. 5

34 Vgl. den Beschluß der im Rat vereinigten Vertreter der Regierungen vom 12.5.1960, ABl. 1960, Nr. 58, S. 1217 ff.

35 Dies waren die Zollgebiete der Bundesrepublik Deutschland, Frankreichs, Italiens sowie das Gebiet der Zollunion der Benelux-Länder.

diesen Ländern gemeinsame Einfuhrregelungen angewandt werden. Vor allem war bis dahin die Ersetzung der einzelstaatlichen Kontingente durch Gemeinschaftskontingente vorgesehen, die gemäß dem in Art. 113 vorgesehenen Verfahren auf Vorschlag der Kommission ausgehandelt oder festgesetzt werden sollten.[36]

Was das Verfahren anbelangte, sollte während der Übergangszeit als erstes eine Angleichung der in den bilateralen Abkommen der Mitgliedstaaten enthaltenen grundlegenden Bestimmungen hinsichtlich der in ihnen aufgestellten Kontingentlisten und der von einigen Mitgliedern angewandten Liberalisierungsmaßnahmen erreicht werden. Ziel dieser Angleichung war die Erleichterung des Abschlusses späterer Gemeinschaftsabkommen. Als vorbereitende Maßnahme zu dieser Koordinierung der einzelstaatlichen Politiken wurde ausdrücklich die Ratsentscheidung vom 9.10.1961 über ein Konsultationsverfahren bei der Aushandlung von Abkommen der Mitgliedstaaten mit Drittländern erwähnt.[37]

Zur Erleichterung der Angleichung sollten folgende Maßnahmen ergriffen werden:[38]

- Bestandsaufnahme der Kontingente und diesbezüglichen Methoden, die von den Mitgliedstaaten gegenüber dritten Ländern angewandt wurden.
- Eine Gegenüberstellung der in den bilateralen Abkommen der Mitgliedstaaten enthaltenen Kontingentlisten mit dem Ziel, für die Erzeugnisse dieser Listen eine möglichst einheitliche Terminologie zu erreichen.
- Eine Bestandsaufnahme der Erzeugnisse, die bereits autonom von bestimmten Mitgliedstaaten liberalisiert worden waren oder für die in anderen Mitgliedstaaten eine Regelung ohne Beschränkung der Einfuhrgenehmigungen angewandt wurde. Außerdem die Prüfung der Möglichkeiten aller Mitgliedstaaten hinsichtlich der Ausarbeitung einer gemeinsamen Liberalisierungsliste.
- Eine Überprüfung der wirtschaftlichen, finanziellen und anderen Erwägungen, die in den Mitgliedstaaten für die Gestaltung der Kontingentlisten ausschlaggebend waren. Dazu die Feststellung der Leitgedanken für die Vereinheitlichung der Struktur des Warenverkehrs im Hinblick auf die Erarbeitung einer gemeinsamen Politik für alle Erzeugnisse, die Gegenstand des Handels mit diesen Ländern sind.
- Die Aufstellung künftiger einzelstaatlicher Kontingente erst nach Konsultationen gemäß einem vom Rat auf Vorschlag der Kommission gem. Art. 111 festzulegenden Verfahren.

36 Vgl. Punkt A.2 des Arbeitsprogramms
37 ABl. 1961, Nr. 71, S. 1273 f.
38 Siehe Punkt A.2 des Arbeitsprogramms

3. Vereinheitlichung der handelspolitischen Schutzmaßnahmen

Als zu erreichendes Ziel für die Endphase des EWGV wurde in diesem Bereich die Gestaltung der gemeinsamen Handelspolitik nach einheitlichen Grundsätzen gemäß Art. 113 Abs. I festgelegt. Im Laufe der Übergangszeit sollte eine schrittweise Vereinheitlichung gemäß Art. 111 Abs. I stattfinden.

In verfahrensmäßiger Hinsicht sollte die Vereinheitlichung auf zwei Ebenen durchgeführt werden.[39] Zum einen war die Einführung von Rechts- und Verwaltungsvorschriften nach einheitlichen Grundsätzen vorgesehen, die die angestrebte Vereinheitlichung ermöglichen sollten. Zum anderen sollten diejenigen Maßnahmen koordiniert werden, die auf Grund der einzelstaatlichen Rechtsvorschriften ergriffen wurden. Dazu wurde eine obligatorische Konsultation nach dem in der Entscheidung des Rates vom 9.10.1961[40] festgelegten Verfahren angeordnet, und von einem vom Rat auf Vorschlag der Kommission festzulegenden Zeitpunkt an sollten gemeinschaftliche Maßnahmen ergriffen werden.[41]

C. Bedeutung des Arbeitsprogramms

Das Arbeitsprogramm vom 25.9.1962 für das Gebiet der gemeinsamen Handelspolitik manifestierte die grundsätzliche Ausrichtung der gemeinsamen Handelspolitik und wurde auch als eine Art »Grundgesetz« dieser Gemeinschaftspolitik bezeichnet.[42]

Es machte die unterschiedliche Ausgestaltung der Handelspolitik deutlich, je nachdem ob die verschiedenen Drittstaaten die GATT-Regeln beachteten oder nicht, hierbei vor allem das Prinzip der Handelsliberalisierung auf der Basis der Nichtdiskriminierung. In dem Programm wurden die Unterschiede in den politischen Systemen der Drittstaaten nicht beachtet. Einziges Kriterium für die Ausrichtung der Handelspolitik, gleich welcher Ideologie die Partner im Außenhandel anhingen, war das Ergebnis der Prüfung, ob sie entsprechend den Grundsätzen des GATT vorgingen. Angesichts der politischen Weltlage zu dieser Zeit, insbesondere vor dem Hintergrund des Kalten Krieges, erscheint der Verzicht auf politische Kriterien, auf die man durchaus hätte Wert legen können, beachtlich. Von dieser grundsätzlichen Entscheidung ausgehend erschien eine Gleichbe-

39 Punkt A.3.a und b des Arbeitsprogramms
40 ABl. 1961, Nr. 71, S. 1273 f.
41 Dazu auch 6. GB, 1963, Ziff. 263 sowie der Hahn-Bericht über die schrittweise Errichtung der gemeinsamen Handelspolitik, Ziff. 39-42, EP-Sitzungsdok. 1965/66, Nr. 3
42 So *Kim*, S. 149

handlung der sozialistischen Länder mit denen der westlichen Welt nicht ausgeschlossen, sofern die GATT-Regeln eingehalten wurden. Diese Haltung der Gemeinschaft erscheint um so bedeutsamer, als sie dabei war, sich im Rahmen der Kennedy-Runde zu engagieren, die durchaus zur Schaffung einer großen atlantischen Freihandelszone hätte führen können[43], was den Handel mit dem sozialistischen Lager nicht unbedingt vereinfacht hätte.

Das andere Hauptmerkmal des Arbeitsprogramms war das neuerliche Bekenntnis zum Liberalismus[44]. Das frühere Engagement der sechs Mitgliedstaaten im GATT wurde von der Gemeinschaft fortgeführt. Die grundsätzliche Abschaffung mengenmäßiger Beschränkungen gegenüber allen Handelspartnern unter der Voraussetzung, daß diese ihren Außenhandel entsprechend den GATT-Regeln gestalteten, ensprach voll und ganz dem Grundprinzip des GATT, wonach solche Maßnahmen auf Ausnahmefälle zu beschränken sind.[45] Die Rückkehr zur Konvertibilität der Währungen und zum Ausgleich der Zahlungsbilanzen als Ergebnisse der wirtschaftlichen Erholung im Anschluß an die unmittelbare Nachkriegsphase rechtfertigten für die Mitglieder der ehemaligen OEEC im Bereich der Kontingentierungen gegenüber der Dollar-Zone nicht länger die Anwendung von Diskriminierungen. Die unbedingte Ausweitung der Liberalisierungsliste auf die anderen GATT-Länder begegnete jedoch einer erheblichen Schwierigkeit in Form der Einfuhren sog. »sensibler Produkte« aus einigen Niedriglohnländern. Im übrigen konnte die weitere Entwicklung der Kontingentpolitik gegenüber den Nicht-Mitgliedern des GATT zum damaligen Zeitpunkt nicht leicht vorausgesehen werden, was vor allem für die Staatshandelsländer galt, mit denen die Handelsbeziehungen der Mitgliedstaaten überwiegend durch bilaterale Abkommen geregelt waren.[46]

43 Dazu auch *Kim*, S. 149
44 *Ernst*, in: EA 1963, S. 290
45 Vgl. Art. XI GATT
46 *Kim*, S. 151

7. Kapitel Erste gemeinschaftliche Teilregelungen

A. Die ersten Ratsverordnungen zur Einrichtung gemeinsamer Marktordnungen

Im Jahre 1962 ergingen die ersten Ratsverordnungen zur Errichtung gemeinsamer Marktorganisationen im Rahmen der gemeinsamen Agrarpolitik. Der Erlaß dieser Regelungen stützte sich auf Art. 43 Abs. II, III.[47]

Es handelte sich dabei um Verordnungen zur schrittweisen Errichtung gemeinsamer Marktorganisationen für Getreide,[48] Schweinefleisch,[49] Eier[50] und Geflügelfleisch.[51] Damit wurde in erster Linie der Handel mit den jeweiligen landwirtschaftlichen Erzeugnissen zwischen den Mitgliedstaaten erleichtert, gleichzeitig aber auch die Einfuhr dieser Erzeugnisse aus dritten Ländern grundsätzlich liberalisiert.[52]

Was die Einfuhr aus Staatshandelsländern anbelangte, deren Handelsbeziehungen zu den Mitgliedstaaten überwiegend durch bilaterale Abkommen gekennzeichnet waren, sah man jedoch in einer generellen, nicht überwachten Liberalisierung Gefahren für das Gleichgewicht des Handels zwischen den Mitgliedstaaten und diesen Drittländern. Außerdem befürchtete man Störungen des Markt- und Preisgefüges der gemeinsamen Marktorganisationen vor allem durch Kompensationsgeschäfte seitens der Staatshandelsländer.

Aus diesen Gründen wurde für diese Länder eine besondere Einfuhrregelung angestrebt, in der die Mitgliedstaaten die Möglichkeit zur Einstellung des Imports von unter die oben genannten Verordnungen fallenden Erzeugnissen erhielten, wenn bestimmte Grenzen überschritten wurden,

47 Ausführlich zur gemeinsamen Agrarpolitik siehe BBPS, S. 446 ff.

48 VO 19/62 vom 20.4.1962, ABl. 1962, Nr. 30, S. 933 ff.

49 VO 20/62 vom 20.4.1962, ABl. 1962, Nr. 30, S. 945 ff.

50 VO 21/62 vom 20.4.1962, ABl. 1962, Nr. 30, S. 953 ff.

51 VO 22/62 vom 20.4.1962, ABl. 1962, Nr. 30, S. 959 ff.

52 Vgl. Art. 21 der VO 19/62, Art. 18 der VO 20/62, Art. 15 der VO 21/62 und Art. 15 der VO 22/62. Diese Art der Liberalisierung erfolgte allerdings in der Weise, daß Erzeugnisse aus Drittstaaten, die unter einem bestimmten »Schwellenpreis« in die Gemeinschaft eingeführt wurden, mittels eines Systems von »Abschöpfungen« künstlich bis zum Erreichen des »Schwellenpreises« verteuert wurden. Diese Vorgehensweise ist seither erhalten geblieben und Ursache ständiger Kritik von seiten zahlreicher Drittstaaten. Zu den Preissystemen bei der Ein- und Ausfuhr landwirtschaftlicher Erzeugnisse siehe BBPS, S. 452

die von dem Mitgliedstaaten in den bilateralen Abkommen auszuhandeln waren. Darüber hinaus sollten im Bedarfsfall geeignete Schutzmaßnahmen nach einem Gemeinschaftsverfahren angewendet werden können.

B. Die VO 3/63

1. Inhaltliche Ausgestaltung

Diese Überlegungen führten zum Erlaß der VO 3/63[53]. Als Grundprinzip wurde die Beseitigung aller mengenmäßigen Einfuhrbeschränkungen weiterhin beibehalten. Daneben wurde für die Mitgliedstaaten aber die Einführung eines Überwachungssystems gegenüber den Staatshandelsländern zur Pflicht gemacht.[54] Dieses Überwachungssystem basierte auf der Grundlage sog. Schätzbeträge, welche die Mitgliedstaaten in ihren Handelsbeziehungen zu den Staatshandelsländern vorzusehen hatten und die als Anhaltspunkte für die Anwendung einzelstaatlicher und gemeinschaftlicher Schutzmaßnahmen dienen sollten.[55] Die Schätzbeträge orientierten sich an der Höhe der Einfuhren in den beiden vorangegangenen Jahren bzw. an der Höhe der Kontingente, die für das Jahr 1963 in bilateralen Handelsabkommen vorgegeben waren, wobei den Mitgliedstaaten jedoch die Möglichkeit eingeräumt wurde, auch höhere Schätzbeträge vorzusehen. Vor der endgültigen Festlegung hatten obligatorische Konsultationen nach Maßgabe der Entscheidung des Rates vom 9.10.1961 über ein Konsultationsverfahren bei der Aushandlung von Abkommen über die Handelsbeziehungen zwischen den Mitgliedstaaten und dritten Ländern zu erfolgen.[56] Erreichte nun die Einfuhr aus einem Staatshandelsland in einem Mitgliedstaat die Höhe des Schätzbetrages, so konnte dieser Mitgliedstaat nach eigenem Ermessen den Import einstellen. In diesem Fall waren die anderen Mitgliedstaaten und die Kommission unverzüglich zu unterrichten.[57]

Zentrale Bedeutung kam der Schutzklausel des Art. 4 der VO 3/63 zu. Unter der Voraussetzung, daß die Einfuhren eines der in Art. 1 genannten Erzeugnisse aus einem Staatshandelsland in einem Mitgliedstaat den Durchschnitt der in den beiden Vorjahren erfolgten Einfuhren um mehr

53 VO 3/63 des Rates vom 24.1.1963 über die Handelsbeziehungen zu den Staatshandelsländern bei den unter die Verordnungen Nr. 19, 20, 21 und 22 des Rates vom 4.4.1962 fallenden Erzeugnissen, ABl. 1963, Nr. 14, S. 153 ff., siehe auch die Erwägungsgründe

54 Art. 1 der VO 3/63

55 Art. 2 Abs. 1 der VO 3/63

56 Siehe Art. 2 und 4 der Entscheidung, ABl. 1961 Nr. 71, S. 1273 f.

57 Art. 3 der VO 3/63

als 20 % überschritten, konnte die Kommission von sich aus oder auf Antrag eines Mitgliedstaates entscheiden, ob der betreffende Mitgliedstaat die Einfuhren auszusetzen hatte oder fortsetzen konnte. Weitere Voraussetzung für das Eingreifen der Kommission war das Vorliegen einer Marktstörung in einem oder mehreren Mitgliedstaaten, welche die Ziele des Art. 39 gefährden konnte. Darüber hinaus genügte bereits eine Situation, in der eine Marktstörung erst drohte, als Eingriffsvoraussetzung.[58] War ein Mitgliedstaat mit einem von der Kommission angeordneten Importstopp nicht einverstanden, konnte er binnen einer Frist von drei Arbeitstagen nach Bekanntgabe der Kommissionsentscheidung den Rat mit der Angelegenheit befassen. Dieser hatte dann unverzüglich zusammenzutreten und konnte die Entscheidung der Kommission mit qualifizierter Mehrheit ändern oder aufheben.[59] Sobald ein Mitgliedstaat den Rat befaßt hatte, war die Entscheidung der Kommission für längstens zehn Tage ausgesetzt, wenn dieser die Entscheidung nicht binnen dieser Frist änderte oder aufhob.[60]

Weiterhin wurde festgelegt, daß die unter die VO 3/63 fallenden Einfuhren auf Grund von Einfuhrdokumenten zu erfolgen hatten, die von den Mitgliedstaaten ausgestellt wurden.[61] Die Ausstellung dieser Einfuhrdokumente erfolgte unter dem Vorbehalt, daß sie zurückgezogen werden konnten, falls die Anwendung von Schutzmaßnahmen erforderlich werden sollte. Darüber hinaus bestand für die Mitgliedstaaten eine Verpflichtung, der Kommission mitzuteilen, in welcher Höhe während des jeweiligen Vormonats Einfuhrdokumente ausgestellt und Einfuhren durchgeführt worden waren.[62] In zeitlicher Hinsicht sollte die VO 3/63 zunächst nur bis zum 31.12.1964 gelten,[63] wurde jedoch in den folgenden Jahren jeweils um 12 Monate verlängert, bis sie schließlich am 30.6.1968 außer Kraft trat. Ihr sachlicher Geltungsbereich wurde schrittweise auf die Waren ausgedehnt, für die in der Zwischenzeit ebenfalls Marktordnungen eingeführt wurden.[64]

58 Art. 4 Abs. 1 der VO 3/63
59 Art. 4 Abs. 4 der VO 3/63
60 Art. 4 Abs. 5 der VO 3/63
61 Art. 5 Abs. 1 der VO 3/63
62 Art. 5 Abs. 2, 3 der VO 3/63
63 Art. 7 Ab.s 1 der VO 3/63
64 Siehe VO 107/64 EWG, ABl. 1964, Nr. 127, S. 2137; VO 173/65 EWG, ABl. 1965, Nr. 223, S. 3270; VO 225/66 EWG, ABl. 1966, Nr. 240, S. 4042; VO 1026/67 EWG, ABl. 1967, Nr. 313, S. 1

2. Bedeutung

Inhaltlich stellte die VO 3/63 eine Art Notbehelf dar. Ihr Ziel war es, durch die Einrichtung eines besonderen Überwachungssystems für Einfuhren landwirtschaftlicher Erzeugnisse aus Staatshandelsländern diese Produkte in die weltweit angestrebte Liberalisierung des Handels mit Agrarerzeugnissen mit einzubeziehen. Ihre praktische Bedeutung war jedoch nie sehr groß; in politischer Hinsicht kam negativ hinzu, daß die Staatshandelsländer sich benachteiligt fühlten.[65]

Andererseits kommt der VO 3/63 jedoch deswegen besondere Bedeutung zu, weil mit ihr Regelungen ins Leben gerufen wurden, die, wie noch zu zeigen sein wird, alle weiteren Einfuhrregelungen maßgeblich beeinflussen sollten und deren Grundzüge bis heute Anwendung finden. Bei diesen Grundzügen handelt es sich zunächst um die grundsätzlich freie Einfuhr ohne mengenmäßige Beschränkungen, während gleichzeitig die Möglichkeit vorbehalten bleibt, in bestimmten Situationen trotzdem auf solche Beschränkungen Rückgriff nehmen zu können[66], sei es auf einzelstaatlicher Ebene oder in Form eines Gemeinschaftsverfahrens. Die Ausgestaltung des Gemeinschaftsverfahrens, d. h. ein Eingreifen der Kommission von sich aus oder auf Antrag eines Mitgliedstaates, erlangte in den nachfolgenden Einfuhrverordnungen ebenfalls zentrale Bedeutung.[67] Ebenso die Möglichkeit der Mitgliedstaaten, den Rat mit einer Kommissionsentscheidung zu befassen, um auf diese Weise eine Änderung oder Aufhebung zu erreichen.[68] Das Prinzip der Einfuhrüberwachung mit Hilfe von Einfuhrdokumenten, die von den Mitgliedstaaten ausgestellt werden, hat sich ebenfalls zu gängiger Gemeinschaftspraxis entwickelt.[69] Darüber hinaus wurden verschiedene Konsultations- und Notifikationspflichten geschaffen, die in den späteren Einfuhrregelungen ausgebaut und verfeinert wurden.

Zusammenfassend läßt sich also sagen, daß, obwohl es sich bei der VO 3/63 lediglich um eine erste Teilregelung mit beschränktem Anwendungsbereich handelte, mit dieser Verordnung grundlegende Verfahrensweisen im Bereich der Einfuhr aus Drittländern geschaffen wurden, die zum Teil in abgewandelter Form auf Jahre hinaus das Außenhandelsrecht der Gemeinschaft geprägt haben und deren Entwicklung heute noch weitergeht.

65 *Beseler*, in: AWD 1970, S. 309
66 Vgl. Art. 1 der VO 1765/82 und Art. 1 Abs. 2 der VO 288/82
67 Art. 11 Abs. 1 der VO 1765/82 und Art. 15 Abs. 1 der VO 288/82
68 Art. 11 Abs. 5, 6 der VO 1765/82 und Art. 15 Abs. 5, 6 der VO 288/82
69 Art. 10 Abs. 1b der VO 1765/82 und Art. 11 Abs. 1, 2 der VO 288/82

8. Kapitel Die weitere Vereinheitlichung der einzelstaatlichen Liberalisierungslisten

Im Verlauf des Jahres 1963 erhöhte sich wiederum die Anzahl der von den Mitgliedstaaten liberalisierten Erzeugnisse. Vor allem wurden die Bemühungen zur Liberalisierung der Erzeugnisse aus dem Dollarraum fortgesetzt, und die Mitgliedstaaten erreichten eine nahezu vollständige Liberalisierung bei der Einfuhr von Industrieerzeugnissen aus OECD-Ländern.[70] Insgesamt bestanden nur noch geringe Unterschiede in den Liberalisierungslisten gegenüber den ehemaligen OEEC-Ländern und der Dollarzone.[71]

Im Februar 1964 unterbreitete die Kommission dem Rat ein Arbeitsprogramm, das zur Verwirklichung des Arbeitsprogrammes vom 25.9.1962 dienen sollte.[72] In bezug auf die handelspolitischen Schutzmaßnahmen wurde klargestellt, daß sich trotz einer liberalen Grundkonzeption Situationen ergeben konnten, in denen man unter Umständen zu Kontingentierungsmaßnahmen würde greifen müssen. Es wurde daher empfohlen, eine zunehmende Vereinheitlichung der Kontingentspolitik anzustreben mit dem Ziel, am Ende ein System gemeinschaftlicher Verwaltung der Kontingente zu haben.[73] Als Reaktion auf diese Vorschläge empfahl das Europäische Parlament in seiner Resolution vom 26.3.1965[74] die Umwandlung der nationalen Kontingente in Gemeinschaftskontingente, deren Verwaltung aber vorerst noch dezentral erfolgen sollte.

Als Ergebnis der bis zu diesem Zeitpunkt vorgenommenen einzelstaatlichen Liberalisierungsmaßnahmen waren nunmehr von insgesamt 1097 Zollpositionen 919 gegenüber den OECD-Ländern und 824 gegenüber allen GATT-Ländern vollständig liberalisiert.[75] Dies hatte auch eine beträchtliche Verringerung von innergemeinschaftlichen Schutzmaßnahmen gemäß Art. 115 zur Folge. Die Zahl der Fälle, in denen solche Maßnah-

70 6. GB, 1963, Ziff. 264

71 7. GB, 1963-64, Ziff. 298

72 Im einzelnen dazu siehe den Hahn-Bericht über die schrittweise Einrichtung der gemeinsamen Handelspolitik, Ziff. 29-58, EP-Sitzungsdok. 1965/66, Nr. 3

73 Hahn-Bericht, Nr. 41 ff.

74 ABl. 1965, S. 921

75 8. GB, 1964-65, Ziff. 297; Hahn-Bericht, Ziff. 35

men angewendet wurden, ging vom 1.1.1966 bis zum 1.1.1967 von 122 auf 90 zurück. Diese verbleibenden Maßnahmen waren im wesentlichen auf Unterschiede der einzelstaatlichen Handelspolitiken gegenüber den Staatshandelsländern und Japan zurückzuführen. Volumenmäßig war nur ein geringer Anteil des Außenhandels betroffen; trotzdem würde es so lange zu Behinderungen des innergemeinschaftlichen Warenverkehrs kommen, wie Unterschiede in den Außenhandelspolitiken fortdauerten.[76]

Die allgemeine Tendenz zur Liberalisierung wurde in diesen Jahren auch durch eine günstige ökonomische Entwicklung in einigen Mitgliedstaaten gefördert. Frankreich und Italien, beides traditionell eher protektionistische Länder, wurden stark beeinflußt durch die günstigen Auswirkungen der wirtschaftlichen Integration, vor allem durch die Stärkung der Wettbewerbsfähigkeit ihrer Unternehmen. Je mehr also der wirtschaftliche Fortschritt in einem vergleichsweise weniger entwickelten Mitgliedstaat zu einem Niveau führte, das dem der bereits stärker entwickelten Mitgliedstaaten entsprach und je mehr die wirtschaftliche Integration fortschritt, um so geringer wurde die Notwendigkeit protektionistischen Verhaltens empfunden.[77]

76 10. GB, 1966-67, Ziff. 316
77 *Kim*, S. 302

9. Kapitel Die ersten Kommissionsvorschläge zu umfassenden gemeinschaftlichen Einfuhrregelungen

Nach Ansicht der Kommission waren die Liberalisierungen, insbesondere die der Importe aus GATT-Ländern, bereits zu Anfang des Jahres 1965 soweit fortgeschritten, daß sie dem Rat den Entwurf einer Verordnung zur Aufstellung einer gemeinsamen Liberalisierungsliste für Importe unterbreitete.[78] In diese Liste sollten zunächst alle Zollpositionen aufgenommen werden, die in allen Mitgliedstaaten liberalisiert waren. Unter den Mitgliedstaaten sollte eine Konsolidierung erfolgen, die alle künftigen Änderungen der Liste von einer Entscheidung des Rates abhängig machen würde.[79] Der Rat sollte hierbei grundsätzlich nur auf Vorschlag der Kommission gemäß den Verfahrensregeln des Art. 111 tätig werden. Bei Rücknahme einer Ware von der Liberalisierungsliste war vorgesehen, daß der Rat gleichzeitig das Kontingent festsetzte, welches die Gemeinschaft den Drittländern für diese Ware eröffnete.[80]

Die gemeinsame Liste sollte sich auf alle Drittländer, gleich ob GATT-Mitglieder oder nicht, erstrecken. Die meisten Mitgliedstaaten hatten zu jener Zeit drei Kategorien von Liberalisierungslisten: gegenüber den Mitgliedstaaten der ehemaligen OEEC und ihren überseeischen Gebieten, gegenüber der Dollarzone und gegenüber den anderen Ländern. In den Benelux-Staaten gab es zwei Arten von Listen: gegenüber Mitgliedern der ehemaligen OEEC und gegenüber den anderen GATT-Mitgliedern außer der CSSR und Japan.[81]

Diese Initiative der Kommission führte jedoch nicht sofort zum Erlaß einer entsprechenden Verordnung durch den Rat.

Angesichts der schlechten Erfahrungen mit der VO 3/63 schlug die Kommission im Jahre 1967 außerdem ein allen Ländern gegenüber anwendbares Überwachungsverfahren für die Einfuhr empfindlicher Güter

78 Bull. EWG 1965, Nr. 7, S. 37; *Pescatore*, in: Les Nov. Nr. 2331

79 8. GB, 1964-65, Ziff. 297

80 9. GB, 1965-66, Ziff. 296

81 *Kim*, S. 301; ders. in: JWTL, 1970, S. 27

vor.[82] Auf seiner Tagung vom 11.12.1967 sprach sich der Rat schließlich dafür aus, daß gleichzeitig mit Vollendung der Zollunion auch handelspolitische Maßnahmen ergriffen werden sollten und kündigte an, er werde sich bis zum Sommer des folgenden Jahres zu den Verordnungsvorschlägen äußern.[83]

82 DOK. KOM. (67) 314 endg. vom 3.7.1967, nicht veröffentlicht, zit. nach *Beseler*, in: AWD 1970, S. 309, Fn. 13

83 1. GB (für alle drei Gemeinschaften), 1967, Ziff. 493

Vierter Teil Die Entwicklung der gemeinsamen Einfuhrregelungen seit 1968

1. Kapitel Vorgehensweise und Zweck der Untersuchung

Im vierten Teil dieser Arbeit erfolgt eine Darstellung der Entwicklung der gemeinsamen Einfuhrregelungen, die den Zeitraum von 1968 bis heute umfaßt.

Ausgehend von den Übergangsregelungen des Jahres 1968 werden die Neufassungen der Jahre 1970, 1974, 1979 und 1982 behandelt. Schwerpunkte der Bearbeitung sind in erster Linie die gegenläufigen Tendenzen der Einführung und Erweiterung von Bestimmungen über gemeinsames Vorgehen bei der Importregulierung einerseits und andererseits die Versuche von mitgliedstaatlicher Seite, möglichst große Freiräume für selbständiges Vorgehen zu erhalten. Dieser Antagonismus kommt in einer Vielzahl von Bestimmungen der gemeinsamen Einfuhrregelungen zum Ausdruck und läßt sich bisher über ihre gesamte Entwicklungsdauer verfolgen. Darüber hinaus wird auf die Entwicklung der Liberalisierung des Importhandels eingegangen und in Zusammenhang damit auf die Ausgestaltung der Überwachungs- und Schutzmaßnahmen in den Einfuhrregelungen. Daneben wird auch der übrige Regelungsbereich der gemeinsamen Einfuhrregelungen erörtert.

2. Kapitel Die Übergangsregelungen des Jahres 1968

A. Vorbemerkung

Entgegen den Vorstellungen der Kommission, die eine gemeinsame Einfuhrregelung gegenüber allen Drittstaaten anstrebte, war nach Auffassung des Rates eine Einfuhrregelung hinsichtlich der GATT-orientierten Länder vordringlicher, da ca. 93 % des gemeinschaftlichen Außenhandels auf diese Länder entfielen.[1] Daher wurden am 10.12.1968, sechs Monate nach Verwirklichung der Zollunion, die Verordnungen Nr. 2041/68 bis 2046/68 verabschiedet, wobei es sich zunächst um vorläufige Regelungen handelte.[2] Die wichtigsten dieser Verordnungen waren die VO 2041/68 zur Aufstellung einer gemeinsamen Liberalisierungsliste für die Einfuhr in die Gemeinschaft aus dritten Ländern, die Überwachungsverordnung 2045/68 und die VO 2043/68 zur Einführung eines Gemeinschaftsverfahrens für die Verwaltung mengenmäßiger Kontingente bei der Einfuhr in die Gemeinschaft. Auf diese drei soll im folgenden näher eingegangen werden.

B. Die VO 2041/68

1. Die grundsätzliche Liberalisierung der Einfuhren

Im Jahre 1968 waren von den insgesamt 1097 Positionen des GZT ca. 808 Positionen in allen Mitgliedstaaten vollständig liberalisiert.[3] Diese Positionen wurden im Anhang I der VO 2041/68 zu einer gemeinsamen Liberalisierungsliste zusammengefaßt.[4] Insofern stellte die Verabschiedung dieser Verordnung zunächst kein Mehr an Liberalisierung dar als bisher erreicht worden war.[5] Im Anhang II waren die Länder aufgeführt, denen

1 *Beseler*, in: AWD 1970, S. 309

2 ABl. 1968, Nr. L 303, S. 1 ff.

3 Entschließungsantrag über die Probleme der gemeinsamen Handelspolitik nach Ablauf der Übergangszeit des EWG-Vertrags, EP-Sitzungsdok., 1970, Nr. 32, S. 20; nach Angaben von *Beseler*, in: AWD 1970, S. 310, handelte es sich um 824 Positionen.

4 Art. 1 der VO 2041/68, vgl. auch den 4. Erwägungsgrund, dazu auch *van der Mensbrugghe*, in: CDE 1969, S. 194 und Chronique Législative, in: CDE 1969, S. 229

5 *Léonard*, *Simon*, in: RTDE 1971, S. 124

gegenüber die Mitgliedstaaten - abgesehen von Ausnahmefällen - keine mengenmäßigen Beschränkungen für die in Anhang I genannten Waren mehr einführen durften.[6] Die Liberalisierung der Einfuhr wurde damit zum Grundsatz der Einfuhrregelung erhoben, was der Vorgabe des Art. XI Abs. 1 GATT entsprach, der die allgemeine Beseitigung mengenmäßiger Beschränkungen bei der Ein- und Ausfuhr von Waren festschreibt. Es bleibt jedoch anzumerken, daß das Verbot der Anwendung mengenmäßiger Beschränkungen in der VO 2041/68 sich nicht auf Maßnahmen gleicher Wirkung erstreckte, denn sie wurden nicht erwähnt. Die Regelung blieb also in dieser Beziehung hinter der des Art. 30 für den innergemeinschaftlichen Warenverkehr zurück. Dort sind auch Maßnahmen gleicher Wirkung erfaßt. Maßnahmen gleicher Wirkung im Außenhandel sind hauptsächlich Beschränkungen des Zahlungsverkehrs und staatliche Handelsmonopole, die die Einfuhr beschränken. Während für den innergemeinschaftlichen Handel ein Abbau dieser Beschränkungen vorgesehen ist,[7] besteht eine solche Verpflichtung für den Außenhandel nicht. Deshalb konnten diese Maßnahmen nicht in die gemeinschaftliche Einfuhrregelung einbezogen werden. Die Mitgliedstaaten dürfen sie jedoch gem. Art. XI Abs. 1 GATT nicht anwenden.[8] Aus dem dritten Erwägungsgrund geht hervor, daß diese Verordnung für die Liberalisierung der Einfuhren aus GATT-Ländern bzw. solchen Ländern gelten sollte, die nach den Grundsätzen des Allgemeinen Abkommens verfahren, während in der Bezeichnung und im ersten Erwägungsgrund nur allgemein von Einfuhren aus dritten Ländern die Rede ist. In dieser Hinsicht entsprach die Verordnung dem Punkt A 1 des Arbeitsprogramms vom 25.9.1962.[9]

Die Aufnahme weiterer Waren in die Liste des Anhangs I und die Aufnahme weiterer Drittländer in den Anhang II konnte auf Vorschlag der Kommission mit qualifizierter Mehrheit durch den Rat erfolgen. Voraussetzung hierfür war allerdings, daß Gemeinschaftserzeugern solcher Waren kein Schaden entstand.[10]

2. Schutzmaßnahmen

Schutzmaßnahmen gegen die Einfuhr von Waren, deren Import durch ihre Aufnahme in den Anhang I bereits liberalisiert worden war, enthielten die Art. 4 bis 6. Voraussetzung für Einfuhrbeschränkungen war die

6 Art. 2 der VO 2041/68
7 Art. 30, 33 Abs. VII, Art. 34, 37, 67
8 Zum Begriff der Maßnahmen gleicher Wirkung siehe auch *Le Tallec*, in: AWD 1971, S. 108
9 ABl. 1962, Nr. 90, S. 235 ff.
10 Art. 3 der VO 2041/68

Einfuhr von in Anhang I aufgeführten Waren in das Gemeinschaftsgebiet in so stark erhöhten Mengen und/oder unter solchen Bedingungen, daß Gemeinschaftserzeugern gleichartiger oder unmittelbar konkurrierender Waren ernsthafter Schaden entstand oder zu entstehen drohte.[11] Diese Formulierung entsprach der des Art. XIX Abs. 1 lit. a GATT, was darauf schließen läßt, daß die Mitgliedstaaten ihren Verpflichtungen aus dem GATT zumindest grundsätzlich auch im Rahmen der Gemeinschaft nachkommen wollten.[12] Darüber hinaus mußten die Einfuhrbeschränkungen auch durch die Interessen der Gemeinschaft begründet sein, wobei dieser Begriff jedoch - ebenso wie in den folgenden Einfuhrregelungen - nicht weiter definiert wurde, so daß die Gemeinschaftsorgane bei der Feststellung von Gemeinschaftsinteressen in der konkreten Situation ein weites Ermessen hatten. Die Beschlußfassung erfolgte durch den Rat mit qualifizierter Mehrheit auf Vorschlag der Kommission, wobei die internationalen Verpflichtungen beachtet werden mußten. Der Rat konnte auf diese Weise die Rücknahme einzelner Waren von der Liberalisierungsliste des Anhangs I gegenüber einem oder mehreren der in Anhang II genannten Länder beschließen, eines oder mehrere Länder aus der Liste des Anhangs II streichen bzw. Gemeinschaftskontingente einführen.[13] Bis zur Einführung einer gemeinsamen Handelspolitik, also zunächst bis zum Ende der Übergangszeit, mußte der Rat dabei beachten, inwieweit die Gefahrenlage des Art. 4 in allen Mitgliedstaaten eintreten konnte. Diese Formulierung war so zu verstehen, daß nach der VO 2041/68 keine begrenzten Gemeinschaftskontingente zum Schutz der Produktion in bestimmten Regionen der Gemeinschaft eingeführt werden konnten, wie es in späteren Einfuhrregelungen vorgesehen wurde; Importrestriktionen konnten also nur auf das ganze Gemeinschaftsgebiet angewendet werden.[14] In Anbetracht der Möglichkeiten, die den Mitgliedstaaten zum Ergreifen von Schutzmaßnahmen blieben, bedeutete dieses aber keinen Mangel an Schutz für einzelne Gebiete.

Auf Vorschlag der Kommission, den diese von sich aus oder auf Antrag eines Mitgliedstaates machen konnte, hatte der Rat die Möglichkeit, unter Beachtung des Abstimmungsverfahrens von Art. 111 Abs. III einen

11 Art. 4 der VO 2041/68

12 Vgl. auch den 6. Erwägungsgrund; im übrigen wurde dort nicht die Alternativformulierung »...und/ oder...« verwendet, sondern es ist die Rede von erhöhten Einfuhrmengen »und« besonderen Bedingungen der Einfuhr, was sich daraus erklärt, daß die VO 2041/68 für die Einfuhr aus GATT-orientierten Ländern konzipiert war und für Einfuhrbeschränkungen aus dieser Staatengruppe höhere Voraussetzungen erfüllt sein sollten als für Einfuhrbeschränkungen gegenüber anderen Drittstaaten.

13 Art. 4, Spiegelstriche 1 bis 3 der VO 2041/68

14 Art. 4, 3. Spiegelstrich, 2. HS. der VO 2041/68

Mitgliedstaat zur Einführung mengenmäßiger Einfuhrbeschränkungen zu ermächtigen.[15] Außerdem konnte ein Mitgliedstaat in Abweichung von den Art. 2 bis 5 der VO 2041/68 in nicht näher umschriebenen Dringlichkeitsfällen von sich aus zu mengenmäßigen Einfuhrbeschränkungen greifen. Solche Maßnahmen mußten der Kommission mitgeteilt werden. Auf ihren Vorschlag hin konnte der Rat dann nach dem Verfahren von Art. 111 Abs. III über die Beibehaltung, Änderung oder Aufhebung dieser Maßnahmen beschließen.[16] Mit den Regelungen der Art. 5 und 6 konnte ein wirksamer Regionalschutz gewährleistet werden, auch wenn zu diesem Zweck noch kein gemeinschaftliches Verfahren festgelegt war. Darüber hinaus manifestierte sich in diesen Vorschriften ein erheblicher mitgliedstaatlicher Einfluß auf die Einfuhrpolitik der Gemeinschaft. Dies um so mehr, wenn man bedenkt, daß gem. Art. 6 S. 3 der VO 2041/68 der Rat zwar wegen des Verweises auf Art. 111 Abs. III einzelstaatliche Schutzmaßnahmen mit qualifizierter Mehrheit hätte ändern oder aufheben können, dies aber praktisch aufgrund des sog. Luxemburger Kompromisses vom 28.1.1966 nicht möglich war, weil dadurch der vertraglich festgelegte Übergang zu Mehrheitsentscheidungen bei Ratsbeschlüssen de facto außer Kraft gesetzt wurde.[17] Ein Mitgliedstaat, der für sein Gebiet die Einfuhr bestimmter Waren eingeschränkt hatte, konnte auf diese Weise einen anderslautenden Beschluß des Rates jederzeit verhindern; insofern konnte in diesem Bereich nicht von einer echten Gemeinschaftsregelung gesprochen werden. Angesichts der Tatsache, daß es sich bei der VO 2041/68 um eine Übergangsregelung mit vorläufigem Charakter handelte, erschien dieses Defizit an Gemeinschaftsregelungen jedoch nicht als Abweichung von den Vorgaben der Art. 110-116 des EWGV.

Die Bestimmung des Art. 2, wonach die Mitgliedstaaten gegenüber den in Anhang II aufgeführten Drittländern keine mengenmäßigen Einfuhrbeschränkungen für die in Anhang I genannten Waren einführen durften, fand in einigen Ausnahmefällen keine Anwendung. So durfte ein Mitgliedstaat gegenüber anderen Mitgliedstaaten mengenmäßige Beschränkungen einführen, die mit den Vertragsbestimmungen in Einklang standen.[18] In diesem Zusammenhang war an Schutzmaßnahmen gem. Art. 115 Abs. II und an solche gem. Art. 108 und 109 zu denken. Letztere konnten ohne weiteres auch gegenüber den in Anhang II aufgeführten Drittstaaten ergriffen werden.[19] Ein Mitgliedstaat konnte ebenfalls zu mengenmäßigen

15 Art. 5 der VO 2041/68
16 Art. 6 der VO 2041/68
17 BBPS, S. 42; zur Luxemburger Vereinbarung auch *Constantinesco*, Bd. 1, S. 431 ff.
18 Art. 7, Spiegelstrich 1 der VO 2041/68
19 Art. 7, Spiegelstrich 2 der VO 2041/68

Beschränkungen greifen, wenn er durch internationale Übereinkünfte, an denen er beteiligt war, dazu verpflichtet wurde.[20] Weiterhin dann, wenn er solche Beschränkungen aufgrund eines bilateralen Abkommens einführte und die Konsultationsverpflichtungen der Ratsentscheidung vom 9.10.1961[21] beachtet wurden.[22]

3. Übergangs- und Schlußbestimmungen

Das Verhältnis der VO 2041/68 zu besonderen Vorschriften in Gemeinschaftsabkommen mit Drittländern war so geregelt, daß die Verordnung unbeschadet derartiger Bestimmungen anzuwenden war.[23] Hinsichtlich der landwirtschaftlichen Erzeugnisse, die von gemeinsamen Agrarmarktorganisationen erfaßt wurden, fand die VO 2041/68 keine Anwendung. Die Marktordnungen waren in dieser Beziehung als leges speciales anzusehen. So durften auch keine Schutzmaßnahmen gem. Art. 5, 6 und 7 der VO 2041/68 auf Marktordnungswaren angewendet werden; für diese Produkte kamen allein die in den Marktordnungen festgelegten Schutzmaßnahmen in Frage.[24]

Spätestens drei Monate vor Ablauf der Übergangszeit sollte vom Rat auf Vorschlag der Kommission nach dem Verfahren des Art. 111 Abs. III über die Anpassungen entschieden werden, die aufgrund des Beginns der Endphase des EWGV nötig sein würden.[25] Die VO 2041/68 trat am 1.1.1969 in Kraft,[26] war demnach also nur für das verbleibende Jahr bis zum Ende der Übergangszeit in dieser Form anwendbar.

4. Bedeutung der VO 2041/68

Als erste umfassende gemeinsame Einfuhrregelung gegenüber dritten GATT-Ländern bzw. solchen Ländern, die die Handhabung ihres Außenhandels am GATT orientierten, brachte die VO 2041/68 zwar nicht mehr Einfuhrliberalisierung mit sich, wohl aber legte sie erstmals eine Konsolidierung der auf mitgliedstaatlicher Ebene vollzogene Liberalisierungsmaßnahmen fest, von der grundsätzlich nur in einem Gemeinschaftsverfahren abgewichen werden konnte.[27] Die Liberalisierung der Einfuhr in

20 Art. 7, Spiegelstrich 3 der VO 2041/68
21 ABl. 1961, Nr. 71, S. 1273
22 Art. 7, Spiegelstrich 4 der VO 2041/68
23 Art. 8 Abs. 1 der VO 2041/68
24 Art. 8 Abs. 2 der VO 2041/68
25 Art. 9 der VO 2041/68
26 Art. 10 der VO 2041/68
27 *Schneider*, in: RMC 1970, S. 15

die Gemeinschaft wurde entsprechend der Vorgabe des Art. XI Abs. 1 GATT zum Grundsatz erhoben, die Voraussetzungen für die Anwendung gemeinschaftlicher Schutzmaßnahmen lehnten sich eng an die Schutzklausel des Art. XIX Abs. 1 lit. a GATT an. Die Möglichkeit zu regional begrenzten Schutzmaßnahmen der Gemeinschaft war noch nicht vorgesehen, so daß zum damaligen Zeitpunkt die Frage nach der Vereinbarkeit regional beschränkter Importrestriktionen noch nicht aktuell war. Andererseits hatten die Mitgliedstaaten genügend Möglichkeiten, den Import in ihrem Gebiet zu regulieren, der Schutz einzelner Gebiete war also sichergestellt. Hier wurde ein starker mitgliedstaatlicher Einfluß auf die an sich nun gemeinsame Regelung der Einfuhren sichtbar, wobei aber der Umstand Berücksichtigung finden muß, daß eine gemeinsame Handelspolitik im weitgefaßten Sinn des Art. 113 zu der Zeit noch nicht vorgesehen war.[28]

C. Die VO 2045/68

1. Anwendungsbereich und allgemeine Bestimmungen

Eine wesentliche Ergänzung der VO 2041/68 stellte die Überwachungsverordnung 2045/68 dar.[29]

Ihre Hauptfunktion war es, die Einfuhr der Waren, die von der VO 2041/68 erfaßt wurden, d.h. deren Einfuhr keinerlei mengenmäßigen Beschränkungen unterlag, einem besonderen Überwachungsverfahren zu unterziehen,[30] sofern die Entwicklung der Einfuhren problematisch erschien, ohne daß bereits die sofortige Einführung von Mengenbeschränkungen angezeigt gewesen wäre. Die Ausgestaltung der in ihr festgelegten Kompetenz- und Verfahrensregeln entsprach in weiten Teilen dem System der VO 3/63.[31]

Die überwachten Waren wurden durch den Rat bestimmt, der mit qualifizierter Mehrheit auf Vorschlag der Kommission entscheiden sollte. Die Kommission hatte die Möglichkeit, von sich aus oder auf Antrag eines Mitgliedstaates dem Rat die Überwachung bestimmter Waren vorzuschlagen.[32] Die Ablehnung des Antrags eines Mitgliedstaates bedeutete jedoch

28 Zur Tragweite der Regelungen des Jahres 1968 siehe auch die Stellungnahme eines Kommissionssprechers, zit. bei *Pigasse*, in: PE 1970, S. 76 f.

29 ABl. 1968, Nr. L 303, S. 43 ff.; dazu auch *Léonard*, *Simon*, in: RTDE 1971, S. 124

30 Art. 1 Abs. 1 der VO 2045/68

31 Entschließungsantrag über die Probleme der gemeinsamen Handelspolitik nach Ablauf der Übergangszeit des EWG-Vertrages, EP-Sitzungsdok. 1970, Nr. 32

32 Art. 1 Abs. 2 der VO 2045/68

nicht, daß der betreffende Staat nicht von sich aus die Einfuhr in sein Gebiet hätte überwachen können. Die VO 2045/68 stellte in erster Linie gemeinsame Verfahrensregeln auf, d.h. den Mitgliedstaaten blieb es überlassen, unter Umständen auch selbst Überwachungsmaßnahmen zu ergreifen, sofern ihr Vorgehen mit den gemeinschaftsrechtlichen Grundsätzen der Einfuhrliberalisierung entsprechend der VO 2041/68 vereinbar war.

2. Bestimmungen über Einfuhrdokumente

Voraussetzung für die Einfuhr überwachter Waren nicht landwirtschaftlicher Art war die Vorlage einer vorherigen Einfuhrerklärung,[33] die vom Importeur den zuständigen Behörden eines Mitgliedstaates zu unterbreiten war. Dabei kam es nicht darauf an, wo sich der Ort seiner Niederlassung in der Gemeinschaft befand.[34] Die Einfuhrerklärung mußte neben Menge und Preis der Ware eine Reihe anderer Angaben enthalten, darunter auch die des Ursprungs- und des Herkunftslandes.[35] Die Mitgliedstaaten konnten darüber hinaus auch nicht näher bestimmte weitere Angaben verlangen,[36] was ihnen die Möglichkeit eröffnete, das Einfuhrverfahren für den Importeur komplizierter und zeitaufwendiger zu gestalten. Von daher ist diese Regelung ein Beispiel für einen Ansatzpunkt von Verwaltungsprotektionismus, mit dem der Gebrauch eines nicht-tarifären Handelhemmnisses in das Ermessen der Mitgliedstaaten gestellt wurde, denn Voraussetzungen für das Verlangen nach weiteren Einfuhrangaben gab es nicht. Auch hier wird deutlich, daß die Mitgliedstaaten sich im Rahmen gemeinschaftlicher Regelungen ebenfalls Einflußmöglichkeiten auf die Einfuhrpolitik sicherten. Auch die Kommission konnte zusätzliche Angaben verlangen, andererseits jedoch ebenso auf bestimmte Angaben verzichten.[37]

Genügte die vorherige Einfuhrerklärung den Anforderungen des Art. 3, versah die zuständige mitgliedstaatliche Behörde sie mit einem Sichtvermerk oder stellte ein gesondertes Einfuhrdokument aus.[38] Damit wird auch klar, daß mit der VO 2045/68 keine Einführung von Gemeinschaftsdokumenten erfolgte; es wurden statt dessen Rahmenvorschriften für die

33 Art. 2 lit. b der VO 2045/68

34 Art. 3 Abs. 1 der VO 2045/68; vgl. aber die Ausnahmeregelung des Art. 14 Abs. 2, wonach ein Mitgliedstaat durchaus die Möglichkeit hatte, Importeuren, die nicht in seinem Gebiet ansässig waren, die Ausstellung der Einfuhrdokumente zu verweigern.

35 Art. 3 Abs. 2 lit. a-d der VO 2045/68

36 Art. 3 Abs. 5, S. 1 der VO 2045/68

37 Art. 3 Abs. 5, S.2; diese Regelung ist in Verbindung mit der Konsultationsvorschrift des Art. 9 zu lesen.

38 Art. 4 der VO 2045/68; vgl. aber die Einschränkung des Art. 14 Abs. 2 der VO 2045/68

Handhabung des Einfuhrverfahrens durch die Behörden der Mitgliedstaaten erlassen, die weiterhin ihre bisherigen Dokumente verwendeten.

Die mit einem Sichtvermerk versehene vorherige Einfuhrerklärung bzw. das Einfuhrdokument galt dann für ein in der Gemeinschaft getätigtes Einfuhrgeschäft.[39] Allerdings konnten diese Dokumente nur solange verwendet werden, wie für die betreffenden Geschäfte die Einfuhrregelung in Kraft blieb, auf deren Grundlage das Einfuhrdokument oder der Sichtvermerk erteilt worden waren.[40] Mit anderen Worten konnten sie solange verwendet werden, wie die VO 2041/68 Gültigkeit hatte, keine Entliberalisierungen nach dieser VO vorgenommen und keine Schutzmaßnahmen gem. der VO 2045/68 ergriffen wurden. Längstens konnten sie während eines Zeitraums genutzt werden, der nach dem gleichen Verfahren und zum gleichen Zeitpunkt wie die überwachten Waren bestimmt wurde.[41] Der Rat konnte demnach gleichzeitig mit dem Beschluß zur Überwachung einer Ware nach dem Verfahren des Art. 1 Abs. 2 den Zeitraum festlegen, in dem die Einfuhrpapiere einen rechtlichen Anspruch auf die Durchführung eines Einfuhrgeschäfts gaben. In den Fällen, in denen ein solcher Zeitraum nicht festgelegt wurde, hing die Wirksamkeit der Einfuhrdokumente hingegen allein vom Inkraftbleiben der VO 2041/68 und davon ab, daß keine mengenmäßigen Einfuhrbeschränkungen nach jener Einfuhrregelung bzw. der VO 2045/68 ergriffen wurden. Die Einfuhrdokumente hatten dann also keine Garantiewirkung und boten keinen Schutz vor Entliberalisierungsmaßnahmen. In der praktischen Anwendung lief diese Art der Regelung darauf hinaus, daß abgesehen von den Fällen, in denen der Rat einen Maximalzeitraum im Sinne des Art. 5 Abs. 2, 2. HS. festlegte, die einzelstaatlichen Verfahrensvorschriften so harmonisiert wurden, daß für überwachte Waren gegebenenfalls erforderliche Einfuhr*genehmigungen*, die einen Rechtsanspruch auf bestimmte Einfuhren verliehen,[42] nur mit einem Widerrufsvorbehalt ausgestellt werden konnten.

Voraussetzung für die Abfertigung einer Ware zum freien Verkehr war demnach die Vorlage einer mit einem Sichtvermerk versehenen vorherigen Einfuhrerklärung oder eines Einfuhrdokuments.[43] Bei Abweichungen von den im Einfuhrdokument angegebenen Mengen- und Preisangaben um nicht mehr als 5 % erfolgte gleichwohl die Abfertigung zum freien Verkehr. Unter Berücksichtigung der Umstände des Einzelfalles konnte

39 Art. 5 Abs. 1 der VO 2045/68
40 Art. 5 Abs. 2, 1. HS. der VO 2045/68
41 Art. 5 Abs. 2, 2. HS. der VO 2045/68
42 Im Handel mit GATT-Ländern sind in der Regel allerdings keine Einfuhrlizenzen erforderlich.
43 Art. 6 Abs. 1 i.V.m. Art. 4 der VO 2045/68

die Kommission die erlaubten Abweichungen für einzelne Geschäfte auf bis zu 10 % erhöhen,[44] eine Regelung, die als liberales Element im gemeinschaftlichen Einfuhrrecht betrachtet werden kann.

Damit die Einfuhren in das Gemeinschaftsgebiet statistisch erfaßt werden konnten, mußten die Mitgliedstaaten jeweils in den ersten zehn Tagen jeden Monats der Kommission die Mengen und Preise der Waren mitteilen, für die im Vormonat Einfuhrdokumente ausgestellt worden waren, ebenso die tatsächlich erfolgten Einfuhren des vorletzten Monats. Die Angaben waren nach Ausfuhrländern und Produkten aufzugliedern.[45] Erforderten die - nicht weiter definierten - Interessen der Gemeinschaft eine besondere Kontrolle der Einfuhr von überwachten Waren, konnte die Kommission von sich aus oder auf Antrag eines Mitgliedstaates die obengenannten Informationen innerhalb einer kürzeren Frist anfordern.[46]

Für die Einfuhr von Marktordnungswaren galten grundsätzlich die in ihnen vorgesehenen Einfuhrlizenzen oder sonstigen Einfuhrdokumente.[47] Beschloß der Rat aber die Überwachung einer Marktordnungsware gem. Art. 1 Abs. 2, wurden die Art. 3 Abs. 2 und 5 sowie Art. 7 der VO 2045/68 ergänzend zu den Bestimmungen der jeweiligen Marktordnung angewendet.[48]

3. Gemeinschaftliches Konsultationsverfahren und Schutzmaßnahmen

a) Der beratende Ausschuß

Des weiteren waren jederzeit Konsultationen über Bedingungen und Entwicklung der Einfuhr sowie die Wirtschafts- und Handelslage von überwachten Waren im Rahmen eines beratenden Ausschusses möglich, die sich auch auf die erforderlichen Maßnahmen erstreckten. Dieser Ausschuß bestand aus Vertretern der Mitgliedstaaten und beriet unter dem Vorsitz eines Mitgliedes der Kommission.[49]

b) Zuständigkeit des Rates

Die Voraussetzungen für die Anwendung von Schutzmaßnahmen waren ebenso wie die der VO 2041/68 dem Art. XIX Abs. 1 lit. a GATT ent-

44 Art. 6 Abs. 2 i.V.m. Art. 9 der VO 2045/68
45 Art. 7 Abs. 1, lit. a, b der VO 2045/68
46 Art. 7 Abs. 2 der VO 2045/68
47 Art. 8, S. 1 i.V.m. Art. 2 lit. a der VO 2045/68
48 Art. 8, S. 2 der VO 2045/68
49 Art. 9 Abs. 1-4 der VO 2045/68

lehnt. Überwachte Waren mußten demnach in derart erhöhten Mengen und/oder unter derartigen Bedingungen eingeführt werden, daß dadurch der Gemeinschaftserzeugung gleichartiger oder unmittelbar konkurrierender Waren ernsthafter Schaden entstand oder zu entstehen drohte. In diesem Punkt ergab sich eine weitere Parallele zur Ausgestaltung der VO 2041/68. Hier wie dort wurde in den Erwägungsgründen nicht das alternative »... und/oder...«, sondern das kumulative »...und...« verwendet, was sich bei beiden Regelungen darauf zurückführen ließ, daß sie zur Abwicklung der Importe aus GATT-orientierten Ländern dienten und die Anwendung von Schutzmaßnahmen deshalb strengeren Anforderungen genügen sollte, worin sich auch in diesem Fall die grundsätzliche Bereitschaft zur Erfüllung der GATT-Verpflichtungen ausdrückte.[50]

Lagen die Voraussetzungen vor, oblag es dem Rat, die geeigneten Maßnahmen zu beschließen, sofern es die Interessen der Gemeinschaft erforderten. Diese Beschlüsse erfolgten auf Vorschlag der Kommission, den diese nach Kenntnisnahme der Stellungnahmen des beratenden Ausschusses unterbreitete. Entsprechend der Bestimmung des Art. 11 Abs. III war hierbei die Möglichkeit von Mehrheitsentscheidungen vorgesehen[51], was aber aufgrund der Luxemburger Beschlüsse praktisch nicht möglich war.[52] Unter geeignete Maßnahmen, die der Rat beschließen konnte, fielen z. B. die Rücknahme von Zollzugeständnissen, eine autonome Erhöhung der Zollsätze und, wie schon in der VO 2041/68, mengenmäßige Beschränkungen, die allerdings nicht für Waren galten, die sich schon auf dem Weg befanden und für die die erforderlichen Einfuhrdokumente vorlagen.[53] Dies war ein Element des Vertrauensschutzes für Importeure, die ihre Lieferungen zu einem Zeitpunkt bestellten, an dem sie von den Entliberalisierungsmaßnahmen noch keine Kenntnis haben konnten.

c) Zuständigkeit der Kommission

Neben der grundsätzlichen Zuständigkeit des Rates für den Erlaß von Schutzmaßnahmen konnte auch die Kommission solche Maßnahmen anordnen, allerdings nur dann, wenn es sich um einen Eilfall handelte. Es mußte eine Lage gegeben sein, in der eine Gefahrensituation im Sinne des Art. 10 Abs. 1 in der Zukunft eintreten konnte und in der die Interessen der Gemeinschaft ein sofortiges Eingreifen erforderten. In einer derartigen

50 Vgl. Art. 10 Abs. 1, 1. HS. und den 9. Erwägungsgrund der VO 2045/68 sowie Art. 4 und den 6. Erwägungsgrund der VO 2041/68

51 Art. 10 Abs. 1, 2. HS. der VO 2045/68

52 Vgl. dazu auch die Ausführungen zur VO 2041/68 oben unter B.2

53 Art. 10 Abs. 2 der VO 2045/68

Situation standen der Kommission zwei Möglichkeiten offen, die sie von sich aus oder auf Antrag eines Mitgliedstaates ergreifen konnte: Einerseits konnte sie die Frist verkürzen, innerhalb der die Einfuhrdokumente im Sinne des Art. 2 verwendet werden durften;[54] zum anderen konnte sie beschließen, daß die Erteilung von Sichtvermerken bzw. die Ausstellung anderer Einfuhrdokumente ausgesetzt wurde. Dadurch wurden die im Zeitraum der Aussetzung eingereichten Anträge auf Ausstellung von Einfuhrpapieren unzulässig.[55] Praktisch bedeutete dies, daß die Kommission einen Einfuhrstopp verhängen konnte. Aus dieser Zuständigkeitsverteilung ergab sich ein wirksamer und schneller Außenschutz, der bei einer ausschließlichen Ratszuständigkeit so nicht hätte gewährleistet werden können.

Weitere Voraussetzung für die Eilmaßnahmen der Kommission war die Kenntnisnahme der im beratenden Ausschuß abgegebenen Stellungnahmen.[56]

War das Eingreifen der Kommission von einem Mitgliedstaat beantragt worden, hatte sie binnen fünf Arbeitstagen nach Eingang des Antrags einen Beschluß zu fassen. Lehnte sie einen Antrag ab, mußte sie das unverzüglich dem Rat mitteilen, der mit - theoretisch - qualifizierter Mehrheit anders entscheiden konnte.[57] Beschloß die Kommission, eine der in Art. 11 Abs. 1 genannten Maßnahmen nicht zu treffen, war dies keine Präjudizierung späterer Entscheidungen in einer gleichgelagerten Situation. Die entsprechende Maßnahme konnte also zu einem späteren Zeitpunkt auf Initiative der Kommission oder auf Antrag eines Mitgliedstaates ergriffen werden, sofern sich neue Gesichtspunkte ergaben.[58]

Die von der Kommission getroffenen Maßnahmen hatten lediglich vorläufigen Charakter, denn jeder Mitgliedstaat konnte binnen 10 Arbeitstagen nach Bekanntgabe der gem. Art. 11 Abs. 1 getroffenen Kommissionsentscheidung den Rat damit befassen. Der Rat konnte die Maßnahmen dann entweder bestätigen oder einen anderen Beschluß fassen.[59] Ordnete die Kommission Kontingentierungsmaßnahmen gem. Art. 11 Abs. 1 lit. b an, mußte sie binnen zehn Arbeitstagen nach Inkrafttreten der Maßnahme dem Rat einen Vorschlag im Sinne von Art. 10 unterbreiten. Machte sich der Rat diesen Vorschlag nicht innerhalb von sechs Wochen nach Inkraft-

54 Art. 11 Abs. 1 lit. a der VO 2045/68
55 Art. 11 Abs. 1 lit. b der VO 2045/68
56 Art. 11 Abs. 2 der VO 2045/68
57 Art. 11 Abs. 3 S. 1 der VO 2045/68
58 Art. 11 Abs. 3 S. 2 der VO 2045/68
59 Art. 11 Abs. 4 der VO 2045/68

treten der Kommissionsmaßnahmen zu eigen, galten diese als aufgehoben.[60]

In den Bestimmungen von Abs. 4 und 5 des Art. 11 der VO 2045/68 kam der vorläufige Charakter von Schutzmaßnahmen, die von der Kommission getroffen wurden, deutlich zum Ausdruck. Auch unter dem Gesichtspunkt der demokratischen Legitimation war diese Abfolge der Beschlußfassung und die Kompetenzverteilung sinnvoll, denn der Rückgriff auf handelspolitische Schutzmaßnahmen bringt für liberalisierte Waren schwerwiegende Änderungen der Einfuhrbedingungen bzw. der Einfuhrmöglichkeiten überhaupt mit sich. Im Gegensatz zur Kommission, die weder aus Wahlen hervorgeht noch über eine andere eigenständige demokratische Legitimation der Gesellschaften der einzelnen Mitgliedstaaten verfügt, unterliegen die Mitglieder des Rates als Minister der Kontrolle ihrer nationalen Parlamente und sind aus diesem Grund für Beschlüsse über so einschneidende Maßnahmen in höherem Maße legitimiert als die Kommission. Diese kann auf der anderen Seite aufgrund ihrer Organisation und Arbeitsweise im Bedarfsfall schneller reagieren, als es dem Rat möglich wäre. Die Beschränkung der Zuständigkeit der Kommission auf Schutzmaßnahmen in Dringlichkeitsfällen ergab sich auch daraus, daß gem. Art. XIX Abs. 2 GATT nur Sofortmaßnahmen ohne vorherige Konsultationen mit den anderen GATT-Partnern ergriffen werden dürfen. Lag kein Dringlichkeitsfall vor, mußten die Mitgliedstaaten als GATT-Vertragspartner zunächst die anderen Vertragsparteien konsultieren. Daher bestand keine Notwendigkeit, der Kommission ein weitergehendes Eingriffsrecht zu gewähren.[61] Darüber hinaus zeigte sich in diesen Regelungen der Einfluß der Mitgliedstaaten bei tiefgreifenden handelspolitischen Maßnahmen.

d) Annahme von freiwilligen Selbstbeschränkungsmaßnahmen

Zur Anwendung handelspolitischer Schutzmaßnahmen gab es in der VO 2045/68 noch eine bemerkenswerte Alternative. Ein Drittland konnte der Kommission für eine überwachte Ware ausreichende Garantien dafür geben, daß durch die Einfuhr dieser Ware in die Gemeinschaft keine Gefahrensituation im Sinne des Art. 10 Abs. 1 zu entstehen drohte. Erschien die Abgabe einer solchen Garantie hinreichend verläßlich, konnte der Rat auf Vorschlag der Kommission beschließen, daß keine der Schutzmaßnahmen der Art. 10 Abs. 1 und Art. 11 Abs. 1 in bezug auf

60 Art. 11 Abs. 5 der VO 2045/68

61 Zu Fragen der Legitimation in der Gemeinschaft siehe auch *Ipsen*, S.163 f. und *Glaesner*, in: GS Sasse, Bd. 1, S. 73 ff.

diese Ware ergriffen wurde.[62] Die GATT-Konformität dieser Bestimmung war sehr fraglich, denn sie lief auf die Annahme von Exportselbstbeschränkungszusagen seitens verschiedener Ausfuhrländer hinaus. Ein solches Vorgehen ist zwar vom GATT nicht ausdrücklich untersagt, läuft aber dem System des Allgemeinen Abkommens zuwider. Dies kommt u.a. darin zum Ausdruck, daß bei dieser Art der Exportbeschränkung das unterschiedliche politische und wirtschaftliche Gewicht der Handelspartner bedeutsam wird, denn einseitige Exportbeschränkungszusagen gründen sich auch auf diese Kräfteverteilung. Dadurch wird es wirtschaftlich bzw. politisch starken Ländern ermöglicht, sich den Exportinteressen der Handelspartner gegenüber durchzusetzen. Das System des GATT legt hingegen eine Gleichberechtigung der Vertragsparteien zugrunde. Darüber hinaus bedeutet der Gebrauch von Exportselbstbeschränkungen eine Hinwendung zu bilateral geprägten Handelsbeziehungen, während das GATT von einem multilateralen Ansatz ausgeht.[63] Abgesehen davon stand der Art. 12 der VO 2045/68 im Widerspruch zur Regelung des Art. 10 Abs. 1, der die Voraussetzungen für das Ergreifen von Schutzmaßnahmen in enger Anlehnung an Art. XIX Abs. 1 lit. a GATT festlegte. Mit Hilfe von Art. 12 konnten diese Voraussetzungen umgangen werden bzw. er setzte schon zu einem Zeitpunkt an, von dem aus das Eintreten einer Gefahrensituation im Sinne des Art. 10 Abs. 1 vorbeugend abgewendet werden konnte.[64] Daneben widersprach er auch der Nichtdiskrimierungsklausel des Art. XIII Abs. 1 GATT, wonach mengenmäßige Ein- und Ausfuhrbeschränkungen nicht auf einzelne Vertragsparteien angewendet werden dürfen. Angesichts dieser Umstände ist es verwunderlich, daß diese Regelung zur damaligen Zeit in der Literatur keine Beachtung fand.

e) Konsultationen über angewendete Schutzmaßnahmen

Während des Zeitraumes, in dem Schutzmaßnahmen gem. den Art. 10 Abs. 1 und Art. 11 angewendet wurden, konnten im beratenden Ausschuß auf Antrag eines Mitgliedstaates oder auf Initiative der Kommission Konsultationen stattfinden, um die Auswirkungen der Maßnahmen zu untersuchen und um zu prüfen, ob die Voraussetzungen für ihre Anwendung weiterhin gegeben waren.[65] Stellte die Kommission bei diesen Beratungen

62 Art. 12 der VO 2045/68; dazu auch der 12. Erwägungsgrund

63 Ausführlicher zur GATT-Konformität und volkswirtschaftlichen Konsequenzen von Exportselbstbeschränkungen sowie Selbstbeschränkungsabkommen siehe Teil 1, Kapitel 7, C.4.a, bb

64 Zu Art. XIX GATT s. o. Kapitel 3, C.

65 Art. 13 Abs. 1 der VO 2045/68

fest, daß die Voraussetzungen nicht mehr vorlagen, änderte sie die von ihr aufgrund von Art. 11 Abs. 1 angeordneten Maßnahmen bzw. hob sie auf, sofern der Rat keine Maßnahmen gem. Art. 10 Abs. 1 oder Art. 11 Abs. 3 bis 5 getroffen hatte. Hatte der Rat selbst Maßnahmen angeordnet, schlug sie die Aufhebung oder Änderung vor. Bei seiner Entscheidung darüber konnte der Rat theoretisch mit qualifizierter Mehrheit entscheiden.[66]

3. Ergänzende Regelungen und Schlußbestimmungen

Bis zur Einführung der gemeinsamen Handelspolitik gem. Art. 113 mit Ende der Übergangzeit gab es für einige Bestimmungen der VO 2045/68 ergänzende Regelungen, die zum Teil weiterreichende Abweichungen erlaubten.[67]

a) Die Möglichkeit zur Abweichung von Verordnungsregelungen

In Abweichung von Art. 4 hatte jeder Mitgliedstaat die Möglichkeit, den Personen, die nicht in seinem Hoheitsgebiet ansässig waren, den Sichtvermerk zu verweigern. Diese Möglichkeit bestand solange, bis er Vorschriften erlassen hatte, die es den Staatsangehörigen der übrigen Mitgliedstaaten erlaubten, in seinem Hoheitsgebiet Einfuhrgeschäfte zu denselben Bedingungen durchzuführen wie Gebietsansässige.[68] Nach dieser Regelung wurden Bürger anderer Mitgliedstaaten, die nicht im Bereich des betreffenden Mitgliedstaats ansässig waren, im Vergleich zu Personen, die dort ansässig waren, ungleich behandelt. Die zweite Gruppe von Personen konnte dem Wortlaut nach sowohl Angehörige anderer Mitgliedstaaten als auch Angehörige von Drittstaaten umfassen, was darauf schließen läßt, daß hier die Regeln über die Niederlassungsfreiheit und Fragen des Staatsangehörigkeitsrechts vermischt worden waren.[69]

Indem auf diese Weise der Personenkreis, der Einfuhrgeschäfte in einem Mitgliedstaat tätigen durfte, begrenzt werden konnte, war es den Mitgliedstaaten freigestellt, die Einfuhr von Waren in ihr Gebiet zu erschweren bzw. die Möglichkeiten zur Einfuhr zu vermindern. Diese Ergänzung hatte protektionistischen Charakter und verdeutlichte gleichzeitig den Zusammenhang von protektionistischen Elementen im gemeinschaftlichen

66 Art. 13 Abs. 2 lit. b der VO 2045/68

67 Art. 14 Abs. 1 der VO 2045/68; diese ergänzenden Regelungen galten für die Dauer eines Jahres, vgl. Art. 18 der VO 2045/68

68 Art. 14 Abs. 2 S. 1 der VO 2045/68

69 Legislation section, in: CMLR 1970, S. 109

Außenhandel und dem Einfluß der Mitgliedstaaten, der sich in solchen Elementen manifestierte. Sie stellte daneben auch eine Maßnahme gleicher Wirkung wie eine mengenmäßige Beschränkung dar, die aber nach Art. 2 der VO 20451/68 bei Importen aus Drittländern nicht verboten war.[70] Allerdings wurde auch festgelegt, daß damit nicht die Verpflichtungen berührt wurden, die sich aus den Richtlinien des Rates über die Niederlassungsfreiheit und den freien Dienstleistungsverkehr ergaben.[71]

In eine ähnliche Richtung ging die Ergänzung des Art. 5 Abs. 1 der VO 2045/68, daß die vorherige Einfuhrerklärung nur für Einfuhrgeschäfte galt, die in dem Mitgliedstaat durchgeführt wurden, der den Sichtvermerk erteilt hatte.[72] Daneben gab es noch eine weitere erhebliche Abweichung vom gemeinschaftlichen Vorgehen: Wenn eine Gefahrensituation im Sinne des Art. 10 Abs. 1 in einem Mitgliedstaat eintrat oder einzutreten drohte, konnte dieser Staat die Erteilung der Sichtvermerke aussetzen und, falls notwendig, auch mengenmäßige Beschränkungen wiedereinführen, sofern es seine Interessen erforderten. Er konnte also die Einfuhr bestimmter Waren kontingentieren oder, wenn überhaupt keine Sichtvermerke mehr erteilt wurden, einen Einfuhrstopp verhängen. Bei diesem Vorgehen mußten die Bestimmungen der gemeinsamen Agrarmarktorganisationen und die der VO 2041/68 eingehalten werden.[73] Als weitere Voraussetzung war lediglich die Kenntnisnahme der Stellungnahmen des beratenden Ausschusses obligatorisch, der - allerdings nicht notwendigerweise - binnen acht Tagen zusammentrat.[74]

Mit dieser Ausnahmeregelung konnte, in Verbindung mit Art. 6 der VO 2041/68, ein wirksamer Regionalschutz für einzelne Gebiete der Gemeinschaft sichergestellt werden, da ein Gemeinschaftsverfahren hierfür noch nicht existierte.[75] Einzelstaatliche Maßnahmen dieser Art konnten für die davon betroffenen überwachten Waren zu weitreichenden Konsequenzen führen. Hatte ein Mitgliedstaat Art. 14 Abs. 4 der VO 2045/68 angewandt, mußte er dies der Kommission mitteilen, die dem Rat baldmöglichst geeignete Maßnahmen vorzuschlagen hatte. Kam nun binnen eines Monats kein Ratsbeschluß zustande, waren die übrigen Mitgliedstaa-

70 S. o., B.1; dazu auch *Mathies*, in: Grabitz, Art. 30 Rz. 12 ff. und Rz. 44; EuGH, RS. 51-54/71, »International Fruit Company« Slg. 1971, S.1107 ff.; EuGH, RS. 96/75, Slg. 1976, S. 913 ff.; *Winkel*, in: NJW 1977, S. 1992 ff.

71 Art. 14 Abs. 2 S.2 der VO 2045/68; zu den Richtlinien vgl. Art. 52 ff. und Art. 59 ff.

72 Art. 14 Abs. 3 der VO 2045/68

73 Dies bezog sich vor allem auf die Mitteilungspflicht gem. Art. 6 der VO 2041/68 an die Kommission, auf deren Vorschlag hin der Rat die einzelstaatliche Maßnahme ändern oder aufheben konnte. Zum theoretischen Charakter dieser Möglichkeit s. o., B.2.

74 Art. 14 Abs. 4 der VO 2045/68

75 Zur Vereinbarkeit regional begrenzter Schutzmaßnahmen der Gemeinschaft mit dem GATT s. o., Teil 2, 3. Kapitel, E.4.

ten von ihren Verpflichtungen aus der VO 2045/68 hinsichtlich der betroffenen Ware entbunden.[76] Diese Gefahr bestand aufgrund der Einstimmigkeitspraxis bei Ratsbeschlüssen durchaus. Ein Mitgliedstaat, der aus eigener Initiative zu Schutzmaßnahmen gegriffen hatte, konnte daher einen anderslautenden Ratsbeschluß, mit dem er nicht übereinstimmte, ohne weiteres verhindern. Praktisch konnte das eine Entliberalisierung der Einfuhr für die betroffene überwachte Ware bedeuten: Da in so einem Fall die Verpflichtungen der anderen Mitgliedstaaten in bezug auf diese Ware ausgesetzt wurden, waren sie nicht mehr verpflichtet, gem. Art. 4 der VO 2045/68 eine ordnungsgemäße Einfuhrerklärung mit einem Sichtvermerk zu versehen bzw. ein gleichwertiges Einfuhrdokument auszustellen. Auf diese Weise konnte die Einfuhrliberalisierung der VO 2041/68 für eine Ware praktisch außer Kraft gesetzt werden, ohne daß ein nach dieser Verordnung hierfür notwendiger Ratsbeschluß zu erfolgen gehabt hätte.[77] Aus der Regelung in Abs. 4 des Art. 14 der VO 2045/68 hätten sich ohne die ergänzende Bestimmung des Abs. 5 außerdem Hindernisse für das Funktionieren des Gemeinsamen Marktes ergeben können. Gem. Art. 9 Abs. II i.V.m. Art. 10 nehmen Waren aus Drittländern, die sich in den Mitgliedstaaten im freien Verkehr befinden, am freien Warenverkehr innerhalb der Gemeinschaft teil, in dem gem. Art. 30 mengenmäßige Beschränkungen und Maßnahmen gleicher Wirkung grundsätzlich unzulässig sind. Stellte nun ein Mitgliedstaat die Einfuhr einer überwachten Ware in sein Gebiet aufgrund des Art. 14 Abs. 4 der VO 2045/68 ein, konnte die betreffende Ware noch über den Import in andere Mitgliedstaaten in den freien Verkehr gelangen und damit in den Mitgliedstaat, der die Einfuhr auf Grund einer Gefahrensituation im Sinne des Art. 10 Abs. 1 der VO 2045/68 gerade unterbinden wollte. Dieser Mitgliedsstaat hätte dann nur die Möglichkeit gehabt, den freien Verkehr dieser Ware aus den übrigen Mitgliedstaaten zu unterbrechen, wozu er gem. Art. 115 Abs. II während der Übergangszeit auch befugt gewesen wäre. Die Inanspruchnahme dieser Schutzklausel bedeutet aber wegen der Störung des freien Warenverkehrs immer auch eine Beeinträchtigung des Gemeinsamen Marktes.[78] Die Regelung des Abs. 5 war deswegen unausweichlich, zumal die verstärkte Einfuhr der betreffenden Ware in die anderen Mitgliedstaaten unter Umständen auch dort zu Gefahrensituationen i.S.v. Art 10 Abs. 1 der VO 2045/68 hätte führen können.

76 Art. 14 Abs. 5 der VO 2045/68

77 Vgl. Art. 4 Spiegelstriche 1 und 3 der VO 2041/68

78 Siehe dazu EuGH, RS. 29/75 »Kaufhof«, Slg. 1976, S. 442; EuGH, RS. 41/76 »Donckerwolcke«, Slg. 1976, S. 1937

An dem genannten Beispiel wird nicht nur deutlich, wie das Funktionieren des Gemeinsamen Marktes durch einzelstaatliche Maßnahmen im Außenhandel gestört wird; es liefert auch ein Argument dafür, daß die Anwendung regional begrenzter Schutzmaßnahmen durch die Gemeinschaft nicht gegen Art. XXIV Abs. 8 lit a (ii) GATT verstößt. Zum einen wirken gemeinschaftlich angewendete Schutzmaßnahmen, die ein geographisch begrenztes Gebiet von bestimmten Einfuhren abschirmen, weniger handelshemmend als würde man stattdessen die Einfuhr in das gesamte Gemeinschaftsgebiet beschränken; zum anderen ist selbst in dem Fall, daß zur Vermeidung von Gefahrensituationen in anderen Gebieten die Einfuhr tatsächlich insgesamt eingeschränkt wird, das Ausmaß der Handelsbehinderung nicht höher als durch gleichartige einzelstaatliche Einfuhrbeschränkungen.[79]

Die Art. 10, 11 sowie 14 Abs. 4 und 5 der VO 2045/68 bildeten in Verbindung mit den Art. 4 bis 6 der VO 2041/68 ein umfassendes System von Schutzmaßnahmen, mit dem Gemeinschaftserzeuger vor zu starkem Importdruck geschützt werden konten. Vom Ansatz der Artikel 4 der VO 2041/68 und des Art. 10 Abs. 1 der VO 2045/68 her entsprach dieses System auch den Anforderungen des GATT, indem es sich an Art. XIX des Allgemeinen Abkommens orientierte. Im Hinblick auf den Art. 12 der VO 2045/68 erscheint die GATT-Konformität allerdings sehr fraglich. An den Art. 11 Abs. 4 und 5 sowie 14 Abs. 4 und 5 der VO 2045/68 wird deütlich, wie sehr der mitgliedstaatliche Einfluß besonders im Bereich der handelpolitischen Schutzmaßnahmen ausgeprägt war und sogar die gemeinschaftliche Liberalisierung für bestimmte Waren außer Kraft setzen konnte. Allerdings ist hier, wie schon bei der VO 2041/68, anzumerken, daß für die Dauer der Anwendung der VO 2045/68 noch keine Einführung einer gemeinsamen Handelspolitik vorgesehen war.[80]

Als Form der gemeinschaftlichen Schutzmaßnahmen nach beiden Verordnungen kam vor allem die Verordnung gem. Art. 189 Abs. II in Betracht. Im übrigen standen sowohl gemeinschaftliche als auch einzelstaatliche Beschränkungen der Einfuhr unter dem Vorbehalt der nichtdiskriminierenden Anwendung gem. Art. XIII Abs. 1 GATT.

b) Schlußbestimmungen

Die VO 2045/68 berührte nicht die Durchführung der Verordnungen über die gemeinsamen Agrarmarktorganisationen. Die in ihr vorgese-

79 Zur Vereinbarkeit regional begrenzter Schutzmaßnahmen mit dem GATT s. o. Teil 2, 3. Kapitel, E.4.

80 Vgl. Art. 113 Abs. I

henen Schutzmaßnahmen konnten - mit Ausnahme des Art. 14 Abs. 4 - ergänzend zu den Schutzmaßnahmen der gemeinsamen Agrarmarktorganisationen auf landwirtschaftliche Produkte angewendet werden, sie hatte hinsichtlich dieser Maßnahmen für solche Waren also subsidiäre Geltung.[81]

Spätestens drei Monate vor Ablauf der Übergangszeit sollte der Rat auf Vorschlag der Kommission die aufgrund der dann vorgesehenen Einführung einer gemeinsamen Handelspolitik erforderlichen Anpassungen beschließen.[82] Die VO 2045/68 trat ebenso wie die VO 2041/68 am 1.1.1969 in Kraft, wobei für die Mitgliedstaaten allerdings eine Einführungsfrist von einem Monat eingeräumt wurde.[83]

Es ergab sich zwar schon aus dem 3. und 4. Erwägungsgrund der VO 2041/68, daß die ersten gemeinsamen Einfuhrregelungen für die Anwendung gegenüber GATT-Mitgliedern bzw. Ländern, deren Außenhandel den Grundsätzen des Allgemeinen Abkommens folgte, konzipiert waren, doch wurde durch ein Protokoll vom 10.12.1968 die Anwendung beider Verordnungen auf den Handel mit Ostblockländern ausdrücklich zurückgestellt, so daß der Handel mit dieser Staatengruppe vorerst noch auf mitgliedstaatlicher Ebene abgewickelt wurde.[84]

D. Die VO 2043/68

1. Anwendungsbereich und Festsetzung der Kontingente

Als Ergänzung zu den Verordnungen 2041/68 und 2045/68 wurde die VO 2043/68 über die schrittweise Einführung eines gemeinsamen Verfahrens für die Verwaltung der mengenmäßigen Kontingente bei der Einfuhr in die Gemeinschaft verabschiedet.[85] Ebenso wie die beiden anderen Verordnungen stellte auch sie eine Regelung für die verbleibende Übergangszeit dar. Mit ihr wurde ein vorläufiges Verfahren zur Aufteilung der Kontingente der Gemeinschaft auf die Mitgliedstaaten festgelegt, das dazu dienen sollte, ein endgültiges Verfahren für die Verwaltung der Gemeinschaftskontingente vorzubereiten mit dem Ziel, allen Importeuren der

81 Art. 16 der VO 2045/68
82 Art. 17 der VO 2045/68
83 Art. 18 i.V.m. Art. 16 der VO 2045/68
84 Vgl. den Entschließungsantrag über die Probleme der gemeinsamen Handelspolitik nach Ablauf der Übergangszeit des EWG-Vertrages, EP-Sitzungsdok. 1970, Nr. 32, S. 20; *Léonard, Simon*, in: RTDE 1971, S. 125
85 ABl. 1968, Nr. L 303, S. 39 ff.

Gemeinschaft den gleichen Zugang zu den bestehenden Einfuhrmöglichkeiten zu gewährleisten.[86]

Die VO 2043/68 galt nur für Einfuhrkontingente, und zwar sowohl für vertraglich vereinbarte als auch für autonom festgesetzte.[87] Diese autonome Festsetzung erfolgte durch den Rat auf Vorschlag der Kommission, z.B. dann, wenn es sich um Schutzmaßnahmen gemäß den Verordnungen 2041/68 oder 2045/68 handelte. Grundsätzlich sollte der Rat gleichzeitig auch über die Aufteilung der Kontingente auf die Mitgliedstaaten beschließen.[88] Ergab sich die Festsetzung eines Kontingents aus einer Entliberalisierungs-, d. h. Schutzmaßnahme, war bei der Beschränkung der Einfuhrmöglichkeiten vor allem der Umfang des Einfuhrvolumens nach den zu normalen Bedingungen geschlossenen Handelsverträgen der Mitgliedstaaten zu berücksichtigen. Damit sollte eine zu starke Behinderung der Handelsbeziehungen vermieden werden. Andererseits war darauf zu achten, daß die Wirksamkeit der Entliberalisierungsmaßnahme nicht in Frage gestellt wurde. Keine Berücksichtigung fanden indessen solche Verträge, die geschlossen wurden, nachdem der Rat gemäß den Verordnungen 2041/68 oder 2045/68 Maßnahmen zur Beschränkung der Einfuhrliberalisierung beschlossen hatte bzw. nachdem die Kommission Schutzmaßnahmen gem. Art. 11 Abs. 1 lit. b der VO 2045/68 angeordnet hatte, denn diese Abkommen kamen in Kenntnis der beschlossenen Schutzmaßnahmen zustande und waren daher nicht schutzwürdig.[89]

2. Das Verfahren im Verwaltungsausschuß

Erging kein Ratsbeschluß über die Aufteilung der Kontingente, hatte ein besonderer Ausschuß darüber zu entscheiden, wobei gegebenenfalls vom Rat bei der Festsetzung der Kontingente gewählte Kriterien zu beachten waren.[90] Der Ausschuß für die Verwaltung der mengenmäßigen Kontingente bestand - wie die Ausschüsse gem. den Verordnungen 2041/68 und 2045/68 - aus Vertretern der Mitgliedstaaten, die unter dem Vorsitz eines Kommissionsvertreters tagten.[91] Das Verfahen im Ausschuß war so gestaltet, daß der Vertreter der Kommission dem Ausschuß einen Entwurf der zu erlassenden Vorschriften unterbreitete. Innerhalb einer vom Vorsitzenden zu bestimmenden Frist nahm der Ausschuß sodann zu dem

86 Siehe die Erwägungsgründe 3 und 4 der VO 2043/68
87 Art. 1 der VO 2043/68
88 Art. 2 Abs. 1 der VO 2043/68
89 Art. 2 Abs. 2 der VO 2043/68
90 Art. 2 Abs. 3 der VO 2043/68
91 Art. 9 der VO 2043/68

Entwurf Stellung. Die Stellungnahme bedurfte einer Mehrheit von zwölf Stimmen, wobei die Stimmen der Mitgliedstaaten nach dem Verfahren des Art. 148 Abs. II gewogen wurden; der Vorsitzende stimmte nicht mit ab.[92]

Entsprachen die in Aussicht genommenen Vorschriften der Stellungnahme des Ausschusses, wurden sie von der Kommission erlassen.[93]

Entsprach die von der Kommission in Aussicht genommene Aufteilung des betreffenden Kontingents auf die Mitgliedstaaten dagegen nicht der Stellungnahme des Ausschusses oder erging keine Stellungnahme, schlug die Kommission dem Rat die von ihr befürwortete Aufteilung vor. Der Rat hatte dann mit - theoretisch - qualifizierter Mehrheit zu entscheiden.[94]

Hatte der Rat nach drei Monaten keinen Beschluß gefaßt, wurde die Aufteilung entsprechend ihrem Vorschlag von der Kommission selbst vorgenommen.[95] In dieser Regelung wurde, wie schon in verschiedenen Bestimmungen der Verordnungen 2041/68 und 2045/68, ein starker Einfluß der Mitgliedstaaten auf ein an sich gemeinschaftliches Verfahren sichtbar, denn wenn keine Übereinstimmung zwischen Ausschuß und Kommission bestand, mußte der Rat befaßt werden. Andererseits ergab sich als Folge von Schutzmaßnahmen in Form von Mengen- oder Wertkontingenten die Notwendigkeit einer Aufteilung der Kontingente auf die Mitgliedstaaten gem. Art. 2 Abs. 1 der VO 2043/68. Daher auch die Aufteilung gemäß den Vorstellungen der Kommission, wenn trotz abweichender Vorstellungen im Ausschuß der Rat sich nicht über einen anderen Aufteilungsmodus einigen konnte. Das Ausschußverfahen machte in Verbindung mit der Vorgabe des Art. 2 Abs. 1 der VO 2043/68 auch deutlich, daß es sich hier nicht um echte Gemeinschaftskontingente handelte, sondern daß diese Kontingente letztlich nur die Gesamtheit der Anteile der Mitgliedstaaten daran darstellten. Es ging hier jedoch zunächst auch nur darum, eine vorläufige Regelung zur Einführung eines Gemeinschaftsverfahrens zu schaffen.

Die durch den Rat oder mit Hilfe des Ausschußverfahrens aufgeteilten Kontingente konnten zur besseren Ausnutzung nach dem Verfahren des Art. 10 der VO 2043/68 neu angepaßt werden, soweit es sich als notwendig erwies.[96] Ergänzend zu dieser Regelung gab es noch die Möglichkeit, jeweils einen Teil eines Kontingents nach dem Verfahren des Art. 10 der VO 2043/68 einer Gemeinschaftsreserve zuzuführen, die dann später unter den Mitgliedstaaten aufgeteilt werden konnte.[97]

92 Art. 10 Abs. 2 der VO 2043/68
93 Art. 10 Abs. 3 lit. a der VO 2043/68
94 Art. 10 Abs. 3 lit. b der VO 2043/68
95 Art. 10 Abs. 3 lit. c der VO 2043/68
96 Art. 2 Abs. 4 der VO 2043/68
97 Art. 2 Abs. 5 der VO 2043/68

3. Das Verfahren der Genehmigungserteilung durch die Mitgliedstaaten

Die Veröffentlichung der den Mitgliedstaaten zugeteilten Kontingentsanteile erfolgte im Amtsblatt der Europäischen Gemeinschaften, sofern nichts anderes beschlossen wurde.[98] Die Mitgliedstaaten genehmigten die Einfuhren der kontingentierten Waren gemäß ihren einzelstaatlichen Vorschriften bis zur Höhe ihrer Kontingentsanteile.[99]

Bevor es zur Erteilung von Einfuhrgenehmigungen durch die Behörden der Mitgliedstaaten kam, mußten sie durch amtliche Veröffentlichung[100] die Waren, deren Einfuhr genehmigt werden konnte, und die Einzelheiten der Erteilung der Einfuhrgenehmigungen bekanntgeben. Dies mußte spätestens drei Wochen nach dem Zeitpunkt des Beschlusses über die Aufteilung eines Kontingents geschehen. Im Verwaltungsausschußverfahren konnte aber eine andere Frist gesetzt werden.[101] Die einzelstaatliche Genehmigungserteilung konnte auf zwei Arten erfolgen: entweder in der Reihenfolge des Antragseingangs (sog. Windhundverfahren) oder im Wege einer gleichzeitigen Prüfung der Anträge (sog. Referenzverfahren).[102] Wurden die Einfuhrgenehmigungen nach dem Referenzverfahren erteilt, mußten die entsprechenden Anträge binnen einer Frist von einem Monat ab Veröffentlichung durch die Mitgliedstaaten von den Importeuren eingereicht werden; die Genehmigungen hatten spätestens zwei Monate nach Ablauf der Einreichungsfrist erteilt zu werden.[103] Im Ausschußverfahren konnten für Antragstellung und Genehmigungserteilung andere Fristen gesetzt werden[104], ebenso bestand die Möglichkeit, eine Genehmigungserteilung in mehreren Tranchen zu beschließen.[105] Des weiteren wurde für die Mitgliedstaaten eine Informationspflicht begründet. Sie hatten der Kommission in den ersten zwanzig Tagen eines jeden Halbjahres die Gesamtmenge der im vorhergehenden Halbjahr erteilten Einfuhrgenehmigungen und alle weiteren zur Beurteilung des Ausnutzungsgrades des Kontingents erforderlichen Angaben mitzuteilen.[106]

98 Art. 3 der VO 2043/68
99 Art. 4 der VO 2043/68
100 In der Bundesrepublik durch Ausschreibungen
101 Art. 5 der VO 2043/68
102 Art. 6 Abs. 1 der VO 2043/68
103 Art. 6 Abs. 2 der VO 2043/68
104 Was die Genehmigungserteilung anbelangte, bestand ein Gemeinschaftsverfahren nur im Hinblick auf die Festsetzung von Fristen.
105 Art. 6 Abs. 3 der VO 2043/68
106 Art. 8 der VO 2043/68

4. Schlußbestimmungen

Ebenso wie die beiden anderen Übergangsverordnungen trat auch diese am 1.1.1969 in Kraft, und in gleicher Weise wie bei jenen mußte der Rat auch hier spätestens drei Monate vor Ablauf der Übergangszeit über die aufgrund der Einführung einer gemeinsamen Handelspolitik notwendigen Anpassungen beschließen.[107] Außerdem wurde auch diese VO aufgrund des Ratsprotokolls vom 18.12.1968 nicht auf den Handel mit Staatshandelsländern angewendet.[108]

E. Bewertung der Übergangsregelungen

Mit den gemeinschaftlichen Übergangsregelungen des Jahres 1968 für die Wareneinfuhr aus Drittländern wurden zwei wesentliche Vorgaben des Arbeitsprogramms von 1962 in die Tat umgesetzt, nämlich die Vereinheitlichung der einzelstaatlichen Liberalisierungslisten gegenüber GATT-orientierten Staaten und als notwendige Ergänzung dazu die Vereinheitlichung der Kontingentspolitik. Dies stellte einen wesentlichen Schritt auf dem Weg zu einer gemeinsamen Handelspolitik i.S.v. Art. 113 dar, auch wenn die Regelungen erst sechs Jahre nach Verabschiedung des Arbeitsprogramms zustande gekommen waren und noch keine Einfuhrregelungen gegenüber den Staatshandelsländern in Kraft gesetzt werden konnten. Einschränkend muß auch hinzugefügt werden, daß die Liberalisierung zum damaligen Zeitpunkt erst für ca. zwei Drittel der Tarifnummern des Gemeinsamen Zolltarifs galt.

Durch die Übergangsregelungen wurde der Handlungsspielraum der Mitgliedstaaten im Bereich des Außenhandels zugunsten gemeinschaftlicher Verfahren beschränkt. Doch auch wenn es sich hier erstmals um Gemeinschaftsregelungen handelte, die konkretere und weitergehende Verpflichtungen der Mitgliedstaaten begründeten als die bis dahin geltenden Konsultations- und Koordinationsverfahren, ließ ihnen die inhaltliche Ausgestaltung der Verordnungen noch einen beträchtlichen Freiraum für einzelstaatliches Vorgehen. Dies kam hauptsächlich in den Bestimmungen über die Anwendung von Schutzmaßnahmen in Form mengenmäßiger Einfuhrbeschränkungen und in den Möglichkeiten zur Abweichung von einigen Bestimmungen zum Ausdruck, so daß die Mitgliedstaaten ein hohes Maß an Einfluß auf die Anwendung der Gemeinschaftsregelungen

107 Art. 13 und 14 der VO 2043/68

108 Entschließungsantrag über die Probleme der gemeinsamen Handelspolitik nach Ablauf der Übergangszeit des EWG-Vertrags, EP-Sitzungsdok. 1970, Nr. 32, S. 20

nehmen konnten. Es muß jedoch nochmals betont werden, daß es sich um Übergangsregelungen handelte, die ausdrücklich Anpassungen zum Ende der Übergangszeit vorsahen. Vor allem im Hinblick auf die einzelstaatliche Anwendung von mengenmäßigen Einfuhrbeschränkungen bestand im Interesse der Funktionsfähigkeit des Gemeinsamen Marktes eine Notwendigkeit zu gemeinsamem Vorgehen. Einzelstaatlicher Rückgriff auf Schutzmaßnahmen und ungleiche Anwendung von Importkontingenten standen und stehen im Widerspruch zu den Zielen des Gemeinsamen Marktes, denn die daraus entstehenden Unterschiede im Handel mit Drittstaaten begünstigen Verkehrsverlagerungen in der Gemeinschaft und damit eine vermehrte Inanspruchnahme des Art. 115. Darüber hinaus bergen sie die Gefahr in sich, den Gemeinsamen Markt entgegen den Vorstellungen des EWGV in eine Freihandelszone umzuwandeln. Nur eine gemeinsame und gleichzeitig auf die ganze Gemeinschaft angewendete Kontingentspolitik entspricht den Zielen des EWGV.

Diese Überlegung setzt allerdings voraus, daß es den Mitgliedstaaten gelingt, ein Maß an wirtschaftlicher Integration zu erreichen, wie es vom EWGV vorgesehen ist. Die Verwirklichung einer gemeinsamen Politik auf dem Gebiet des Außenhandels hängt demnach weitgehend davon ab, inwieweit aus den einzelnen Mitgliedstaaten eine wirtschaftliche Einheit werden kann. Der Prozeß der wirtschaftlichen Integration war 1968 zwar schon in Gang gekommen, doch konnte noch längst nicht von einer wirtschaftlichen Einheit die Rede sein. Weiterhin ist zu beachten, daß die Frage der Handhabung von Einfuhrbeschränkungen eine enge Verbindung zu Problemen der Konjunktur- und Zahlungsbilanzpolitik der Mitgliedstaaten aufweist, was in Art. 108 Abs. I klar zum Ausdruck kommt. Von daher ist es naheliegend, die Verwirklichung einer gemeinsamen Einfuhrpolitik durch ein nach Möglichkeit weitgehend vereinheitlichtes Vorgehen auf diesen Gebieten zu beschleunigen. Der EWGV sieht in diesen Bereichen jedoch keine Einführung einer gemeinsamen Politik vor, beschränkt sich stattdessen auf Verfahrensregeln zur Abstimmung der einzelstaatlichen Politiken und läßt die Kompetenzen der Mitgliedstaaten unangetastet. Insofern war bereits bei Inkrafttreten der Übergangsregeln abzusehen, daß die Anpassungen zum Ende der Übergangszeit nicht von heute auf morgen die Verwirklichung einer ganz und gar gemeinschaftlichen Einfuhrpolitik mit sich bringen würden.

Was die Vereinbarkeit der Übergangsregelungen mit dem GATT anbelangt, wurde durch die grundsätzliche Einfuhrliberalisierung der Forderung des Art. XI Abs. 1 GATT entsprochen und eines der Grundprinzipien des Allgemeinen Abkommens zur Grundlage gemeinschaftlicher Einfuhrpolitik gemacht. Daneben waren die Voraussetzungen zum Ergreifen von Schutzmaßnahmen in Form von mengenmäßigen Einfuhrbeschränkungen in enger Anlehnung an Art. XIX Abs. 1 lit. a GATT formuliert. Insofern entsprachen die Gemeinschaftsregelungen den Erfordernissen des GATT. Nicht GATT-konform war dagegen die Bestimmung des Art. 12 der VO 2045/68, welche die Annahme von freiwilligen Selbstbeschränkungsangeboten seitens exportierender Drittländer regelte und damit der Nichtbeachtung des GATT-Systems Vorschub leistete.

3. Kapitel Die Neuregelungen des Jahres 1970

A. Vorbemerkung

Die Übergangsregelungen des Jahres 1968 sahen ausdrücklich eine Anpassung des gemeinschaftlichen Einfuhrsystems entsprechend den Anforderungen vor, die sich aus dem Ende der Übergangszeit ergaben. Außerdem existierte noch keine gemeinsame Einfuhrregelung für die Einfuhr aus Staatshandelsländern. Für die Neufassung der Einfuhrregelungen ergab sich also die Frage, ob für die GATT-orientierten Länder und die Staatshandelsländer eine einheitliche oder zwei getrennte Einfuhrregelungen erlassen werden sollten.

Für die zweite Möglichkeit sprach der Umstand, daß die Handelspolitik der Mitgliedstaaten im Hinblick auf die Staatshandelsländer noch kaum vereinheitlicht war, die einzelnen Staatshandelsländer also sehr unterschiedlich behandelt wurden. Ein relativ hoher Liberalisierungsstand aller Mitgliedstaaten, der jedoch nicht identisch war, bestand lediglich gegenüber Bulgarien, Polen, Rumänien, Ungarn und der CSSR. Auf diese Länder und die UdSSR beschränkte sich dann letztlich die Geltung der neuen VO 109/70. Gegenüber den asiatischen Staatshandelsländern VR China, VR Korea, VR Vietnam und der Mongolei war die Einfuhr nicht liberalisiert. Das gleiche galt für die VR Albanien und Kuba. Bezüglich dieser Länder war die handelspolitische Autonomie zwar auch auf die Gemeinschaft übergegangen, aber die Mitgliedstaaten behielten ihnen gegenüber auf dem Gebiet der Handelspolitik das Recht zu selbständigem Vorgehen, solange die Gemeinschaft von ihrer Regelungsbefugnis keinen Gebrauch machte.[109] Große Unterschiede in den mitgliedstaatlichen Handelspolitiken bestanden hinsichtlich der UdSSR, was auch auf die restriktive Haltung der Bundesrepublik gegenüber diesem Land zurückzuführen war.[110] Eine einheitliche Liberalisierungsliste gegenüber den Staatshandelsländern hätte also nur durch einen Ausschluß mancher Länder erreicht werden können, wollte man die Unterschiede bei der Einfuhrliberalisierung im Vergleich zu den westlichen Ländern nicht zu offenkundig erscheinen las-

109 *Ehle-Meier*, S. 471
110 *Kim*, in: CMLR 1971, S. 157

sen. Praktisch hätte das zu einem Ausschluß der UdSSR geführt, was leicht als politische Diskriminierung hätte aufgefaßt werden können.[111] Es wurden stattdessen mehrere unterschiedliche Listen erstellt, die den gemeinsamen Liberalisierungsstand der Gemeinschaft gegenüber dem jeweiligen Staatshandelsland anzeigten. Diese Lösung hatte den Nachteil geringer Übersichtlichkeit, da für jedes der Länder eine gesonderte Warenliste erforderlich wurde.[112] Auf der anderen Seite konnten jedoch Fortschritte bei der gemeinschaftlichen Liberalisierung jederzeit durch die Aufnahme neuer Länder bzw. neuer Waren in die einzelnen Listen in die Tat umgesetzt werden. Die Aufnahme neuer Waren konnte überdies sowohl generell gegenüber allen sechs Ländern in den Listen[113] als auch speziell gegenüber einzelnen von ihnen erfolgen.

Daneben spielten auch zeitliche Erwägungen eine Rolle. Während die Handelsbeziehungen der Gemeinschaft zu den westlichen Ländern bereits nach vorläufigen Regelungen abgewickelt wurden, bestanden keinerlei gemeinsame Regelungen für den Osthandel[114], obwohl nach dem Arbeitsprogramm von 1962 auch den Staatshandelsländern gegenüber die Handelspolitiken der Mitgliedstaaten vereinheitlicht werden sollten. So wurde am 19.12.1969 zunächst die VO 109/70 des Rates zur Festlegung einer gemeinsamen Regelung für die Einfuhr aus Staatshandelsländern verabschiedet.[115] Ihr folgte am 25.5.1970 die VO 1025/70 des Rates zur Festlegung einer gemeinsamen Regelung für die Einfuhr aus dritten Ländern,[116] die nach den Vorgaben des Art.17 der VO 2045/68 und des Art. 9 der VO 2041/68 bereits drei Monate vor Ablauf der Übergangszeit hätte erlassen werden müssen.

Da die VO 1025/70 an die Übergangsregelungen des Jahres 1968 anknüpft, soll sie aus Gründen der Übersichtlichkeit im folgenden, getrennt von der VO 109/70, zuerst behandelt werden, obwohl beide VOen in großen Teilen übereinstimmen. Es sollen dabei in erster Linie die Unterschiede zu den vorhergehenden Regelungen herausgearbeitet werden, daran anschließend wird auf die Unterschiede zwischen der VO 1025/70 und der VO 109/70 eingegangen.

111 *Kuschel*, S. 9
112 Siehe den Anhang der VO 109/70
113 Die sechs Länder waren Bulgarien, Ungarn, Polen, Rumänien, die CSSR und die UdSSR.
114 *Beseler*, in: AWD 1970, S. 309
115 ABl. 1970, Nr. L 19, S. 1 ff.
116 ABl. 1970, Nr. L 124, S. 6 ff.

B. Die VO 1025/70

1. Anwendungsbereich und Erweiterung der Liberalisierungsliste

Diese Regelung folgte den VOen 2041/68 und 2045/68 in der Weise, daß deren Regelungsgehalt nunmehr in einer VO zusammengefaßt wurde.[117] Gegenüber den alten Regelungen wurde das Ziel verfolgt, die liberale Ausrichtung der nunmehr von Art. 113 geregelten gemeinsamen Handelspolitik zu stärken und das auf enger Zusammenarbeit zwischen Kommission und Mitgliedstaaten basierende Verfahren rationeller und gemeinschaftsfreundlich zu gestalten.[118]

Grundlage des gemeinsamen Einfuhrsystems gegenüber GATT-orientierten Ländern blieb weiterhin die gemeinsame Liberalisierungsliste, die in der Zwischenzeit erweitert worden war[119] und alle Länder außer den Ostblockstaaten, Kuba und Rhodesien umfaßte.[120] Ebenso blieb es beim Grundprinzip der Einfuhrfreiheit.[121] Der Rat konnte, wie schon nach der VO 2041/68, über die Aufnahme weiterer Waren und Länder in die Liberalisierungsliste beschließen.[122] Hier zeigte sich der erste Unterschied zur früheren Regelung. Während gem. Art. 3 der VO 2041/68 dabei die Gefahr einer Marktstörung in einem oder mehreren Mitgliedstaaten in Betracht gezogen werden konnte, bestand diese Möglichkeit nach der Neuregelung nicht mehr. Nunmehr war die Lage im gesamten Gemeinschaftsgebiet maßgeblich, d. h. potentielle Marktstörungen in einzelnen Mitgliedstaaten durften bei der Aufnahme neuer Waren oder Länder in die Liberalisierungsliste nicht mehr berücksichtigt werden.[123] Die Gründe für diese Änderung lagen im Ablauf der Übergangszeit und in den Vorgaben des GATT. Mit Beginn des Jahres 1970 unterlag die Handelspolitik der Regelung des Art. 113, der jetzt eine gemeinsame Handelspolitik vorsah, zu der gem. Abs. I dieser Vorschrift auch die Vereinheitlichung von Liberalisierungsmaßnahmen gehört. Außerdem stellte die Gemeinschaft von Anfang an einen regionalen Zusammenschluß i.S.v. Art. XXIV GATT dar. Mit der Schaffung eines gemeinsamen Einfuhrsystems tritt ein solcher Zusammenschluß den anderen GATT-Vertragsparteien gegenüber als einheitliches Wirtschaftsgebiet auf. Dementsprechend gilt dann auch die Liberalisierungsverpflichtung des Art. XI Abs. 1 GATT für einen Re-

117 *Léonard/Simon* in: RTDE 1971, S. 128
118 *Ehle-Meier*, S. 469; *Léonard/Simon*, in: RTDE 1971, S. 128
119 Siehe die VOen 1228/69, ABl. 1969, Nr. L 159, S. 4 und 1827/69, ABl. 1969, Nr. L 235, S. 6
120 Anhang II der VO 1025/70
121 Art. 1 der VO 1025/70
122 Art. 2 der VO 1025/70
123 Art. 2, 2. HS. der VO 1025/70

gionalzusammenschluß in seiner Gesamtheit. Die Nichtliberalisierung war demnach nur gerechtfertigt, wenn eine Marktstörung im ganzen Gemeinschaftsgebiet zu befürchten war.[124] Im Hinblick auf die Einbeziehung neuer Waren und Länder in die gemeinschaftliche Liberalisierung entsprach die VO 1025/70 also den besonderen Verpflichtungen, die sich bei Anwendung der GATT-Vorschriften aus der Eigenschaft der Gemeinschaft als regionaler Zusammenschluß i.S.v. Art XXIV GATT ergaben.

2. Das gemeinschaftliche Informations- und Konsultationsverfahren

Das gemeinschafltiche Informations- und Konsultationsverfahren der VO 1025/70 bildete die erste Vorstufe für das Ergreifen von Schutzmaßnahmen und stellte eine Fortentwicklung des Konsultationsverfahrens gem. Art. 9 der VO 2045/68 dar. Es war Verfahrensvoraussetzung für die Einführung von Überwachungs- und Schutzmaßnahmen.[125]

Grundlage des Verfahrens war eine Unterrichtungspflicht der Mitgliedstaaten gegenüber der Kommission. Sie wurde bereits dann ausgelöst, wenn sich aus der Entwicklung der Einfuhren die bloße Möglichkeit der Einführung von Schutzmaßnahmen ergab.[126] Diese Pflicht zur Unterrichtung der Kommission hatte es nach der VO 2045/68 nicht gegeben. Der Grund für diese Modifizierung lag darin, daß die Gemeinschaft möglichst frühzeitig in der Lage sein sollte, Überwachungs- bzw. Schutzmaßnahmen zu ergreifen. Auf diese Weise sollten einzelstaatliche Einfuhrbeschränkungen, die weiterhin möglich waren, bereits im Vorfeld überflüssig gemacht werden, um es nicht zu Störungen des Gemeinsamen Marktes infolge innergemeinschaftlicher Einfuhrsperren durch den Gebrauch von Art.115 kommen zu lassen.[127]

Auf Antrag eines Mitgliedstaates oder der Kommission konnten Konsultationen eingeleitet werden, die binnen 8 Werktagen nach Eingang der Mitteilung gem. Art. 3 der VO und in jedem Fall vor der Einführung von Überwachungs- oder Schutzmaßnahmen stattfinden mußten.[128] Sie fanden im Rahmen des beratenden Ausschusses statt, der bereits nach der VO 2045/68 vorgesehen war und entsprachen auch inhaltlich der Übergangsregelung.[129] Damit die Kommission die Wirtschafts- und Handelslage in bezug auf bestimmte Waren beurteilen konnte, waren die Mitgliedstaaten

124 *Kuschel*, S. 10; *Ehle-Meier*, S. 471
125 *Bijok*, S. 20
126 Art. 3 Abs. 1 der VO 1025/70
127 So auch *Kim*, in: CMLR 1971, S. 155
128 Art. 4 der VO 1025/70
129 Art. 5 der VO 1025/70; Art. 9 der VO 2045/68

verpflichtet, ihr auf Antrag die entsprechenden Auskünfte zu erteilen.[130] Die Kommission unterrichtete die anderen Mitgliedstaaten über ihre Beurteilung.[131]

3. Das Überwachungsverfahren

a) Voraussetzungen und Zuständigkeit

Das Überwachungsverfahren der VO 1025/70 war die zweite Vorstufe für das Ergreifen von Schutzmaßnahmen. Ebenso wie das Verfahren nach der VO 2045/68 sollte es übereilte Entliberalisierungen verhindern.[132] Wie oben dargelegt, mußte dem Überwachungsverfahren ein Informations- und Konsultationsverfahren vorangehen. Die Einfuhr der überwachten Waren blieb liberalisiert. Das gemeinschaftliche Überwachungsverfahren schloß einzelstaatliche Kontrollmaßnahmen nicht aus, soweit der gemeinschaftliche Grundsatz der Einfuhrfreiheit beachtet wurde.

Im Gegensatz zur VO 2045/68 wurden hier Voraussetzungen festgelegt, die bei der Einleitung von Überwachungsverfahren zu beachten waren. Einfuhren konnten danach erst dann überwacht werden, wenn aufgrund der Marktentwicklung einer aus einem in Anhang II der VO genannten Drittland eingeführten Ware den Gemeinschaftserzeugern gleichartiger oder konkurrierender Waren ein Schaden zu entstehen drohte und die Interessen der Gemeinschaft ein Eingreifen erforderten.[133] Die Voraussetzung der Marktstörung ergab sich daraus, daß durch die Überwachung geklärt werden sollte, ob eine Entliberalisierung notwendig war und daraus, daß gegenüber GATT-Ländern eine solche Maßnahme nur beim Vorliegen einer Marktstörung zulässig ist.[134] Eine wesentliche Änderung gegenüber der alten Regelung war die grundsätzliche Zuständigkeit der Kommission für die Einleitung des Überwachungsverfahrens.[135] Nach Art. 1 Abs. 2 der VO 2045/68 war dafür immer der Rat zuständig gewesen. Eine Ratszuständigkeit war jetzt nur noch gegeben, wenn die Überwachung einer Ware gleichzeitig mit ihrer Aufnahme in die Liste des Anhangs I der VO erfolgte.[136] War jedoch ein Mitgliedstaat hinsichtlich einer Kommissionsentscheidung anderer Auffassung, konnte er binnen 10 Werktagen den Rat befassen, der anders beschließen konnte.[137] Die

130 Art. 6 Abs. 1 der VO 1025/70
131 Art. 6 Abs. 2 der VO 1025/70
132 *Ehle-Meier*, S. 474
133 Art. 7 Abs. 1 der VO 1025/70
134 Vgl. Art. XIX Abs. 1 GATT
135 Art. 7 Abs. 2, S. 2 der VO 1025/70
136 Art. 7 Abs. 2, S. 1 der VO 1025/70
137 Art. 7 Abs. 2, S. 2 a.E. i.V.m. Art. 10 Abs. 5 der VO 1025/70

grundsätzliche Zuständigkeit der Kommission war aber ein Schritt in Richtung auf erhöhte Gemeinschaftskompetenz und brachte auch eine Beschleunigung des Verfahrens mit sich.

b) Einfuhrdokumente

Voraussetzung für die Abfertigung einer überwachten Ware zum freien Verkehr war nicht mehr die Vorlage einer mit Sichtvermerk versehenen vorherigen Einfuhrerklärung, sondern die Vorlage eines Einfuhrdokuments.[138] Für den tatsächlichen Ablauf ergaben sich hingegen kaum Veränderungen im Vergleich zur VO 2045/68. Neu war lediglich, daß die Einfuhrdokumente binnen einer Frist von fünf Werktagen nach Antragstellung durch den Importeur zu erteilen waren. Nach wie vor waren dafür die Mitgliedstaaten zuständig, und es handelte sich auch noch nicht um gemeinschaftliche Überwachungsdokumente. Die Einführung von Gemeinschaftsdokumenten war erst für den Beginn des Jahres 1972 vorgesehen.[139] Die Einfuhrdokumente mußten unabhängig vom Volumen der Einfuhranträge erteilt werden, da das Verfahren anderenfalls nicht mit Art. XI GATT vereinbar gewesen wäre, wonach Kontrollen mit der Möglichkeit jederzeitiger Zurückweisung von Waren gegenüber GATT-Vertragsparteien nicht zulässig sind.[140] Die Einfuhrdokumente mußten bestimmte Angaben über die betreffenden Waren, über Preise und den Importeur enthalten,[141] wie sie Art. 3 Abs. 2 der VO 2045/68 für die vorherige Einfuhrerklärung des Importeurs vorgesehen hatte. Überschreitungen der Einfuhrmenge oder des Gesamtwertes um bis zu 5 % der Angaben, die im Einfuhrdokument gemacht waren, standen der Abfertigung zum freien Verkehr nicht entgegen. Dieser Prozentsatz konnte auf 10 % erhöht werden. Eine Überschreitung des angegebenen Stückpreises war ebenfalls unbeachtlich.[142] Auch diese Regelungen waren aus der VO 2045/68 übernommen worden. Die Art der von den Mitgliedstaaten während des Überwachungsverfahrens an die Kommission mitzuteilenden Daten über die Einfuhrentwicklung der überwachten Waren war in gleicher Weise mit der vorherigen Regelung identisch.[143] Im Hinblick auf die Geltungsdauer der Einfuhrdokumente kann ebenfalls auf die Ausführungen zur VO 2045/68 verwiesen werden.[144]

138 Art. 8 Abs. 1 der VO 1025/70
139 Art. 14 Abs. 1 der VO 1025/70
140 *Kuschel*, S. 12
141 Art. 8 Abs. 1, lit. a-d
142 Art. 8 Abs. 3 der VO 1025/70
143 Art. 9 der VO 1025/70
144 S. o., 2. Kapitel, C.2.

4. Schutzmaßnahmen nach der VO

a) Materielle Voraussetzungen

Die Anwendung von Schutzmaßnahmen im Außenhandel der EG, insbesondere in der Form von mengenmäßigen Einfuhrbeschränkungen, ist eine erhebliche Abweichung vom gemeinschaftlichen Grundsatz der Einfuhrfreiheit und daher an bestimmte Voraussetzungen gebunden. Die materiellen Voraussetzungen der Schutzklauseln in den gemeinsamen Einfuhrregelungen sind dem Vorbild des Art. XIX GATT nachgebildet. Wegen der nach wie vor grundsätzlichen Bedeutung der Schutzklauselanwendung für den gemeinschaftlichen Außenhandel soll im folgenden noch einmal auf diese Voraussetzungen für Außenhandelsbeschränkungen eingegangen werden.

Sowohl für Schutzmaßnahmen, die von der Kommission angeordnet wurden als auch für solche des Rates mußten die folgenden Voraussetzungen gegeben sein:[145] erhöhte Einfuhrmengen, besondere Bedingungen der Einfuhr, ein ernsthafter Schaden für Erzeuger gleichartiger oder unmittelbar konkurrierender Waren und eine ursächliche Verbindung zwischen Schaden und dem bzw. den schadenstiftenden Ereignissen. Schutzmaßnahmen gegenüber GATT-Vertragsparteien sind darüber hinaus nur dann zulässig, wenn noch zwei andere Voraussetzungen erfüllt sind, die zwar nicht in die VO 1025/70 aufgenommen wurden, nach Art. XIX Abs. 1 GATT aber gleichwohl vorliegen müssen. Die Zunahme der Einfuhren und die besonderen Bedingungen der Einfuhr müssen auf einer unvorhergesehen Entwicklung und auf den von den Vertragsparteien eingegangenen Verpflichtungen beruhen. Weil die VO 1025/70 für die Regelung der Einfuhren aus westlichen bzw. GATT-Ländern konzipiert war, mußten diese Voraussetzungen beachtet werden, was auch aus dem 12. Erwägungsgrund hervorging.

aa) Erhöhte Einfuhrmenge

Für die Annahme einer erhöhten Einfuhrmenge ist nicht die absolute Zunahme der Einfuhr einer Ware entscheidend, sondern die Veränderung des Anteils der Einfuhren im Verhältnis zur Produktion im Gemeinschaftsgebiet.[146] Geht also der Gesamtverbrauch an einem eingeführten Erzeugnis zurück, liegt auch dann eine erhöhte Einfuhrmenge vor, wenn die Einfuhr insgesamt abgenommen hat, der Anteil der Einfuhr am Gesamtverbrauch

145 Art. 10 Abs. 1 und Art. 11 Abs. 1 lit. a der VO 1025/70

146 *Jackson*, S. 558, 563

aber zugenommen. Im umgekehrten Fall ist keine erhöhte Einfuhrmenge gegeben, wenn als Folge eines gestiegenen Verbrauchs die Einfuhren zwar absolut zugenommen haben, ihr Anteil am Verbrauch hingegen gesunken ist.[147]

bb) Besondere Bedingungen der Einfuhr

Unter besonderen Einfuhrbedingungen sind vor allem die Preisgestaltung und die Kreditkonditionen zu verstehen; es besteht hier eine gewisse Überschneidung mit der Dumpingabwehr.[148] Auch die Qualität einer Ware kann besondere Einfuhrbedingungen darstellen. Die Gründe für die besonderen Bedingungen, insbesondere für Preisdifferenzen zwischen in- und ausländischem Anbieter, sind gleichgültig. Einfuhrbeschränkungen gegenüber GATT-Ländern sind nur zulässig, wenn die Ursache einer Marktstörung gleichzeitig in der erhöhten Einfuhrmenge und in den besonderen Bedingungen liegt.[149]

cc) Gleichartige oder unmittelbar konkurrierende Produkte

Produkte sind dann gleichartig, wenn sie in ihren physikalischen Merkmalen übereinstimmen, die eingeführte Ware muß also mit Erzeugnissen von Gemeinschaftsherstellern identisch sein, wobei geringfügige Materialunterschiede unberücksichtigt bleiben.[150] Unmittelbar konkurrierend sind Importwaren, die mit den Gemeinschaftserzeugnissen im Wettbewerb stehen und zu den gleichen Zwecken verwendet werden, d.h. Substitutionserzeugnisse sind.[151]

dd) Ernsthafter Schaden

Ein ernsthafter Schaden liegt vor, wenn Produktionsdrosselungen oder Entlassungen bei Gemeinschaftserzeugern notwendig werden. Geringe Preisrückgänge bzw. kleine Rückgänge des Marktanteils stellen dagegen noch keinen ernsthaften Schaden dar.[152] Eine ernsthafte Schädigung droht, wenn ohne die Anwendung von Schutzmaßnahmen ein Schaden mit hoher Wahrscheinlichkeit eintreten würde.

147 *Kuschel*, S. 14
148 *Ehle-Meier*, S. 476
149 Vgl. die Formulierung im 12. Erwägungsgrund der VO 1025/70
150 Ausführlich dazu *Jackson*, S. 259 ff.
151 *Kuschel*, S. 14 f.
152 Vgl. *Jackson*, S. 561 ff.

Nach den Grundsätzen des GATT muß sich der ernsthafte Schaden bzw. die Marktstörung auf das ganze Gemeinschaftsgebiet beziehen. Sind nur Erzeuger eines Mitgliedstaates oder eines regionalen Marktes betroffen, ist die Voraussetzung in der Regel nicht erfüllt.[153] Sie ergibt sich - in gleicher Weise wie bei der Aufnahme neuer Waren und Länder in die Liberalisierungsliste - daraus, daß die Gemeinschaft gegenüber den anderen GATT-Vertragsparteien als einheitliches Wirtschaftsgebiet auftritt und sich dementsprechend auch in bezug auf die Verpflichtungen aus dem GATT wie ein einheitliches Wirtschaftsgebiet behandeln lassen muß.[154]

ee) Ursächlichkeit

Die erhöhte Einfuhrmenge und die besonderen Bedingungen der Einfuhr müssen die überwiegende Ursache für den Schaden sein. Gleichrangigkeit dieser Umstände mit anderen Ursachen reicht nicht aus.[155]

ff) Unvorhergesehene Entwicklung

Dieses Erfordernis wird im Rahmen des GATT außerordentlich weit ausgelegt. Generell müssen besondere, neue Umstände gegeben sein. Es wird aber beispielsweise auch schon dann angenommen, wenn zwar eine Entwicklung vorhersehbar ist, nicht aber ihr Grad und ihre Intensität.[156]

gg) Verpflichtungen aus dem GATT

Auch die aufgrund des GATT eingegangenen Verpflichtungen sind im weitesten Sinne aufzufassen. Darunter fallen nicht nur Verpflichtungen zum Abbau von Zöllen, sondern auch die Verpflichtung zum Abbau von mengenmäßigen Beschränkungen, der die Gemeinschaft durch die Aufstellung der gemeinsamen Liberalisierungsliste nachkam und dadurch, daß die Einfuhrliberalisierung zum Grundsatz der Einfuhrregelungen gemacht wurde. Erfolgt, wie im Fall der EWG, der Abbau der mengenmäßigen Beschränkungen nach Inkrafttreten des GATT, ist der Zusammenhang zwischen Einfuhrentwicklung und Zugeständnissen naheliegend, obwohl die Ursächlichkeit mit zunehmendem Zeitablauf immer schwieriger nachzuweisen ist.[157]

153 *Ehle-Meier*, S. 476

154 Im Hinblick auf Art. 10 Abs. 3 sowie Art. 11 Abs. 2 der VO 1025/70 wurde diesem Grundsatz jedoch nicht gefolgt.

155 *Kuschel*, S. 15

156 Siehe *Jackson*, S. 559 ff.

157 *Kuschel*, S. 16; *Jackson*, S. 559 ff.

b) Zuständigkeit und Verfahren

aa) Zuständigkeit des Rates

Für die Anwendung von Schutzmaßnahmen im Handel mit Drittländern war grundsätzlich der Rat zuständig[158], sofern nicht ein Eilfall bzw. eine akute Krisenlage gegeben war. In dieser Hinsicht blieb es bei der schon vorher bestehenden Kompetenzverteilung. Erforderten es die Interessen der Gemeinschaft, konnte der Rat zum Zweck der Verhinderung einer Marktstörung, die durch das Vorliegen der obengenannten materiellen Voraussetzungen gekennzeichnet sein mußte,[159] auf Vorschlag der Kommission geeignete Maßnahmen treffen. Das konnte er auch tun, um die Erfüllung der von der Gemeinschaft oder von allen Mitgliedstaaten, insbesondere in bezug auf den Handel mit Grundstoffen, übernommenen internationalen Verpflichtungen zu sichern.[160] Die nicht weiter konkretisierten »geeigneten Maßnahmen« konnten z.B. in der Einführung von Lizenzen, der Festsetzung von Einfuhrkontingenten oder sogar der Anordnung eines völligen Einfuhrstopps bestehen. Besondere Einfuhrzölle oder Ausgleichsabgaben kamen gleichfalls in Betracht,[161] ebenso wie der Abschluß von Selbstbeschränkungsabkommen. In diesem Zusammenhang fällt auf, daß die Annahme von freiwilligen Export-Selbstbeschränkungsmaßnahmen in der VO 1025/70 keine Erwähnung mehr findet. In Art. 12 der VO 2045/68 war diese Möglichkeit noch ausdrücklich vorgesehen gewesen. Angesichts der mangelnden GATT-Konformität dieser Bestimmung[162] wurde sie aber nicht in die Neuregelung übernommen.

Im Gegensatz zu den Übergangsregelungen war in der VO 1025/70 erstmals die Möglichkeit eröffnet, Schutzmaßnahmen auf Einfuhren zu begrenzen, die für bestimmte Regionen der Gemeinschaft bestimmt waren.[163] Solche regional begrenzten Schutzmaßnahmen standen zwar nicht im Widerspruch zu den Regeln des GATT, [164] waren andererseits jedoch nur schwer mit dem Anspruch der Gemeinschaft zu vereinbaren, ein einheitliches Wirtschaftsgebiet darzustellen. Dies um so mehr, als bei der Aufnahme neuer Länder und Waren in die Liberalisierungsliste gem. Art. 2 der VO bereits von einem einheitlichen Wirtschaftsgebiet ausgegangen wurde und nicht mehr, wie noch in der VO 2045/68, die Lage in den einzelnen Mitgliedstaaten Berücksichtigung fand. Zudem konnten sich aus

158 Art. 11 Abs. 1 der VO 1025/70
159 Art. 11 Abs. 1 lit. a der VO 1025/70
160 Art. 11 Abs. 1 lit. b der VO 1025/70
161 *Ehle-Meier*, S. 478
162 S. o. 2. Kapitel, 3.d
163 Art. 11 Abs. 2, S. 1 der VO 1025/70
164 S. o., 2. Teil, 3. Kapitel, E.4.

dieser Regelung Probleme mit Umwegeinfuhren ergeben, was eine verstärkte Inanspruchnahme des Art. 115 und damit Störungen des Gemeinsamen Marktes bedeutete.[165] Umgekehrt konnte die geographische Anwendung von Schutzmaßnahmen auch auf bestimmte Ursprungs- oder Herkunftsländer begrenzt werden, wobei aber das Diskriminierungsverbot des Art. XIII GATT zu beachten war.[166] Wie schon in der VO 2045/68 durften die Schutzmaßnahmen keine Waren erfassen, die sich schon auf dem Weg nach der Gemeinschaft befanden, allerdings mit der Einschränkung, daß ihre Bestimmung nicht geändert werden konnte. Diese Ausnahme für auf dem Transport befindliche Produkte war Ausdruck des Vertrauensschutzes im Außenhandelsrecht.[167] Beschloß der Rat die Festsetzung eines Kontingents, mußte er dabei versuchen, die traditionellen Handelsströme aufrechtzuerhalten und bestehende Verträge zu respektieren, was ebenfalls Konkretisierungen des Vertrauensschutzes darstellte. Andererseits durfte das mit der Einführung des Kontingents angestrebte Ziel jedoch nicht in Frage gestellt werden.[168] Diese Bestimmung wurde auf Betreiben der Bundesrepublik aufgenommen, um den in § 2 Abs. 2 S. 2 des deutschen AWG festgelegten Grundsatz des Nichteingriffs in Verträge, die vor dem Beschluß von Entliberalisierungsmaßnahmen abgeschlossen wurden, im gemeinsamen Einfuhrrecht zu verankern.[169]

bb) Zuständigkeit der Kommission

Im Fall einer Krisenlage, in der Verzögerungen schwer zu behebende Schäden befürchten ließen, konnte die Kommission von sich aus oder auf Antrag eines Mitgliedstaates zu Schutzmaßnahmen greifen.[170] Im Unterschied zu den Eingriffsrechten des Rates waren die der Kommission ausdrücklich beschränkt. Sie konnte zum einen die Frist verkürzen, in der die während des Überwachungsverfahrens auszugebenden Einfuhrdokumente verwendet werden konnten.[171] Diese Möglichkeit hatte sie bereits nach der VO 2045/68 gehabt; sie diente in erster Linie zur Abwendung drohender Marktstörungen.[172] Darüber hinaus konnte sie die Einfuhr der Waren, die Marktstörungen verursachten oder zu verursachen drohten, von einer besonderen Einfuhrgenehmigung abhängig machen. Die Erteilung dieser

165 *Kim*, in: CMLR 1971, S. 155
166 *Ehle-Meier*, S.478; *Beseler*, in: AWD 1970, S. 314
167 Ausführlich zu Vertrauensschutz und Rückwirkungsverbot im Außenhandel *Ehle-Meier*, S. 479, 447; *Ehle*, in: DVBl 1970, S. 600 ff.
168 Art. 11 Abs. 3 der VO 1025/70
169 *Kuschel*, S. 24
170 Art. 10 Abs. 1 der VO 1025/70
171 Art. 10 Abs. 1 lit. a der VO 1025/70
172 *Kuschel*, S. 17

Einfuhrgenehmigung erfolgte nach den Modalitäten und innerhalb der Grenzen, welche die Kommission selbst festlegte.[173] Nach der VO 2045/68 hatte sie lediglich die Möglichkeit gehabt, die Erteilung von Sichtvermerken bzw. die Ausstellung von Einfuhrdokumenten ganz auszusetzen. Ein gänzlicher Einfuhrstopp war nach dem Wortlaut der Neuregelung nicht mehr möglich; er wäre auch mit dem vorläufigen Charakter der Schutzmaßnahmen der Kommission nur schwer vereinbar gewesen.[174] Praktisch bedeutete dieser Teil der Neuregelung, daß die Kommission die Einfuhr bestimmter Waren kontingentieren und damit eine Entliberalisierung herbeiführen konnte. Die Eilmaßnahmen der Kommission waren sofort anwendbar,[175] konnten ebenso wie Maßnahmen des Rates auf Einfuhren nach gewissen Regionen beschränkt werden und galten nicht für auf dem Transport befindliche Waren, deren Bestimmung nicht geändert werden konnte.[176] Hinsichtlich des Tätigwerdens der Kommission auf Antrag eines Mitgliedstaates, der Möglichkeit, den Rat mit Kommissionsentscheidungen zu befassen und der Anwendungsdauer von Schutzmaßnahmen der Kommission blieb es bei dem Verfahren, das bereits durch die VO 2045/68 eingeführt worden war.[177]

cc) Zuständigkeit der Mitgliedstaaten

Auch nach der VO 1025/70 behielten die Mitgliedstaaten das Recht, unter bestimmten Voraussetzungen selbständig Schutzmaßnahmen anzuwenden. Im Vergleich zu den Übergangsregelungen wurde jedoch eine detailliertere Verfahrensregelung eingeführt, die an die Gründe anknüpfte, aus denen die einzelstaatlichen Maßnahmen ergriffen wurden.

Für die Mitgliedstaaten kam nach der Neuregelung eine Einfuhrregulierung in der Weise in Betracht, daß sie für die Abfertigung zum freien Verkehr die Vorlage einer Einfuhrgenehmigung verlangen konnten. Diese Genehmigung wurde vom jeweiligen Mitgliedstaat nach von ihm selbst bestimmten Modalitäten und innerhalb der von ihm gesetzten Grenzen erteilt.[178] Ein völliger Einfuhrstopp, wie er durch Nichterteilung von Sichtvermerken nach Art. 14 Abs. 4 der VO 2045/68 noch hatte angeordnet werden können, kam für die Mitgliedstaaten also nicht mehr in Frage. Sie konnten die Einfuhr bestimmter Waren aber kontingentieren, was einer Kommissionsmaßnahme gem Art. 10 Abs. 1 lit. b der VO entsprach.

173 Art. 10 Abs. 1 lit. b der VO 1025/70
174 *Kuschel*, S. 17; a. A. *Beseler*, in: AWD 1970, S. 313
175 Art. 10 Abs. 2 der VO 1025/70
176 Art. 10 Abs. 3 der VO 1025/70
177 Art. 10 Abs. 4 bis 6 der VO 1025/70; siehe auch oben, 2. Kapitel, C.3.c
178 Art. 12 Abs. 1 der VO 1025/70

Die Kontingentierung konnte unter zwei Voraussetzungen erfolgen: zum einen, wenn im Hoheitsgebiet eines Mitgliedstaates eine Marktstörung eintrat, wie sie in Art. 10 Abs. 1 für die Gemeinschaft beschrieben war und zum anderen, wenn die Kontingentierung durch eine Schutzklausel in einem bilateralen Abkommen des betreffenden Mitgliedstaates gerechtfertigt war.[179] Vor der Kontingentierung mußte der beratende Ausschuß gehört oder bei Dringlichkeit zumindest die Kommission informiert werden.[180]

Für den weiteren Ablauf war nun darauf abzustellen, ob die einzelstaatliche Maßnahme aufgrund von Art. 10 Abs. 1 lit. a oder lit. b angewendet wurde.

Handelte es sich um eine Maßnahme, die gem. Abs. 1 lit. a wegen einer Marktstörung ergriffen wurde, galt die Benachrichtigung der Kommission als Antrag auf eine Schutzmaßnahme i.S.v. Art. 10 Abs. 4 der VO, und die einzelstaatliche Maßnahme durfte nur bis zum Beginn der Anwendung einer Kommissionsmaßnahme in Kraft bleiben. Entschied sich die Kommission gegen Schutzmaßnahmen, galt ihre Entscheidung erst nach sechs Tagen, d.h. die einzelstaatliche Maßnahme konnte bis dahin angewendet werden. Während dieser Frist konnte der Mitgliedstaat den Rat mit der Angelegenheit befassen. Tat er dies, mußte der Rat binnen eines Monats eine Entscheidung bezüglich der Anwendung von Schutzmaßnahmen treffen. Bis dahin konnten die einzelstaatlichen Maßnahmen längstens in Kraft bleiben.[181] Auf diese Weise wurde vermieden, daß wegen der Anfechtung einer bereits angewendeten Maßnahme durch die Kommission zu große Rechtsunsicherheit entstand.[182] Wurden einzelstaatliche Schutzmaßnahmen aufgrund eines bilateralen Abkommens gem. Abs. 1 lit. b angewendet, galt ein anderes Verfahren. Die Kommission konnte in diesem Fall dem Rat die zu treffenden Maßnahmen vorschlagen. Die einzelstaatlichen Maßnahmen blieben in diesem Fall für höchstens zwei Monate nach Vorlage der Kommissionsvorschläge anwendbar. Bis zum Ablauf dieser Frist mußte der Rat eine Entscheidung treffen. Diese Frist konnte jedoch verlängert werden unter der Voraussetzung, daß sich die Möglichkeit bot, das bilaterale Abkommen des betreffenden Mitgliedstaates in ein Gemeinschaftsabkommen umzuwandeln.[183] Die zeitliche Begrenzung von einzelstaatlichen Schutzmaßnahmen stellte einen Fortschritt im Vergleich zu den Übergangsregelungen dar, nach denen nationale Einfuhrbeschränkun-

179 Art. 12 Abs. 1 lit. a und b der VO 1025/70
180 Art. 12 Abs. 2 der VO 1025/70
181 Art. 12 Abs. 4 der VO 1025/70
182 *Beseler*, in: AWD 1970, S. 313
183 Art. 12 Abs. 5 der VO 1025/70

gen ohne zeitliche Begrenzung möglich gewesen waren.[184] Die Geltung der Absätze 1 bis 4 des Art. 12 der VO war zunächst bis zum 31.12.1972 begrenzt. Bis dahin sollte über Anpassungen entschieden werden.[185]

Um zu verhindern, daß Schutzmaßnahmen länger als notwendig aufrechterhalten wurden, hatten im beratenden Ausschuß auf Initiative der Kommission oder eines Mitgliedstaates Konsultationen darüber stattzufinden, welche Auswirkungen die Maßnahmen hatten und ob die Voraussetzungen für ihre Anwendung noch gegeben waren.[186] Lagen die Voraussetzungen nicht mehr vor, konnte die Kommission ihre Eilmaßnahmen selbst aufheben, wenn der Rat darüber noch nicht beschlossen hatte. Gab es schon einen Ratsbeschluß, mußte sie dem Rat die Aufhebung vorschlagen.[187] Diese Regelungen waren aus der VO 2045/68 übernommen worden und konkretisierten den gemeinschaftsrechtlichen Grundsatz der Verhältnismäßigkeit,[188] wonach Schutzmaßnahmen nicht über den Rahmen des wirtschaftlich Notwendigen hinausgehen und nicht zu Ergebnissen führen dürfen, die durch den Zweck der Maßnahmen nicht mehr gedeckt sind.[189]

5. Allgemeine Schutzklauseln des EWGV

Neben den Eingriffstatbeständen der VO 1025/70 konnten Einfuhrbeschränkungen auch aufgrund von Schutzklauseln des EWGV durch die Mitgliedstaaten verhängt werden. Es handelte sich dabei um das Recht zu Schutzmaßnahmen gem. Art. 108 Abs. III und 109 und um solche aus Gründen der öffentlichen Sicherheit, Ordnung und Sittlichkeit nach Art. 36.[190]

Daneben kamen Maßnahmen zur Wahrung der wesentlichen Sicherheitsinteressen eines Staates, soweit sie die Erzeugung von Waffen, Munition und Kriegsmaterial oder den Handel damit betrafen, gem. Art. 223 Abs. I lit. b EWGV bzw. Art. XXI GATT in Frage, außerdem Maßnahmen, die gem. Art. 224 EWGV oder Art. XXI lit. c GATT im Falle eines Krieges, einer internationalen Spannungssituation oder in Erfüllung von Verpflichtungen, z. B. aufgrund der SVN, im Hinblick auf die Aufrechterhaltung des Friedens und der internationalen Sicherheit getroffen werden.

184 Art. 6 der VO 2041/68; Art. 14 Abs. 4 und 5 der VO 2045/68
185 Art. 12 Abs. 6 der VO 1025/70
186 Art. 13 Abs. 1 der VO 1025/70
187 Art. 13 Abs. 2 der VO 1025/70
188 Dazu auch EuGH, RS. 11/70, »Internationale Handelsgesellschaft«, Slg. 1970, S. 1125 ff.
189 *Ehle-Meier*, S. 478
190 Diese Bestimmung wurde zusätzlich durch den Art. 16 in die VO 1025/70 übernommen.

6. Schlußbestimmungen

Bis zum 31.12.1971 sollte der Rat über Anpassungen der VO 1025/70 beschließen, insbesondere im Hinblick auf die Einführung eines gemeinschaftlichen Einfuhrdokuments, das in der ganzen Gemeinschaft gültig sein sollte.[191] Bis dahin galten weiterhin die Beschränkungen, nach denen die Mitgliedstaaten Personen, die nicht in ihrem Hoheitsgebiet ansässig waren, die Erteilung der Einfuhrdokumente verweigern konnten und wonach den Einfuhrdokumenten nur in dem Staat Gültigkeit zukam, der sie ausgestellt hatte.[192] Diese Ausnahmebestimmungen waren aus der VO 2045/68 übernommen worden, obwohl sie ursprünglich nur bis zum Ende der Übergangszeit hatten gelten sollen.[193] Daneben wurde Italien ermächtigt, die Einfuhr bestimmter Waren von der Erteilung einer Sondergenehmigung abhängig zu machen.[194]

Im Verhältnis zu Marktordnungswaren war die VO 1025/70 nur ergänzend anwendbar. Die Bestimmungen über das Überwachungsverfahren und über die Schutzmaßnahmen galten nicht, wenn schon die Marktordnungen die Möglichkeit von Einfuhrkontrollen und die Anwendung mengenmäßiger Beschränkungen vorsahen.[195] Die VOen 2041/68 und 2045/68 wurden aufgehoben.[196]

C. Die VO 109/70

1. Allgemeines

Wie bereits oben dargestellt,[197] wurde für die VO 109/70 keine nach Waren und Ländern gegliederte Liberalisierungsliste aufgestellt, sondern der gemeinsame Liberalisierungsstand der Mitgliedstaaten für jedes der osteuropäischen Staatshandelsländer getrennt aufgeführt. Insgesamt umfaßte die gemeinsame Liberalisierung jedoch nur 460 Positionen des GZT, also weniger als die Hälfte. Infolge der neuen Ostpolitik der Bundesrepublik konnte aber bald nach Inkrafttreten der VO 109/70 der Liberalisierungsstand vor allem gegenüber der UdSSR erhöht werden.[198] Die VO 109/70 sollte in erster Linie als Ergänzung der VO 1025/70 dienen, und

191 Art. 14 Abs. 1 der VO 1025/70
192 Art. 14 Abs. 2 der VO 1025/70
193 Zum protektionistischen Charakter dieser Bestimmungen s. o. 2. Kapitel, C.3.a
194 Art. 15 der VO 1025/70
195 Art. 17 der VO 1025/70
196 Art. 18 der VO 1025/70
197 S. o. A.
198 Siehe VO 2567/70, ABl. 1970, Nr. L 276, S. 1 ff.

das System der getrennten Einfuhrregelungen gegenüber GATT-Ländern und Staatshandelsländern war anfangs nur als Übergangslösung gedacht. Die Vorschriften für den Handel mit Staatshandelsländern sollten in der Folgezeit an die zwischen den GATT-Mitgliedern geltenden Vorschriften angeglichen werden.[199] Inhaltlich bestanden weitgehende Übereinstimmungen mit der VO 1025/70, auch waren Anzahl und Benennung der Titeluntergliederungen identisch. Unterschiede ergaben sich jedoch daraus, daß für den Regelungsbereich der VO 109/70 die Vorgaben des GATT nicht in dem Maße beachtet werden mußten, wie es bei der VO 1025/70 der Fall war und daraus, daß die einzelstaatlichen Verfahrensregeln für Einfuhren aus Staatshandelsländern zum Teil erhebliche Unterschiede aufwiesen.

2. Unterschiede beim gemeinschaftlichen Informations- und Konsultationsverfahren

Die Liberalisierung der Einfuhren wurde bei der VO 109/70 ebenfalls zum Grundsatz gemacht,[200] auch konnte der Rat auf Vorschlag der Kommission jederzeit die Ausdehnung des Anhangs auf weitere Einfuhren beschließen.[201] Unterschiede zur VO 1025/70 ergaben sich jedoch bereits bei der Ausgestaltung des gemeinschaftlichen Informations- und Konsultationsverfahrens.

Gem. Art. 3 der VO 1025/70 mußten die Mitgliedstaaten die Kommission von jeder Einfuhrentwicklung unterrichten, die unter Umständen die Einführung von Schutzmaßnahmen notwendig machen konnte. Die VO 109/70 sah noch einen weiteren Tatbestand vor, der die Unterrichtungspflicht auslösen konnte, nämlich die Beantragung von Einfuhrgenehmigungen in besonders erhöhten Mengen oder zu außergewöhnlichen Bedingungen, so daß wegen der Fortgeltung der Einfuhrgenehmigungen Schutzmaßnahmen wirkungslos bleiben könnten.[202] Der Grund für diese Unterrichtungspflicht lag in den unterschiedlichen Einfuhrverfahren der Mitgliedstaaten für die Einfuhr aus Staatshandelsländern. Die Benelux-Staaten und die Bundesrepublik erteilten für diese Importe Einfuhrgenehmigungen, die automatisch im voraus und für jede Importmenge erteilt wurden und die den Importeuren einen rechtlichen Anspruch auf die Einfuhren gaben. In Frankreich und Italien brauchten die Importeure dagegen keine Einfuhrgenehmigungen. Dort genügte bereits die Vorlage

199 Vgl. dazu das 3. Programm für die mittelfristige Wirtschaftspolitik, ABl. 1971, Nr. L 49, S. 38
200 Art. 1 der VO 109/70
201 Art. 2 der VO 109/70
202 Art. 3 Abs. 1 lit. b der VO 109/70

einer Einfuhrerklärung zur Durchführung von Importgeschäften. Im Unterschied zu den Einfuhrgenehmigungen verliehen diese Einfuhrerklärungen keinen Rechtsanspruch. Im Fall gemeinschaftlicher Schutzmaßnahmen hätten die Importeure der Bundesrepublik wie der Benelux-Staaten aufgrund der im voraus erteilten Einfuhrgenehmigungen weiterhin Importe tätigen können, da sie hierauf einen rechtlichen Anspruch hatten. Die Wirksamkeit von Schutzmaßnahmen wäre dadurch unter Umständen stark beeinträchtigt worden. Außerdem hätte die Gefahr bestanden, daß nach der Bundesrepublik und den Benelux-Staaten eingeführte Waren aus Staatshandelsländern nach Frankreich und Italien reexportiert worden wären, da sie dort bei der Anwendung gemeinschaftlicher Schutzmaßnahmen nicht mehr unbeschränkt hätten importiert werden können. Durch dieses Vorgehen hätte es leicht zu Verkehrsverlagerungen kommen können, die Beschränkungen des innergemeinschaftlichen Warenverkehrs gem. Art. 115 nach sich gezogen hätten.[203]

Wurden binnen vier Werktagen nach einer Mitteilung gem. Art. 3 Abs. 1 lit. b keine Konsultationen im beratenden Ausschuß eingeleitet, konnten die beantragten Einfuhrgenehmigungen durch die Bundesrepublik bzw. die Benelux-Staaten erteilt werden. Für den Fall, daß Konsultationen abgehalten wurden, mußte der betreffende Mitgliedstaat die Erteilung der Einfuhrgenehmigungen um weitere vier Werktage aussetzen, um der Gemeinschaft Gelegenheit zur Vorbereitung von Schutzmaßnahmen zu geben.[204] Bei der VO 1025/70 war eine solche Regelung nicht notwendig, da der Handel mit GATT-Ländern oder Gleichgestellten in der Regel keiner Lizenzpflicht unterliegt.[205]

3. Unterschiede beim Überwachungsverfahren

Während nach Art. 7 Abs. 1 der VO 1025/70 die Einführung einer gemeinschaftlichen Überwachung bestimmter Einfuhren einerseits im gemeinschaftlichen Interesse liegen mußte und andererseits das Erfordernis einer drohenden Schädigung von Erzeugern gleichartiger oder konkurrierender Waren gennant wurde, fiel letzteres in der VO 109/70 weg, da in diesem Fall die Vorgaben des Art. XIX GATT nicht beachtet zu werden brauchten.[206] Einfuhren aus Staatshandelsländern konnten also dem Wortlaut nach aufgrund wie auch immer gearteter Interessen der Gemeinschaft überwacht werden. Jedoch wurde allgemein davon ausgegangen, daß auch

203 *Beseler*, in: AWD 1970, S. 311; *Kuschel*, S. 11 f.
204 Art. 4 Abs. 3 der VO 109/70
205 *Ehle-Meier*, S. 473
206 Art. 6 Abs. 1 der VO 109/70

bei diesen Einfuhren zur Einführung eines Überwachungsverfahrens die Voraussetzung einer drohenden Marktstörung gegeben sein sollte.[207] Zur Kontrolle der Einfuhren wurden im Verfahren nach der VO 109/70 Einfuhrdokumente[208] verwendet, die inhaltlich denen der VO 1025/70 entsprachen[209] und ebenfalls von den Mitgliedstaaten ausgestellt wurden. Im Gegensatz zur VO 1025/70[210] war aber keine Frist für die Erteilung der Einfuhrdokumente vorgesehen.[211] Die Mitgliedstaaten hatten hier also einen weiteren Spielraum als im Rahmen der VO 1025/70, was ein stärkeres nationales Element darstellte und darüber hinaus zumindest die Möglichkeit zur Diskriminierung von Einfuhren aus Staatshandelsländern bot. Diese Möglichkeit lag darin, daß die Mitgliedstaaten mit der Ausstellung von Einfuhrdokumenten bei bestimmten Importen länger als fünf Tage ab Antragstellung warten konnten, was nach der VO 1025/70 nicht möglich war. Hinsichtlich der Geltungsdauer dieser Einfuhrdokumente galt ebenfalls etwas anderes. Einfuhren aus GATT-Ländern nach der VO 1025/70 unterlagen in der Regel keiner Lizenzpflicht und die Einfuhrdokumente für überwachte Waren hatten gem. Art. 8 Abs. 2 der VO 1025/70 solange Gültigkeit, wie für die betreffenden Waren die Einfuhrliberalisierung in Kraft blieb. Wurden Schutzmaßnahmen nach der VO 1025/70 ergriffen, konnten die Einfuhrmengen der zuvor überwachten Waren begrenzt werden. Die Einfuhr*dokumente* aus dem vorangegangenen Überwachungsverfahren gaben keinen Anspruch auf die Einfuhr von Produkten, die anschließend von Schutzmaßnahmen betroffen waren.

Die von vier Mitgliedstaaten erteilten Einfuhr*genehmigungen* für Importe aus Staatshandelsländern verliehen jedoch einen Anspruch auf die Einfuhr, d.h. auch im Falle der Anwendung von Schutzmaßnahmen konnten im Rahmen der vorher erteilten Genehmigungen Einfuhren stattfinden. Dieser Umstand, der auch die Unterschiede im Informations- und Konsultationsverfahren bedingte, führte im Überwachungsverfahren der VO 109/70 zu folgender Regelung, mit der die Wirksamkeit späterer Schutzmaßnahmen sichergestellt werden konnte: Bei einer drohenden Marktstörung durfte die Kommission schon im Rahmen des Überwachungsverfahrens die Fristen verkürzen, in denen die nationalen Einfuhrgenehmigungen verwendet werden durften[212] bzw. konnte sie die Erteilung der Einfuhrgenehmigungen von gewissen Bedingungen abhängig ma-

207 *Beseler*, in: AWD 1970, S. 312; *Ehle-Meier*, S. 474

208 Zur Verdeutlichung sei hier ausdrücklich darauf hingewiesen, daß die Begriffe »Einfuhr*dokumente*« und »Einfuhr*genehmigungen*« nicht gleichbedeutend sind.

209 Art. 6 Abs. 1 lit. b der VO 109/70

210 Art. 8 Abs. 1 der VO 1025/70

211 Art. 6 Abs. 1 lit. b der VO 109/70

212 Art. 6 Abs. 1 lit. c Spiegelstrich 1 der VO 109/70

chen und ausnahmsweise auch die Aufnahme eines Widerrufsvorbehalts verlangen.[213] Der unklare Wortlaut in dieser Bestimmung, wie z. B. »gewisse Bedingungen« und »ausnahmsweise«, eröffnete der Kommission einen weiten Ermessensspielraum, der Diskriminierungen von Einfuhren aus Staatshandelsländern im Vergleich zu solchen aus GATT-orientierten Ländern erlaubte und mit dem sie darüber hinaus auch zwischen den einzelnen Ländern, die in den Anwendungsbereich der VO 109/70 fielen, differenzieren konnte. Die Kommission konnte auf diese Weise die Liberalisierung bestimmter Wareneinfuhren aus Staatshandelsländern rückgängig machen. Sowohl die Entscheidung, wann die Interessen der Gemeinschaft Überwachungsmaßnahmen erforderten als auch die Feststellung, daß eine Marktstörung drohte, lagen bei der Kommission. Die bei einer drohenden Marktstörung vorgesehenen Maßnahmen kamen in ihren Konsequenzen für die betroffenen Waren Schutzmaßnahmen gleich, was sich auch aus einem Vergleich mit der VO 1025/70 ergab, wo diese Art der Überwachung nicht erschien, sondern die beschriebenen Maßnahmen vielmehr in den Regelungen über Schutzmaßnahmen aufgeführt waren.[214] Im übrigen konnte bestimmt werden, daß Einfuhrgenehmigungen nur erteilt werden durften, wenn im vorherigen Informations- und Konsultationsverfahren keine Einwände dagegen erhoben worden waren.[215] Im Gegensatz zur Regelung des Art. 8 Abs. 3 der VO 1025/70 war es nach der VO 109/70 in das Ermessen der Mitgliedstaaten gestellt, ob sie geringfügige Überschreitungen der in den Einfuhrdokumenten angegebenen Preis-, Mengen- und Wertangaben zuließen. Eine entsprechende Bestimmung wurde nicht aufgenommen.

Auch konnte eine nachträgliche Einfuhrüberwachung durchgeführt werden,[216] und anders als bei der VO 1025/70 mußten die Einbeziehung einer Ware in die gemeinschaftliche Liberalisierung und die Eröffnung eines Überwachungsverfahrens immer durch zwei Beschlüsse von Rat und Kommission erfolgen.[217]

4. Unterschiede bei den Schutzmaßnahmen

Die Unterschiede zur VO 1025/70 bei den gemeinschaftlichen Schutzmaßnahmen betrafen in erster Linie die zu beachtenden Voraussetzungen und teilweise auch die Art der Eingriffsmöglichkeiten in den Importhan-

213 Art. 6 Abs. 1 lit. c Spiegelstrich 2 der VO 109/70
214 Art. 10 Abs. 1 der VO 1025/70
215 Art. 6 Abs. 1 lit. c Spiegelstrich 2 a.E. der VO 109/70
216 Art. 6 Abs. 1 lit. a der VO 109/70
217 Art. 7 Abs. 2 der VO 1025/70; Art. 6 Abs. 1 der VO 109/70

del mit Staatshandelsländern. Hauptgrund für die Unterschiede war der Umstand, daß es sich bei den von der VO 109/70 erfaßten Ländern fast ausschließlich nicht um GATT-Mitglieder handelte.[218] Die Gemeinschaft war daher bei der Gestaltung der VO 109/70 freier gestellt, als dies bei der VO 1025/70 der Fall war. Bezüglich der grundsätzlichen Zuständigkeits- und Verfahrensregelungen ergaben sich keine Unterschiede zur VO 1025/70.

Während Schutzmaßnahmen gegenüber GATT-Ländern aufgrund von Art. XIX GATT nur dann zulässig waren, wenn die Ursache einer Marktstörung gleichzeitig in erhöhter Einfuhrmenge und besonderen Bedingungen der Einfuhr lag,[219] war dies gegenüber Staatshandelsländern schon dann möglich, wenn nur eine der beiden Voraussetzungen gegeben war. Dies galt für Maßnahmen der Kommission, des Rates und der Mitgliedstaaten.[220] Für das Ergreifen von Maßnahmen durch die Kommission fiel im Gegensatz zu Art. 10 Abs. 1 der VO 1025/70 auch das Erfordernis einer Krisenlage fort,[221] weil vorherige Konsultationen im GATT hier nicht erforderlich waren.[222] Anders als bei der VO 1025/70 war das Eingreifen der Kommission in diesem Fall also nicht auf Eilfälle beschränkt.

Eine noch größere Freiheit beim Rückgriff auf Schutzmaßnahmen hatte der Rat. Er konnte - zumindest dem Wortlaut nach - auch dann die Einfuhren aus Staatshandelsländern beschränken, wenn keine Marktstörung vorlag oder drohte.[223] Die Tatsache, daß aber auch die Bestimmungen der VO 109/70 am Erfordernis des Vorliegens erhöhter Einfuhrmengen oder besonderer Einfuhrbedingungen orientiert waren, ließ jedoch den Schluß zu, daß Schutzmaßnahmen grundsätzlich nur im Fall von Marktstörungen in Betracht kamen.[224] Gegenüber den Staatshandelsländern, die nicht Mitglieder des GATT waren, mußte allerdings auch nicht die Nichtdiskriminierungsklausel des Art. XIII GATT beachtet werden, so daß z. B. bei Diskriminierungen der Gemeinschaft oder einzelner Mitgliedstaaten seitens eines Staatshandelslandes Retorsionsmaßnahmen selektiv gegen dieses

218 Von den Ländern, die im Anhang der VO 109/70 erschienen, waren zum damaligen Zeitpunkt nur die CSSR und Polen GATT-Vertragsparteien. Polen war allerdings im Beitrittsprotokoll zum GATT vorerst keine volle GATT-Behandlung im Hinblick auf Art XIX GATT zugestanden worden, so daß Schutzmaßnahmen gegenüber Polen wie gegenüber Nicht-GATT-Mitgliedern angewendet werden konnten.

219 S. o. B.4.a sowie den 12. Erwägungsgrund und die Art. 10 Abs. 1, 11 Abs. 1 lit. a, 12 Abs. 1 lit. a der VO 1025/70

220 Vgl. den 4. Erwägungsgrund sowie die Art. 7 Abs. 1, 8 Abs. 1 und 9 Abs. 1 lit. a der VO 109/70

221 Art. 7 Abs. 1 der VO 109/70

222 Dazu oben, 2. Kapitel, C.3.c

223 Art. 8 Abs. 1 der VO 109/70 bestimmte, daß »insbesondere« wenn eine Marktstörung eintrat, der Rat die erforderlichen Maßnahmen treffen konnte.

224 *Beseler*, in: AWD 1970, S. 313

Land verhängt werden konnten. Aufgrund des Wortlauts von Art. 8 Abs. 1 der VO 109/70 konnte in so einem Fall der Rat auch ohne das Vorliegen einer Marktstörung handeln.[225] Die nach Art. 11 Abs. 3 der VO 1025/70 bei der Festsetzung von Kontingenten durch den Rat zu beachtenden besonderen Grundsätze waren in der Regelung der VO 109/70 nicht enthalten. Dies schloß aber z. B. nicht aus, daß der Rat bei der Entscheidung für Kontingente die zuvor geschlossenen Verträge berücksichtigte.[226] Was die Mitgliedstaaten anbelangte, waren sie im Hinblick auf die zu beachtenden Voraussetzungen bei Schutzmaßnahmen ebenso wie der Rat freier als bei der VO 1025/70,[227] was ihnen dementsprechend auch die Möglichkeit zu gezielten Retorsionsmaßnahmen gegenüber einzelnen Staatshandelsländern eröffnete, die nicht dem GATT angehörten.[228] Als zulässige einzelstaatliche Schutzmaßnahme kam, wie bei der VO 1025/70, nur die Einführung einer Einfuhrgenehmigung in Frage. Da die nationalen Vorschriften für Einfuhren aus Staatshandelsländern dies in den Benelux-Staaten und der Bundesrepublik ohnehin schon vorsahen, kam die Einführung von Genehmigungen nur für Frankreich und Italien in Betracht. Für die anderen vier Mitgliedstaaten ergab sich die Wirksamkeit dieser Maßnahme aber daraus, daß die Modalitäten und Grenzen der Genehmigungserteilung in das Ermessen der Mitgliedstaaten gestellt waren. Während die Benelux-Staaten und die Bundesrepublik die Einfuhrgenehmigungen im Normalfall automatisch im voraus für jede Importmenge erteilten und damit einen Rechtsanspruch auf die genehmigten Einfuhren verliehen, konnten nach der VO 109/70 hierbei nun Beschränkungen auferlegt werden.[229]

Bei den Übergangs- und Schlußbestimmungen ergaben sich keine Unterschiede.

D. Die VO 1023/70

1. Vereinbarkeit mit dem GATT

Die VO (EWG) 1023/70 des Rates vom 25.5.1970 zur Festlegung eines gemeinsamen Verfahrens für die Verwaltung mengenmäßiger Kontin-

225 Zu den in Frage kommenden Maßnahmen des Rates vgl. oben B.4.b, aa

226 S. o. B.4.b, bb

227 Art. 9 Abs. 1 lit. a der VO 109/70

228 *Kuschel*, S. 18

229 Art. 9 Abs. 1 der VO 109/70; diese Bestimmung steht auch in unmittelbarem Zusammenhang mit Art. 6 Abs. 1 lit. c der VO 109/70, dazu oben B.3.

gente[230] ersetzte die zuvor geltende VO 2043/68. Zusammen mit den VOen 1025/70 und 109/70 bildete sie nach den Übergangsregelungen des Jahres 1968 das erste geschlossene System gemeinschaftlicher Einfuhrregelungen. Daher soll zunächst auf die Vereinbarkeit dieser Neuregelung mit dem GATT eingegangen werden.

Im GATT finden sich keine Bestimmungen, die ausdrücklich eine Verwaltung gemeinschaftlicher Kontingente im Rahmen eines Regionalzusammenschlusses zum Gegenstand haben. Was die Verteilung eines gemeinschaftlich festgelegten Kontingents auf die Mitgliedstaaten anbelangt, ergeben sich keine Bedenken. Die Aufteilung führt lediglich den Zustand herbei, der ohne gemeinschaftliche Kontingentierung gegeben wäre. In jenem Fall würde es sich um rein nationale Einfuhrkontingente handeln. Die Zulässigkeit solcher Kontingente ist bei Vorliegen der Bedingungen des Art. XIX Abs. 1 GATT unbestritten.

Die Aufteilung könnte indes mit Art. XXIV Abs. 8 lit. a (i) GATT unvereinbar sein, weil mit der innergemeinschaftlichen Absicherung der den Mitgliedstaaten zugeteilten Quoten Beschränkungen des freien Warenverkehrs gem. Art. 115 verbunden sein können. Die GATT-Konformität der Aufteilung ergibt sich jedoch daraus, daß Art. XXIV Abs. 8 lit. a (i) GATT nur für Waren gilt, die aus den Mitgliedstaaten einer Zollunion stammen, es hier aber um Waren aus Drittländern geht.

Die Vereinbarkeit mit Art. XXIV Abs. 8 lit. a (ii) GATT, wonach im Handel einer Zollunion mit nicht teilnehmenden Gebieten im wesentlichen dieselben Zölle und Handelsvorschriften angewendet werden müssen, folgt aus dem gemeinschaftlichen Charakter der Kontingentierung, auch wenn es sich hier aufgrund der Verteilung der Kontingente auf die Mitgliedstaaten noch nicht um echte Gemeinschaftskontingente handelt. Werden allerdings durch die Aufteilung und zusätzliche innergemeinschaftliche Schutzmaßnahmen gem .Art. 115 Teilmärkte innerhalb der Gemeinschaft völlig abgeschirmt, ist dies ein Verstoß gegen Art. XXIV Abs. 4 GATT. Gem. S. 2 dieser Bestimmung sollen im Außenhandel von Regionalzusammenschlüssen möglichst keine Schranken errichtet werden. Die Kontingentierung der Einfuhren ist aber eine - unter den Voraussetzungen von Art.XIX GATT allerdings zulässige - Schranke, die nicht zu einer gänzlichen Blockade werden darf. Im Hinblick auf Art. XXIV Abs. 8 lit. a (ii) GATT müssen Drittländer im wesentlichen gleichen Zugang zu den Teilmärkten der Gemeinschaft haben.[231] Dieser Zugang wäre jedoch bei völliger Abschirmung unmöglich.

230 ABl. 1970, Nr. L 124, S. 1 ff.
231 *König*, S. 69

2. Änderungen gegenüber der VO 2043/68

Die VO 1023/70 entsprach in weiten Teilen der VO 2043/68. Die Ratszuständigkeit zur Festlegung der Kontingente und das Verwaltungsausschußverfahren bildeten auch hier die wesentlichen Bestandteile der Gemeinschaftsregelung.[232] Das Verfahren der Genehmigungserteilung an die einzelnen Importeure durch die Mitgliedstaaten blieb im wesentlichen gleichfalls unverändert.[233] Im Gegensatz zur VO 2043/68, die nur für die Verwaltung von Einfuhrkontingenten konzipiert worden war, galt die VO 1023/70 für Ein- und Ausfuhrkontingente.[234] Auf die Veränderungen, die sich daraus ergaben, wird im folgenden nicht eingegangen. Änderungen wurden darüber hinaus bei dem Verfahren zur Erhöhung der Kontingente vorgenommen, die nun gemeinschaftlich oder durch die Mitgliedstaaten vorgenommen werden konnte. Außerdem wurde eine Bestimmung eingefügt, die die Voraussetzungen für die Einfuhr kontingentierter Waren regelte, das Verhältnis zu Marktordnungswaren wurde festgelegt und es wurden zeitlich begrenzte Übergangsregelungen aufgenommen.

a) Die Erhöhung der Kontingente

Gemäß der Neuregelung kam eine Erhöhung von Kontingenten dann in Frage, wenn der Rat bei der Festsetzung des Kontingents diese Möglichkeit nicht ausdrücklich ausgeschlossen hatte und wenn die Erhöhung im Interesse der Gemeinschaft lag.[235] Hierbei war eine Abwägung zwischen dem Schutzzweck des Kontingents einerseits und den Erfordernissen der Wirtschaftspolitik andererseits vorzunehmen.[236] Für das Ausmaß der Erhöhung war vor allem die Zunahme des Verbrauchs der kontingentierten Ware ausschlaggebend, denn Zweck eines Kontingents ist die Verhinderung des Verlustes von Marktanteilen des geschützten Industriezweiges, nicht aber eine Erhöhung dieser Anteile zu Lasten der ausländischen Produzenten. Dies widerspräche auch der liberalen Ausrichtung der gemeinsamen Handelspolitik nach Art. 110.[237] Wenn Preissteigerungen bei der kontingentierten Ware auf eine Kapazitätsauslastung des geschützten Industriezweiges hindeuteten, kam eine Kontingenterhöhung auch über die Zuwachsrate des Verbrauchs hinaus in Frage.[238] Es konnten die Kon-

232 S. o. 2. Kapitel, D.1.2.
233 S. o. 2. Kapitel, D.3
234 Art. 1 der VO 1023/70
235 Art. 2 Abs. 3 S. 1 der VO 1023/70
236 Art. 2 Abs. 3 lit. a-c der VO 1023/70
237 *Ehle-Meier*, S. 485
238 *Kuschel*, S. 25; zu den wirtschaftlichen Voraussetzungen einer Erhöhung auch *König*, S. 91 f.

tingentanteile aller Mitgliedstaaten oder nur eines oder mehrerer Mitgliedstaaten erhöht werden. Dabei war jedoch zu beachten, daß Verkehrsverlagerungen, die innergemeinschaftliche Schutzmaßnahmen gem. Art. 115 nach sich ziehen konnten, vermieden wurden.

Das Verfahren richtete sich nach den Bestimmungen für den Verwaltungsausschuß.[239]

Außer der Erhöhung des Gemeinschaftskontingents war auch die autonome Erhöhung der mitgliedstaatlichen Anteile vorgesehen.[240] Für eine autonome Erhöhung mußten mehrere Voraussetzungen gegeben sein. Der Mitgliedstaat mußte den ihm zugeteilten Kontingentanteil durch Vergabe von Einfuhrgenehmigungen voll ausgeschöpft haben und es mußte feststehen, daß seine Einfuhrmöglichkeiten nicht ausreichten. Außerdem durfte der Rat bei der Festsetzung des Kontingents die Möglichkeit der autonomen Erhöhung durch die Mitgliedstaaten nicht ausgeschlossen haben. Darüber hinaus mußte die Kommission informiert und der Versuch unternommen werden, die Erhöhung durch den Verwaltungsausschuß beschließen zu lassen. Erst wenn drei Wochen nach Befassung des Ausschusses kein Beschluß über den Antrag auf Erhöhung der Einfuhrmöglichkeiten ergangen war, konnte der betreffende Mitgliedstaat seinen Kontingentanteil um bis zu 20 % aufstocken. Dabei mußte er die in Art. 2 Abs. 3 lit. a-c der VO niedergelegten Grundsätze beachten. Die autonome Aufstockungsmöglichkeit kam sowohl für einzelne Kontingentanteile als auch für alle einem Mitgliedstaat zugeteilten Kontingentanteile in Betracht. Eine generelle Erhöhung kam vor allem dann in Frage, wenn bei allgemeinem Ansteigen der Preise durch vermehrte Einfuhren der Preisanstieg abgebremst werden sollte. Die autonomome Aufstockungsmöglichkeit war letztlich dadurch begründet, daß die wirtschaftliche Situation und ihre Weiterentwicklung in den einzelnen Mitgliedstaaten noch recht unterschiedlich war. Die Mitgliedstaaten konnten die Kontingentpolitik im Rahmen der gemeinsamen Handelspolitik auf diese Weise in begrenztem Umfang noch als Mittel der einzelstaatlichen Konjunkturpolitik einsetzen.[241] Hätte man diese Möglichkeit nicht vorgesehen, wäre es aufgrund der unterschiedlichen wirtschaftspolitischen Interessenlagen zu Spannungen gekommen. Zum damaligen Zeitpunkt wurde aber offensichtlich davon ausgegangen, daß diese Unterschiede in absehbarer Zeit würden beseitigt werden können, denn diese Regelung war zeitlich begrenzt bis zum 31.12.1972. Bis zum gleichen Termin sollte auch über Anpassungen bzw. Änderungen des Art. 12 der VO 1025/70 und des Art. 9 der VO 109/70

239 Art. 11 der VO 1023/70; dazu auch oben 2. Kapitel, D.2.
240 Art. 2 Abs. 4 der VO 1023/70
241 *Kuschel*, S. 26

entschieden werden, die den Mitgliedstaaten das Recht zu autonomen Schutzmaßnahmen einräumten. Zwischen jenen Bestimmungen und der Aufstockungsmöglichkeit für nationale Kontingentanteile bestand ein unmittelbarer Zusammenhang in dem Sinne, daß die nationale Aufstockungsmöglichkeit das »Spiegelbild« des Rechts zu nationalen Schutzmaßnahmen bildete.[242]

Im Gegensatz zur VO 2043/68 war die Bildung einer Gemeinschaftsreserve in der VO 1023/70 nicht vorgesehen.

b) Sonstige Änderungen

Ergänzend zu den Bestimmungen über Schutzmaßnahmen in den VOen 1025/70 und 109/70 wurde nun auch in der VO 1023/70 ausdrücklich klargestellt, daß Waren, für die Einfuhrkontingente bestanden, nur nach Vorlage einer Einfuhrgenehmigung in den freien Verkehr innerhalb der Gemeinschaft gebracht werden konnten.[243] Die Einfuhrgenehmigungen wurden auf den Kontingentanteil des Mitgliedstaates angerechnet, der sie erteilt hatte. Nicht angerechnet wurden Einfuhren im Rahmen des aktiven Veredelungsverkehrs, sofern der Rat nichts anderes bestimmte.[244] Im Hinblick auf landwirtschaftliche Erzeugnisse, für die gemeinsame Marktorganisationen bestanden, wurde festgelegt, daß die VO 1023/70 für diese Produkte keine Geltung hatte.[245]

Abschließend wurden zeitlich begrenzte Übergangsbestimmungen aufgenommen, die denen der VOen 1025/70 und 109/70[246] nachgebildet waren. Danach konnte jeder Mitgliedstaat den Personen, die keine Niederlassung in seinem Hoheitsgebiet hatten, die Erteilung von Ein- und Ausfuhrgenehmigungen verweigern.[247]

Daneben wurde bestimmt, daß die Ein- und Ausfuhrgenehmigungen nur in dem Mitgliedstaat gültig waren, der sie ausgestellt hatte. Diese Übergangsregelung stand in Zusammenhang mit der Aufteilung der Einfuhrkontingente auf die Mitgliedstaaten. Die Aufteilung von Einfuhrkontingenten hat nur so einen Sinn. Ohne diese Regelung wäre sie wirtschaftlich bedeutungslos. Könnte beispielsweise ein Importeur mit einer französischen Einfuhrgenehmigung unter Anrechnung auf den französischen Kontingentanteil direkt nach Italien oder in einen anderen Mitgliedstaat importieren, wäre die Aufteilung hinfällig. Dann wäre der Import des gan-

242 *Kuschel*, S. 26
243 Art. 6 Abs. 1 der VO 1023/70
244 Art. 6 Abs. 3 der VO 1023/70
245 Art. 13 der VO 1023/70
246 Art. 14 der VO 1023/70, Art. 14 der VO 1025/70 und Art. 11 der VO 109/70
247 Dazu auch oben, 2. Kapitel, B.3. und C.3.a, b

zen Gemeinschaftskontingents in nur einen Mitgliedstaat möglich.[248] An diesem Beispiel wird deutlich, daß aufgrund der Verteilung des Gemeinschaftskontingents auf die Mitgliedstaaten die direkten Einfuhren in die einzelnen Mitgliedstaaten wie bei nationaler Kontingentierung gegenüber Drittstaaten beschränkt waren, so daß ein echtes Gemeinschaftskontingent erst dann erreicht wird, wenn gemeinschaftliche Einfuhrbeschränkungen ohne anschließende Aufteilungsmaßnahmen angewendet werden.[249] Es handelte sich jedoch, wie gesagt, um eine Übergangsregelung, die zunächst nur bis zum 31.12.1972 gelten sollte.

E. Bewertung der Neuregelungen

Was die VO 1025/70 anbetraf, kann festgestellt werden, daß die in ihr geregelten Gemeinschaftsverfahren im Vergleich zu den Regelungen der VOen 2041/68 und 2045/68 gestrafft wurden. Die Befugnisse der Kommission wurden vor allem im Hinblick auf die von ihr zu ergreifenden Schutzmaßnahmen bei Eilfällen erweitert. Ebenso erweiterte sich der Anwendungsbereich des gemeinschaftlichen Informations- und Konsultationsverfahrens, was nicht zuletzt aus Gründen der Funktionsfähigkeit des Gemeinsamen Marktes und aufgrund der Vorgaben des GATT geschah.

Bei den Voraussetzungen, die vor der Anwendung von Schutzmaßnahmen gegeben sein mußten, war die Orientierung an Art. XIX GATT klar erkennbar. Bei der Feststellung des Vorliegens dieser Voraussetzungen hatten die Gemeinschaftsorgane allerdings auch weiterhin einen weiten Beurteilungsspielraum, denn das Gemeinschaftsinteresse, das Rat und Kommission bei der Anwendung von Schutzmaßnahmen stets zu beachten hatten, ist ein Begriff, der sehr unterschiedlich interpretiert werden kann. Die Tatsache, daß Schutzmaßnahmen nun ausdrücklich auf bestimmte Regionen beschränkt werden konnten, zeigte einerseits einen nach wie vor starken Einfluß der Mitgliedstaaten in der gemeinschaftlichen autonomen Handelspolitik und stand andererseits im Widerspruch zu dem Anspruch der Gemeinschaft, nach außen hin als einheitliches Wirtschaftsgebiet aufzutreten. Bei der Aufnahme weiterer Länder und Waren in die Anhänge der VO 1025/70 wurde man diesem Anspruch jetzt allerdings gerecht, da

248 *König*, S. 93

249 Die Bestimmungen über den freien Warenverkehr innerhalb der Gemeinschaft blieben von der Aufteilung unberührt. Bei unterschiedlichen nationalen Kontingentanteilen ergab sich daraus allerdings das Problem von Umwegeinfuhren und der Anwendung des Art. 115. Ausführlich dazu *König*, S. 122 ff.

in diesem Fall nur die wirtschaftliche Lage in der gesamten Gemeinschaft zugrundegelegt wurde. Das Eigeninteresse der Mitgliedstaaten kam vor allem in der Befugnis zur Anwendung nationaler Schutzmaßnahmen zum Ausdruck, die sich aber ebenfalls nur im Rahmen des Art. XIX GATT bewegen durften. In diesem Zusammenhang stellte auch die zeitliche Begrenzung dieser Maßnahmen einen Schritt zu mehr Gemeinschaftlichkeit dar; nach den Übergangsregelungen des Jahres 1968 waren sie zeitlich unbegrenzt möglich gewesen. Darüber hinaus sollte die Regelung über nationale Schutzmaßnahmen vor Ablauf von zwei Jahren neu gefaßt werden. Letztendlich war diese Regelung jedoch unverzichtbar, denn die Gemeinschaft war vom Ziel einer Wirtschaftsunion noch weit entfernt, und die wirtschaftliche Lage und Entwicklung in den einzelnen Mitgliedstaaten ließen ein rein gemeinschaftliches Vorgehen noch nicht zu, auch wenn nationale Schutzmaßnahmen im Hinblick auf Art. 115 und die Erfordernisse des freien Wirtschaftsverkehrs in der Gemeinschaft kaum mit den Zielen des EWG vereinbar sind.

Durch die Erweiterung der gemeinsamen Liberalisierungsliste waren die Unterschiede bei der Liberalisierung des Außenhandels zwischen den Mitgliedstaaten nur noch gering. Sie betrafen vor allem sog. »sensible Produkte« aus Niedriglohnländern und Staatshandelsländern.

Mit der VO 109/70 wurde auch gegenüber den Staatshandelsländern, entsprechend dem Auftrag des Art. 111 und des Arbeitsprogrammes von 1962, ein Schritt in Richtung auf eine gemeinsame Außenhandelspolitik getan. Auch wenn diese Regelung nur für eine geringe Zahl von Waren und für lediglich sechs Staatshandelsländer galt, stellte sie doch ein Novum dar. Im Gegensatz zur eher restriktiven nationalen Einfuhrpolitik der Mitgliedstaaten gegenüber diesen Ländern wurde in ihr der Grundsatz der Einfuhrliberalisierung festgeschrieben, wie er auch in der VO 1025/70 für den Import aus GATT-orientierten Ländern zur Leitlinie erhoben worden war. Daß für den Handel mit dieser Ländergruppe im wesentlichen dieselben Prinzipien wie für den Handel mit GATT-Ländern gelten sollten, wurde auch daran sichtbar, daß die VO 109/70 vom Aufbau und der inhaltlichen Ausgestaltung her weitgehend der VO 1025/70 entsprach. Die Unterschiede zur VO 1025/70 resultierten vor allem daraus, daß die Gemeinschaft bei der Ausarbeitung dieser Regelung nicht in vollem Umfang an die Vorgaben des GATT gebunden war. Dies wurde vor allem an den geringeren Voraussetzungen für die Anwendung mengenmäßiger Einfuhrbeschränkungen deutlich. Gleichwohl war auch bei diesen Bestimmungen die Ausrichtung an den Grundsätzen des GATT erkennbar; Schutzmaßnahmen durften grundsätzlich nur bei schwerwiegenden Marktstörungen ergriffen werden und es waren alle internationalen Verpflichtungen zu beachten. Es sei auch nochmals darauf hingewiesen, daß die Zweiteilung der gemeinschaftlichen Einfuhrregelungen in eine VO für Importe aus GATT-Ländern und eine andere für solche aus Staatshandelsländern ursprünglich nur als Übergangslösung gedacht war.

Die VO 1023/70 folgte der VO 2043/68 und beschränkte sich wie jene auf Kontingente, die durch die Gemeinschaft autonom oder auf vertraglicher Basis festgesetzt wurden. Sie galt im Unterschied zur vorherigen Regelung für Ein- und Ausfuhrkontingente. Festgehalten wurde am zweistufigen System der gemeinschaftlichen Festsetzung und Aufteilung der Kontingente auf die Mitgliedstaaten einerseits und der Verwaltung in Form der Vergabe von Einfuhrgenehmigungen durch die Mitgliedstaaten andererseits. Ihr Anwendungsbereich war auch insofern beschränkt, als sie nicht für Kontingente galt, die von den Mitgliedstaaten autonom oder vertraglich festgesetzt wurden. Bei Waren, die nicht unter die VOen 1025/70 und 109/70 fielen, war diese Möglichkeit nach wie vor gegeben. Die Notwendigkeit eines gemeinsamen Verfahrens für die Verwaltung mengenmäßiger Kontingente ergab sich zwingend aus dem System gemeinschaftlicher Schutzmaßnahmen, das in den beiden Einfuhrregelungen vorgesehen war. Die Aufteilung des Gemeinschaftskontingents in nationale Anteile widersprach allerdings dem Anspruch der Gemeinschaft, als einheitliches Wirtschaftsgebiet aufzutreten, in gleicher Weise wie die Möglichkeit regional begrenzter Schutzmaßnahmen und die Befugnis der Mitgliedstaaten, selbständig solche Maßnahmen zu ergreifen. Die Aufteilung war letztendlich eine Folge dieser Bestimmungen der gemeinsamen Einfuhrregelungen und ein sichtbarer einzelstaatlicher Einfluß auf die autonome gemeinsame Handelspolitik, der jedoch aufgrund der unterschiedlichen wirtschaftlichen Lage in den Mitgliedstaaten nicht zu vermeiden war. Als Folge der Aufteilung war das gemeinschaftliche Element bei der Durchführung von Schutzmaßnahmen stark eingeschränkt; die Regelungen der VO 1023/70 waren in dieser Hinsicht die Konsequenz aus denen der beiden gemeinsamen Einfuhrregelungen. Ebenso wie Regionalschutzmaßnahmen und einzelstaatliche Einfuhrbeschränkungen hatte die Aufteilung der Kontingente das Problem der Umwegeinfuhren und damit Beschränkungen des innergemeinschaftlichen Warenverkehrs gem. Art. 115 zur Folge. Dieser Aspekt der drei Neuregelungen des Jahres 1970 war mit dem Konzept des Gemeinsamen Marktes und dem Fernziel einer Wirtschaftsunion noch nicht voll vereinbar, wobei aber zu betonen ist, daß bei der Gestaltung des gemeinsamen Einfuhrsystems die Situation in den Mitgliedstaaten nicht hatte unbeachtet bleiben können.

Immerhin bestand nun aber nach Ablauf der Übergangszeit ein geschlossenes System, das auch Einfuhren aus Staatshandelsländern umfaßte und insgesamt ein Mehr an gemeinschaftlichem Vorgehen im Außenhandel mit sich brachte, auch wenn diese Gemeinschaftlichkeit in wesentlichen Teilbereichen noch nicht sehr stark entwickelt war.

4. Kapitel Die Entscheidung des Rates vom 19.12.1972

A. Gründe der Regelung

Bei den Waren aus Drittländern, die weder unter die VO 1025/70 noch unter die VO 109/70 fielen, hatten die Mitgliedstaaten auch weiterhin ihren vollen Handlungsspielraum, d. h. die Kompetenz, deren Einfuhrbedingungen in ihrem Sinne zu ändern. Das galt zumindest für diejenigen Drittlandwaren, die nicht Gegenstand bilateraler Handelsabkommen waren. Bei letzteren waren die gemeinschaftlichen Verfahrensregeln der Entscheidung des Rates 69/494/EWG vom 16.12.1969 über die schrittweise Vereinheitlichung der Abkommen über die Handelsbeziehungen zwischen den Mitgliedstaaten und dritten Ländern und über die Aushandlung gemeinschaftlicher Abkommen[250] zu beachten. Außer in den in Titel III dieser Entscheidung genannten Ausnahmefällen durften solche Änderungen der mitgliedstaatlichen Einfuhrbedingungen nicht Gegenstand von Verhandlungen und Abkommen der betreffenden Mitgliedstaaten mit Drittländern sein, konnten also nur autonom vorgenommen werden. Solche autonomen Änderungen konnten den weiteren Ausbau der gemeinsamen Handelspolitik behindern bzw. den Interessen der Gemeinschaft entgegenstehen.[251] Deshalb entschloß man sich im Rat, diesen autonomen Änderungen von Einfuhrbedingungen durch die Mitgliedstaaten ein Konsultationsverfahren voranzustellen und sie in manchen Fällen von einer Erlaubnis durch die Gemeinschaft abhängig zu machen. Als Ergebnis dieser Erwägungen erging die Entscheidung des Rates 72/455/EWG vom 19.12.1972 über bestimmte Übergangsmaßnahmen zur schrittweisen Vereinheitlichung der Einfuhrregelungen der Mitgliedstaaten gegenüber Drittländern.[252] In der praktischen Anwendung betraf die Regelung in der Hauptsache Importe aus Staatshandelsländern, da Einfuhrbeschränkungen gegenüber GATT-orientierten Ländern kaum noch angewendet wurden.[253]

250 ABl. 1969, Nr. L 326, S. 39 ff.
251 *Mégret*, in: MLVW Bd. 6, Hb. 1, S. 407
252 ABl. 1972, Nr. L 299, S. 46 ff.
253 Vgl. den 4. Erwägungsgrund der Entscheidung; dazu auch *Schmidt*, in: AWD 1973, S. 362

B. Das Gemeinschaftsverfahren bei einzelstaatlichen Änderungen der Einfuhrbedingungen

Das neugeschaffene Gemeinschaftsverfahren umfaßte grundsätzlich drei Phasen. Beabsichtigte ein Mitgliedstaat eine autonome Änderung der Einfuhrbedingungen für eine Ware, mußte er die Kommission und die anderen Mitgliedstaaten davon unterrichten.[254] Wurde binnen fünf Werktagen von der Kommission oder den anderen Mitgliedstaaten kein Antrag auf Konsultationen gestellt, konnte die einzelstaatliche Maßnahme in Kraft gesetzt werden.[255] Lag dagegen ein Konsultationsantrag vor, wurden Beratungen mit den anderen Mitgliedstaaten und der Kommission notwendig. Diese Beratungen zielten darauf ab, für das betreffende Produkt eine gemeinsame Einfuhrregelung gegenüber dem betreffenden Drittland einzuführen. Gelang das nicht, sollten die jeweiligen Regelungen der einzelnen Mitgliedstaaten so koordiniert werden, daß ein reibungsloses Funktionieren des Gemeinsamen Marktes, und zumindest die schrittweise Einführung einer gemeinsamen Einfuhrregelung gewährleistet wurde.[256] Sah ein Mitgliedstaat oder die Kommission von der in Rede stehenden Maßnahme die grundlegenden Interessen der Gemeinschaft beeinträchtigt, wurde zusätzlich die Wirtschafts- und Handelslage bei dem jeweiligen Erzeugnis geprüft.[257] Wurden bei den Konsultationen keine Einwände vorgebracht, konnte die geplante Maßnahme sogleich in Kraft gesetzt werden,[258] falls doch, erst nach Ablauf von drei Wochen[259]. Während dieser Zeit konnte die Kommission den Rat befassen, und die mitgliedstaatliche Maßnahme konnte erst nach einem Ratsbeschluß zur Anwendung kommen.[260] In Dringlichkeitsfällen konnten die Mitgliedstaaten bestimmte Maßnahmen auch ohne Konsultationen bzw. sogar ohne Unterrichtung der Kommission anwenden. Es handelte sich dabei aber um genau abgegrenzte Ausnahmen, die keine große praktische Bedeutung hatten.[261]

Waren Gemeinschaftsverhandlungen mit einem Drittland genehmigt worden, durften die Mitgliedstaaten Maßnahmen gegenüber dem betreffenden Land nur mit einer Genehmigung des Rates in Kraft setzen.[262]

254 Art. 1 der Entscheidung 72/455
255 Art. 2 Abs. 1 und 4 der Entscheidung 72/455
256 Art. 2 Abs. 2 der Entscheidung 72/455
257 Art. 2 Abs. 3 der Entscheidung 72/455
258 Art. 3 Abs. 1 der Entscheidung 72/455
259 Art. 3 abs. 2 der Entscheidung 72/455
260 Art. 3 Abs. 3 der Entscheidung 72/455
261 Art. 3 Abs. 3 UA 2, Art. 4 der Entscheidung 72/455; dazu auch *Schmidt*, in: AWD 1973, S. 366 ff.
262 Art. 5 Abs. 1 der Entscheidung 72/455

Mit der Ratsentscheidung wurde eine Lücke im gemeinschaftlichen System der Einfuhrregelungen zumindest teilweise geschlossen. Teilweise deshalb, weil die von ihr betroffenen Einfuhren nach wie vor außerhalb des Anwendungsbereichs der VOen 1025/70 und 109/70 blieben und die Kompetenz der Mitgliedstaaten zu Maßnahmen, die sich auf solche Einfuhren bezogen, weitgehend erhalten blieb. Das neue Konsultations- und Genehmigungsverfahren gewährleistete jedoch die Vermeidung von Kollisionen zwischen einzelstaatlichen Maßnahmen und dem Vorgehen der Gemeinschaft gegenüber Drittländern.

Die Möglichkeit, die Auswirkungen eines geplanten einzelstaatlichen Vorgehens auf Gemeinschaftsebene zu prüfen und seine Durchführung gegebenenfalls von einem Beschluß des Rates abhängig zu machen, bedeutete eine offensichtliche Verringerung der mitgliedstaatlichen Kompetenz bei der Gestaltung der Einfuhrbedingungen für Waren, die noch nicht an der gemeinschaftlichen Liberalisierung teilnahmen. Die Ausnahmeregelungen für Fälle, in denen das neue Verfahren nicht beachtet werden mußte, hielten sich in engen Grenzen, so daß mit der Entscheidung insgesamt eine Stärkung der Gemeinschaft einherging und das gemeinschaftliche Außenhandelsrecht eine Erweiterung seines Anwendungsbereiches erfuhr, trotz der grundsätzlich weiterbestehenden Kompetenz der Mitgliedstaaten in diesem Teilbereich.

5. Kapitel Die Neufassung der Einfuhrregelung gegenüber GATT-orientierten Ländern von 1974

A. Vorbemerkung

Die VO 1025/70 sah bis zum 31.12.1971 die Vornahme von Anpassungen ihrer Bestimmungen durch den Rat vor.[263] Nachdem die Kommission dem Rat bereits im Juli 1971 Änderungsvorschläge unterbreitet hatte,[264] dauerte es noch bis zum 4.6.1974, ehe der Rat die VO 1439/74[265] als Nachfolgeregelung zur VO 1025/70 beschloß. Sie brachte teilweise einschneidende Änderungen mit sich. Die wichtigsten dieser Änderungen betrafen die Verwendung des Warenursprungs als Kriterium zur Bestimmung der von der gemeinschaftlichen Liberalisierung erfaßten Importe, die Einfuhrdokumente sowie die Gleichbehandlung der Importeure aller Mitgliedstaaten. Außerdem wurden Regelungen über ein einzelstaatliches Überwachungsverfahren aufgenommen und die Einteilung der Warenliste geändert.

B. Verwendung des Ursprungsbegriffs

1. Einfuhren aus Nicht-GATT-Ländern über GATT-Länder

In Art. 1 der VO 1025/70 war festgelegt gewesen, daß die Einfuhr der in Anhang I aufgeführten Waren »gegenüber« den im Anhang II genannten Drittländern frei war, d. h. keinen mengenmäßigen Beschränkungen unterlag. Für die Rechtsfolge der Einfuhrfreiheit war also auf das Herkunfts- bzw. Versendungsland[266] abgestellt worden und der Ursprung der Waren hatte keine eigenständige Bedeutung gehabt. Nach dieser Regelung war es

263 Art. 14 Abs. 1 der VO 1025/70

264 Dok. KOM (71) 903 endg. v. 28.7.1971; dazu auch die VO (EWG) Nr. 2747/72 des Rates v. 19.12.1972 zur Verschiebung der in den handelspolitischen Grundverordnungen vorgesehenen Revisionstermine, ABl. 1972, Nr. L 291, S. 150

265 ABl. 1974, Nr. L 159, S. 1 ff.

266 Zum Herkunftsbegriff vgl. EuGH, RS. 9/72, Slg. 1972, S. 969

beispielsweise ohne weiteres möglich gewesen, eine Ware mit Ursprung in einem Nicht-GATT-Land über ein GATT-Land frei in das Gemeinschaftsgebiet zu importieren.

In der Neuregelung wurde demgegenüber nun die Einfuhrfreiheit der in Anhang I aufgeführten Waren davon abhängig gemacht, daß sie ihren Ursprung[267] in einem der Länder des Anhang II hatten.[268] Die besondere Bedeutung dieser Änderung ergab sich aus der Tatsache, daß es nach wie vor zwei verschiedene Länderlisten für die Einfuhr in die Gemeinschaft gab: die der VO 1439/70, in der GATT-Vertragsparteien und diesen gleichgestellte Länder erschienen, und die der VO 109/70, in der die sozialistischen Staatshandelsländer genannt wurden, von denen die meisten keine GATT-Mitglieder waren. Damit konnte eine Ware mit Ursprung in einem Nicht-GATT-Land nicht mehr wie bisher über ein GATT-Mitgliedsland frei in die Gemeinschaft importiert werden, denn das Ursprungsland einer solchen Ware erschien nicht im Anhang II der VO 1439/74.

Im Ergebnis lief die Neuregelung darauf hinaus, daß der Handel mit gewerblich-industriellen Waren zwischen der EG und Nicht-GATT-Ländern nur noch auf direktem Wege erfolgen konnte. Der Handel von Nicht-GATT-Ländern mit GATT-Ländern außerhalb der EG wurde auf diese Weise ebenfalls erschwert, weil Produkte aus Nicht-GATT-Ländern nicht mehr wie bisher über Zwischenhändler in GATT-Ländern ungehindert in die EG gelangen konnten. In erster Linie waren davon die Staatshandelsländer betroffen, was eine Abkehr von dem Prinzip der gemeinsamen Handelspolitik bedeutete, wonach es nicht auf die Herkunft einer Ware in politischer Hinsicht ankommen sollte.[269]

Darüber hinaus wurden aber auch die GATT-Partner der Gemeinschaft betroffen. Wegen des Ursprungserfordernisses wurde ihr Handel mit der EG vorwiegend auf Landesprodukte beschränkt, während sie Waren aus Nicht-GATT-Ländern nur noch in weit geringerem Maße als zuvor in die EG absetzen konnten. Die Änderung stellte also ein Hindernis für einen arbeitsteiligen, freien Welthandel dar, verstieß demzufolge gegen die Grundsätze des Art. 110 und stand in gleicher Weise im Widerspruch zum multilateralen System des GATT, da es bilaterale Handelsbeziehungen begünstigte.[270]

267 Zum Ursprungsbegriff siehe Art. 4 ff. der VO 802/68 des Rates über die gemeinsame Begriffsbestimmung für den Warenursprung, ABl. 1968 Nr. L 148, S. 1 ff.; außerdem *Schmidt*, in: ZfZ 1973, S. 375 ff. und *Hesse*, in: ZfZ 1974, S. 23 f.

268 Art. 1 der VO 1439/74

269 *Schmidt*, in: ZHR 1975, S. 110; das hier angesprochene Prinzip ging auf das Arbeitsprogramm von 1962 zurück, vgl. dazu oben 3. Teil, 6. Kapitel, B.2. und C.

270 *Schmidt*, in: ZHR 1975, S. 110

2. Einfuhren aus GATT-Ländern über Nicht-GATT-Länder

Abgesehen davon ergab sich noch eine weitere Beschränkung der Einfuhrfreiheit. In Art. 1 der VO 109/70 wurde nach wie vor lediglich auf das Versendungsland einer Ware abgestellt. Konsequenz daraus wäre ohne weitere Änderungen in der VO 1439/74 gewesen, daß in umgekehrter Weise wie beim eingangs genannten Beispiel Waren mit Ursprung in einem GATT-Land über ein Nicht-GATT-Land frei in die Gemeinschaft hätten eingeführt werden können, sofern der Import des betreffenden Produktes aus dem jeweiligen Staatshandelsland liberalisiert war. Die Art und Weise, in der solche Einfuhren nun beschränkt werden konnten, zeichnete sich durch eine erhebliche Unübersichtlichkeit und Kompliziertheit aus. Nach dem Wortlaut der Neuregelung[271] konnten die Mitgliedstaaten - solange die Vereinheitlichung zwischen den Liberalisierungsgebieten[272] nicht vollständig durchgeführt war - die Einfuhren der in Spalte 2 des Anhangs I[273] nicht aufgeführten Waren von der Voraussetzung abhängig machen, daß nicht nur ihr Ursprungs-, sondern auch ihr Einkaufs- oder Herkunftsland in Anhang II genannt war. Das Erfordernis der Nennung nicht nur des Ursprungs-, sondern auch des Einkaufs- oder Herkunftslandes in Anhang II der VO 1439/74 hatte zur Folge, daß Waren aus GATT-Ländern nun nicht mehr wie bisher über Nicht-GATT-Länder frei in die Gemeinschaft importiert werden konnten. Diese Folge trat aber nicht für alle Waren ein, sondern nur für diejenigen, die nicht in Spalte 2 des Anhangs I der VO 1439/74 aufgeführt waren. Damit war die Differenz der Waren zwischen der Länderliste des Anhangs II der VO 1439/74 und der Länderliste der VO 109/70 gemeint. Die zweifache Voraussetzung Ursprungs- und Versendungsland galt also für die Waren, die gegenüber GATT-Vertragsparteien, nicht aber gegenüber Nicht-GATT-Ländern liberalisiert waren.[274] Gegenüber den GATT-Ländern betrug der Liberalisierungsstand fast 100 %, gegenüber den anderen rund 95 %; die Neuregelung betraf also ca. 5 % aller Importwaren. Gegenüber den GATT-Ländern wurde damit bei 5 % der Waren ein zusätzlicher Transportweg-Nachweis erforderlich. Für die Nicht-GATT-Länder ergab sich als Folge, daß ihnen seitens der EG die Einfuhr von 5 % ihrer gewerblich-industriellen Waren verwehrt werden konnte. Da es sich bei den Nicht-GATT-Ländern überwiegend um Staatshandelsländer handelte, behinderte

271 Art. 16 Abs. 2 lit. a der VO 1439/73

272 Gemeint waren damit GATT-Länder und gleichgestellte Länder einerseits und Nicht-GATT- bzw. Staatshandelsländer andererseits.

273 In dieser Spalte waren die Waren verzeichnet, deren Liberalisierung vom Ursprung in einem Land, das in Anhang II erschien, abhängig war.

274 *Schmidt*, in: ZHR 1975, S. 11; *Beseler*, in: AWD 1974, S. 442

die Neuregelung deren Einbeziehung in den Welthandel. Wie bereits oben dargestellt, lief auch diese Änderung darauf hinaus, die Handelsbeziehungen bilateral zu gestalten, indem nur die jeweiligen Landesprodukte an der Einfuhrfreiheit teilhaben sollten. Damit lag auch hier eine Verletzung von GATT-Prinzipien und ein Verstoß gegen die Vorgaben des Art.110 vor.[275]

Einschränkend muß jedoch erwähnt werden, daß es sich bei dieser Neuregelung um eine zeitlich befristete Übergangsregelung handelte, die zunächst nur bis zum 31.12.1975 gelten sollte,[276] und daß es eine »Kann-Vorschrift« war, eine Ermächtigung der Mitgliedstaaten durch die EG, von der nicht unbedingt Gebrauch gemacht werden mußte.[277]

3. Sonderregelung für die Bundesrepublik

Für die Bundesrepublik wurde eine noch weitergehende Möglichkeit zur Beschränkung der Einfuhr aus Nicht-GATT-Ländern eröffnet. Sie durfte nach der neuen Übergangsregelung für diejenigen in Spalte 2 des Anhangs I der VO 1439/74 aufgeführten Waren, deren Einfuhr nach den deutschen Einfuhrbestimmungen noch nicht weltweit de jure liberalisiert war, weiterhin verlangen, daß sowohl das Ursprungs- als auch das Einkaufsland an der GATT-Liberalisierung teilnahmen.[278] Bei diesen Waren handelte es sich erstens um die in Satz 1 der Vorschrift gemeinten 5 % der Waren, die von der Gemeinschaft noch nicht gegenüber den in der Länderliste der VO 109/70 genannten Staaten liberalisiert waren, und zusätzlich um die Waren, für deren Einfuhr die Bundesrepublik eine Einfuhrgenehmigung verlangte, wenn sie aus Staatshandelsländern importiert wurden.[279] Dies waren Produkte mit sog. de-facto-Liberalisierung, bei denen bis auf Widerruf ohne Prüfung des Einzelfalls Einfuhrgenehmigungen automatisch erteilt wurden, die aber in jedem Einzelfall vorher beantragt werden mußten. Im Widerspruch zur gemeinschaftsrechtlichen de-jure-Liberalisierung für diese Waren durch die VO 109/70, die den Gemeinschaftsbürgern einen Rechtsanspruch auf freie Einfuhr im materiellen wie im formellen Sinne gab, d. h. ohne vorherige Einfuhrgenehmigung, blieb bei der deutschen de-facto-Liberalisierung für diese Waren ein generelles Einfuhrverbot und das Erfordernis der Einfuhrgenehmigung, d. h. einer Ausnahmebewilligung oder eines Dispenses bestehen. Die zuständigen Behörden wendeten das bestehende Einfuhrverbot jedoch nicht an, indem sie allen Antragstellern bis auf Widerruf automatisch die beantragten Einfuhr-

275 *Schmidt*, in: ZHR 1975, S. 112
276 Art. 16 Abs. 1 der VO 1439/74
277 Art. 16 Abs. 2 lit. a, S. 1 der VO 1439/74
278 Art. 16 Abs. 2 lit. a, S. 2 der VO 1439/74; *Beseler*, in: AWD 1974, S. 445
279 Vgl. oben 3. Kapitel, B.3.b

genehmigungen erteilten.[280] Nach der VO 1439/74 hatte die Bundesrepublik jedoch auch aufgrund von Gemeinschaftsrecht zumindest eine Möglichkeit, die Wareneinfuhr aus Staatshandelsländern zu beschränken und so die Teilnahme dieser Länder am internationalen Handel zu erschweren. Angesichts der oft betonten Wertschätzung des freien Handelsverkehrs von deutscher Seite und der Abhängigkeit großer Teile der deutschen Wirtschaft vom Außenhandel eine kaum verständliche Regelung, hinter der auch politische Motive vermutet werden konnten.

C. Gleichbehandlung aller Gemeinschaftsimporteure und geographischer Geltungsbereich von Einfuhrdokumenten

1. Gleichbehandlung aller Gemeinschaftsimporteure

Zu den Grundsätzen des EWGV gehört das allgemeine Diskriminierungsverbot,[281] woraus sich auch das Gebot der Gleichbehandlung aller Einführer der Gemeinschaft ergibt, wie es bereits seit langem in den landwirtschaftlichen Marktordnungen festgelegt ist.[282]

Nach den Einfuhrregelungen aus den Jahren 1968 und 1970 konnten sich die Mitgliedstaaten jedoch weigern, Personen, die keine Niederlassung in ihrem Hoheitsgebiet hatten, die im Rahmen des gemeinsamen Überwachungsverfahrens erforderlichen Einfuhrdokumente zu erteilen bzw. diese mit einem Sichtvermerk zu versehen.[283] Es handelte sich hierbei um Übergangsbestimmungen, die zeitlich begrenzt waren.[284] Nach der VO 1439/70 mußte nun das zur Abfertigung überwachter Waren erforderliche Einfuhrdokument vom jeweiligen Mitgliedstaat jedem Importeur der Gemeinschaft unabhängig vom Ort seiner Niederlassung in der Gemeinschaft ausgestellt oder mit einem Sichtvermerk versehen werden, nachdem er eine Einfuhrerklärung bzw. einen formlosen Antrag abgegeben hatte.[285] Damit entsprach die VO 1439/74 den Anforderungen des Art. 7 und machte deutlich, daß die Gemeinschaft der Durchsetzung der Grundfreiheiten des EWGV hohes Gewicht beimaß.[286]

280 Dieses Verfahren wurde als »Ausschreibung mit laufender Antragstellung« (Amla) bezeichnet, dazu auch *Schmidt*, in: DÖV 1974, S. 55 f.; *ders.*, in: DVBl 1972, S. 251 f.; *Abel*, in: KSE Bd. 11, S. 371 ff.; in den Benelux-Staaten wurde das Verfahren unter der Bezeichnung »Toute licence accordée« angewendet.

281 Vgl. Art. 7 EWGV

282 Z. B. Art. 12 Abs. 1 der VO 120/67, ABl. 1967, Nr. 117, S. 2275

283 Art. 14 Abs. 2 der VO 2045/68; Art. 14 Abs. 2 der VO 1025/70; dazu auch oben 2. Kapitel, C.3.a

284 Art. 14 Abs. 1 der VO 1025/70

285 Art. 8 Abs. 1 der VO 1439/74

286 *Schmidt*, in: ZHR 1975, S. 117

2. Geltungsbereich der Einfuhrdokumente

Eine andere Übergangsvorschrift aus den früheren VOen wurde jedoch in die Neuregelung übernommen. Es war dies die Bestimmung, wonach die für die gemeinschaftliche Überwachung erforderlichen Einfuhrdokumente nur in dem Mitgliedstaat gültig waren, der sie ausgestellt hatte.[287] Im Hinblick darauf, daß es sich um eine ursprünglich zeitlich begrenzte Übergangsmaßnahme handelte, die, nunmehr vier Jahre nach Ablauf der Übergangszeit, noch immer in Kraft war, konnte man darin eine faktische Bevorzugung der Angehörigen des jeweiligen Mitgliedstaates sehen, da nur ihnen der direkte Zugang zu einem abgegrenzten Teil des gesamten Gemeinschaftsgebietes offenstand. Nach dieser Auffassung bedeutete die Regelung eine gegen Art. 7 verstoßende Bevorzugung nach Staatsangehörigkeit und gleichzeitig eine Aufteilung des Gemeinsamen Marktes in abgegrenzte Teilmärkte dadurch, daß die nunmehr neun nationalen Einfuhrerklärungsstellen für ein jeweils begrenztes Gebiet zuständig waren und so die Importeure unter sich aufteilten. Gegen die Ansicht, in dieser Regelung liege ein Verstoß gegen die gemeinschaftliche Wettbewerbsordnung gem. Art. 30, 34, 85, 86[288], ließ sich hingegen anführen, daß die Weiterleitung der in einen Mitgliedstaat importierten Waren in andere Gebiete im Wege des freien Verkehrs gem. Art. 9, 10 davon unberührt blieb, was allerdings im Vergleich zum Direktimport mit höheren Frachtkosten verbunden war. Abgesehen davon war es z. B. einem deutschen Importeur, der überwachte Drittlandwaren nach Frankreich einführen wollte, nach der Neuregelung auch ohne weiteres möglich, dort ein Einfuhrdokument zu erhalten und die Waren direkt nach Frankreich einzuführen.

D. Regelung der nationalen Einfuhrüberwachung

Bis zum Inkrafttreten der VO 1439/74 war allein das gemeinschaftliche Überwachungsverfahren in den Einfuhrregelungen festgelegt. Wurde der Antrag eines Mitgliedstaates auf Durchführung eines Überwachungsverfahrens abgelehnt, konnte er von sich aus die Einfuhr bestimmter Waren in sein Gebiet überwachen.[289] Voraussetzungen und Verfahren der einzelstaatlichen Überwachung wurden nun gemeinschaftsrechtlich kodifiziert. Danach konnte eine Ware einzelstaatlich überwacht werden, wenn sie nicht innerhalb von 8 Werktagen nach Abschluß des Informations- und

287 Art. 16 Abs. 2 lit. c der VO 1439/74
288 *Schmidt*, in: ZHR 1975, S. 118; vgl. auch EuGH RS. 56 und 58/64, Slg. 1966, S. 322 ff.
289 S. o. 2. Kapitel, C.1.

Konsultationsverfahrens der gemeinschaftlichen Überwachung unterstellt worden war. Die Kommission mußte zuvor über die Maßnahme unterrichtet werden.[290]

Im Falle besonderer Dringlichkeit konnte die Einhaltung der Frist unterbleiben und es mußte lediglich die Kommission informiert werden.[291] Der betreffende Mitgliedstaat mußte sie über die Anwendungsmodalitäten in Kenntnis setzen, und die Kommission machte die nationale Überwachung im Amtsblatt bekannt.[292]

Voraussetzung für die Abfertigung einzelstaatlich überwachter Waren war ebenso wie bei der gemeinschaftlichen Überwachung die Vorlage eines Einfuhrdokuments, wobei auch hier festgelegt war, daß es jedem Importeur der Gemeinschaft unabhängig vom Ort seiner Niederlassung in der Gemeinschaft auszustellen war.[293] Außerdem bestand eine Meldepflicht über die Auswirkungen der nationalen Überwachung.[294]

Mit der grundsätzlich einzuhaltenden Acht-Tages-Frist wurde gegenüber den früheren Regelungen ein Fortschritt erzielt, denn die früheren Regelungen ließen den Mitgliedstaaten in dieser Beziehung gänzliche Handlungsfreiheit. Durch die Sonderregelung für Eilfälle blieb dieser Fortschritt jedoch begrenzt.[295] In der Neuregelung konnte also eine Ausbreitung mitgliedstaatlicher Einflußmöglichkeiten zu Lasten gemeinschaftlichen Vorgehens in der gemeinsamen Handelspolitik erblickt werden, die mit Art. 113 unvereinbar war.

Andererseits bestand aufgrund der gewachsenen Ausdehnung der Gemeinschaft und des teilweise schwerfälligen Gemeinschaftsverfahrens in der Hand der Kommission ein Bedürfnis nach einem schnelleren, flexibleren Verfahren. Darüber hinaus erhielt die einzelstaatliche Überwachung durch ihre Regelung in der VO 1439/74 einen gemeinschaftsrechtlichen Charakter, was z. B. durch die Verpflichtung der Mitgliedstaaten zur Unterrichtung der Kommission über die Auswirkungen der nationalen Überwachung deutlich wurde.[296] Außerdem unterlag das einzelstaatliche Überwachungsverfahren, vorbehaltlich der Befassung des Rates durch den jeweiligen Mitgliedstaat, der Aufhebung und Änderung durch Kommissionsbeschluß, was ebenfalls für seine Qualifizierung als gemeinschaftsrechtliches Verfahren sprach.[297]

290 Art. 9 Abs. 1 der VO 1439/74
291 Art. 9 Abs. 2 der VO 1439/74
292 Art. 9 Abs. 3 der VO 1439/74
293 Art. 10 der VO 1439/74
294 Art. 11 der VO 1439/74
295 *Beseler*, in: AWD 1974, S. 447
296 *Schmidt*, in: ZHR 1975, S. 121
297 Art. 15 Abs. 2 lit. b der VO 1439/74

E. Neugliederung der Liberalisierungsliste

Die Listen der liberalisierten Waren in den Anhängen der VOen 2041/68 und 1025/70 waren lediglich einspaltige Nummernreihen gewesen, in denen die Tarifnummern des GZT und die Warenbezeichnungen erschienen. In der VO 1439/74 wurde die Liberalisierungsliste in vier Spalten aufgegliedert, von denen jede eine selbständige rechtliche Regelung traf.

Die erste Spalte mit der Überschrift »Warenbezeichnung Nr. des GZT« regelte i.V.m. Art. 1 der VO für jede aufgeführte Ware individuell-konkret, was Art. 1 der VO nur generell-abstrakt festlegte: Jede in Spalte 1 erscheinende Ware konnte ohne mengenmäßige Beschränkungen und ohne verwaltungstechnische Behinderungen frei eingeführt werden. Jede dort nicht aufgeführte Ware nahm im Zweifelsfall nicht an der gemeinschaftlichen Liberalisierung teil. Dies bedeutete aber nicht ihre Kontingentierung durch die Gemeinschaft, sondern es hieß, daß die Mitgliedstaaten im Hinblick auf solche Waren auch weiterhin ihre eigene Handelspolitik weiterführen konnten und daß die Einfuhr dieser Waren nicht in allen Mitgliedstaaten liberalisiert war.[298]

Spalte 2 trug die Bezeichnung »Liberalisierung nur vom Ursprung abhängig«. Für die dort erscheinenden Waren war dies die individuell-konkrete Regelung, daß der Transportweg, den diese Waren genommen hatten, bevor sie an die Außengrenze der Gemeinschaft kamen, für ihre Einfuhrfreiheit keine Bedeutung hatte. Die nicht aufgeführten Waren nahmen nur dann an der Liberalisierung teil, wenn sie direkt aus dem Ursprungsland in die EG transportiert wurden.[299]

Spalte 3 war mit »Gemeinschaftliche Überwachung« betitelt. Mit der Aufnahme einer Ware in diese Rubrik wurde diese Überwachungsart konstitutiv verhängt.

Spalte 4, mit dem Titel »Nationale Überwachung«, bedeutete für die dort erscheinenden Waren konstitutiv die einzelstaatliche Überwachung. Umgekehrt hatte das Nichterscheinen einer Ware in Spalte 3 oder 4 die Konsequenz, daß sie grundsätzlich keiner Überwachung unterlagen.

Alle Spalten trafen also konstitutive Regelungen, und abgesehen von kurzfristigen Eingriffen zum Zweck der Gefahrenabwehr waren alle einfuhrrechtlichen Regelungen für alle Waren daraus zu ersehen.

Die rechtlich ausschließliche Bedeutung der Liberalisierungsliste kam auch in einer neu aufgenommenen Bestimmung zum Ausdruck. Danach veröffentlichte die Kommission regelmäßig die neueste Fassung des An-

298 *Beseler*, in: AWD 1970, S. 310
299 S. o. B.

hangs I, die den Rechtsakten Rechnung trug, die gemäß der VO 1439/74 von der Gemeinschaft oder den Mitgliedstaaten erlassen worden waren.[300]

Aus der Klarstellung, daß auch einzelstaatliche Maßnahmen »gemäß der VO 1439/74« zu erfolgen hatten und erst durch die Aufnahme in die gemeinschaftliche Liberalisierungsliste und deren Veröffentlichung im Amtsblatt für die Wirtschaft verbindlich wurden, ergab sich, daß auch diese Maßnahmen nun im Rahmen und auf der Grundlage der Regelungen der autonomen gemeinsamen Handelspolitik getroffen wurden.[301]

F. Sonstige Änderungen

Neben den oben behandelten grundlegenden Änderungen der gemeinsamen Einfuhrregelung für Importe aus GATT-orientierten Drittstaaten fand sich eine Reihe ergänzender Regelungen, die neu hinzugekommen waren und zur Weiterentwicklung des EG-Einfuhrrechts beitrugen. Daneben wurden jedoch auch mehrere Übergangsbestimmungen neu aufgenommen, die für verschiedene Mitgliedstaaten Ausnahmen vom gemeinschaftlichen Vorgehen im Außenhandel vorsahen.

Im Titel IV der VO, wo die gemeinschaftlichen Schutzmaßnahmen geregelt waren, wurden die Voraussetzungen, unter denen der Rat Maßnahmen beschließen konnte, geändert bzw. ergänzt. Außer im Fall einer Marktstörung i.S.v. Art. XIX Abs. 1 GATT hatte der Rat nach der VO 1025/70 Schutzmaßnahmen ergreifen können, »um die Erfüllung der von der Gemeinschaft oder von allen Mitgliedstaaten, insbesondere in bezug auf den Handel mit Grundstoffen, übernommenen internationalen Verpflichtungen zu ermöglichen.«[302] Demgegenüber hieß es nun: »Um den internationalen Rechten der Gemeinschaft oder aller Mitgliedstaaten nachkommen zu können, und zwar insbesondere in bezug auf den Handel mit Grundstoffen«.[303] Diese Änderung trug nicht nur der Zuständigkeit der EG zum Abschluß völkerrechtlicher Verträge nach einheitlichen Grundsätzen Rechnung,[304] sondern war auch darauf zurückzuführen, daß die Gemeinschaft in Anwendung dieser Zuständigkeit eine immer mehr wachsende Anzahl von Handels- und Kooperationsverträgen mit zahlreichen Drittländern abgeschlossen hatte,[305] worin sich auch ihr Anspruch, nach außen als einheitliches Wirtschaftsgebiet aufzutreten, manifestierte.

300 Art. 19 der VO 1439/74
301 *Schmidt*, in: ZHR 1975, S. 126
302 Art. 11 Abs. 1 lit. b der VO 1025/70
303 Art. 13 Abs. 1 lit. b der VO 1439/74
304 Vgl. Art. 113
305 S. o. Teil 1, 7. Kapitel, B.3.

Neben der bisherigen, dem Art. 36 nachgebildeten Ermächtigungsgrundlage zur Anwendung von Einfuhrbeschränkungen durch die Mitgliedstaaten aus Gründen der Sittlichkeit, Sicherheit und Ordnung sowie aus anderen Gründen des öffentlichen Interesses[306] kamen zwei neue Gründe hinzu, aufgrund derer einzelstaatliche Maßnahmen angewendet werden durften.

Es waren dies erstens besondere devisenrechtliche Formalitäten und zweitens Formalitäten, die aufgrund internationaler Übereinkünfte in Übereinstimmung mit dem EWGV eingeführt wurden.[307] Die erste Ergänzung stand in Zusammenhang mit den Bestimmungen des EWGV über den Kapital- und Zahlungsverkehr auch mit Drittländern gem. Art. 70, 72, 73, während die zweite die erweiterte Zuständigkeit der EG für internationale Verträge nach den Grundsätzen des im Jahre 1971 ergangenen AETR-Urteils des EuGH[308] in die Regelungen des gemeinschaftlichen Außenhandels einbaute.[309]

Was das gemeinschaftliche Überwachungsverfahren anging, wurden zwei neue, zeitlich begrenzte Ausnahmen aufgenommen, die die Verwendung von Einfuhrerklärungen betrafen. Gem. Art. 7 und 8 der VO war grundsätzlich nur für die Einfuhr überwachter Waren die Vorlage eines Einfuhrdokuments erforderlich, das nach Vorlage einer Einfuhrerklärung jedem Gemeinschaftsimporteur von den jeweiligen nationalen Behörden auszustellen war.[310]

Die eine der dieses Verfahren betreffenden Ausnahmeregelungen bezog sich auf die Benelux-Staaten und Italien. Sie konnten auch außerhalb des Überwachungsverfahrens bei Einfuhren aus Japan und Hongkong ein System der automatischen Lizenzteilung oder der Einfuhrerklärung beibehalten.[311]

Die andere Ausnahmeregelung galt für die Bundesrepublik. Sie konnte bei Waren, deren Einfuhr nach den deutschen Einfuhrbestimmungen noch nicht gegenüber allen Drittländern vom Erfordernis einer Einfuhrgenehmigung befreit war, auch weiterhin die Vorlage einer Einfuhrgenehmigung verlangen.[312] Es handelte sich dabei um die gleiche rechtliche Konstruktion wie in S. 2 von Art. 16 Abs. 2 lit. a der VO.[313] Die dem deutschen Erfordernis einer Einfuhrgenehmigung unterliegenden Importe

306 Art. 17 lit. a der VO 1439/74
307 Art. 17 lit. b, c der VO 1439/74
308 EuGH, RS. 22/70, Slg. 1971, S. 263; dazu auch *Fuß*, in: DVBl 1972, S. 237 ff.
309 *Schmidt*, in: ZHR 1975, S. 124 f.
310 S. o. C.
311 Art. 16 Abs. 2 lit. d der VO 1439/74
312 Art. 16 Abs. 2 lit. g der VO 1439/74
313 S. o. B.

waren solche aus Nicht-GATT-Ländern, d. h. vor allem aus Staatshandelsländern. Indem die Ausnahmeregelung auf die Waren abstellte, deren Einfuhr einer Genehmigung unterlag und nicht auf Ursprung oder Herkunft in bestimmten Ländern, ergab sich die Konsequenz, daß die Bundesrepublik die Einfuhr dieser Waren nicht nur aus den Staatshandelsländern, sondern auch aus GATT-Ländern überwachen konnte.

Im übrigen war das in der VO 1025/70 noch erwähnte Ziel eines gemeinschaftlichen Einfuhrdokuments[314] in der VO 1439/74 nicht mehr zu finden. Die Verwendung des Wortes »Einfuhrerklärungen« in den Ausnahmeregelungen ließ aber den Umkehrschluß zu, daß bei den von ihnen nicht betroffenen Waren und Ländern keine anderen Einfuhrerklärungen und -dokumente verwendet werden durften, da sie nicht ausdrücklich in die Ausnahmeregelungen einbezogen waren. Daraus ergab sich, daß für alle nicht in Spalte 3 oder 4 der Liberalisierungsliste erscheinenden Waren, sofern sie nicht unter eine der Ausnahmeregelungen fielen, keinerlei andere Einfuhrerklärungen verlangt werden durften. Die Einfuhrdokumente des gemeinschaftlichen Überwachungsverfahrens waren somit, abgesehen von den Fällen nationaler Überwachung und der Ausnahmeregelungen, die allein zulässigen für Waren, deren Einfuhr nicht aufgrund der Anwendung von Schutzmaßnahmen beschränkt war.[315]

Eine weitere Ausnahmeregelung bezog sich auf die nationale Überwachung gem. Art. 9-11 der VO, die für sich schon eine Ausnahme darstellte. Mitgliedstaaten, die in Spalte 4 der Liberalisierungsliste bei den dort aufgeführten Waren angegeben wurden, konnten die Einfuhr dieser Produkte weiter einzelstaatlich überwachen, und zwar auch mittels automatischer Lizenzen.[316] Bedeutsam war, daß dabei Art. 9, Art. 10 letzter Satz und die Art. 11 und 15 nicht angewendet wurden.[317] Diese Bestimmungen enthielten Voraussetzungen und Verfahrensregeln für einzelstaatliche Überwachung. Die Ausnahmeregelung ermächtigte die Mitgliedstaaten also zu einer Überwachung ohne Bindung an Voraussetzungen und Verfahren der gemeinschaftlichen Regelung und bildete daher, ebenso wie die bereits erwähnten Ausnahmen, ein starkes nationales Element im Recht der gemeinsamen Handelspolitik. Die Ermächtigung zu diesem Vorgehen in einer gemeinsamen Einfuhrregelung zeigte aber auch die Kompetenz der EG auf diesem Gebiet.[318] Für Irland und das Vereinigte Königreich galt

314 Art. 14 Abs. 1 der VO 1025/70
315 *Beseler*, in: AWD 1974, S. 444; *Schmidt*, in: ZHR 1975, S. 116
316 Art. 16 Abs. 2 lit. e, HS. 1 der VO 1439/74
317 Art. 15 Abs. 2 lit. e, HS. 2 der VO 1439/70
318 *Schmidt*, in: ZHR 1975, S. 120 f.

eine Übergangsregelung, nach der sie bei bestimmten Waren mengenmäßige Beschränkungen anwenden durften.[319]

G. Bewertung der Neufassung

Die bedeutsamste Änderung durch die VO 1439/74 lag in der Umstellung des gesamten Einfuhrrechts auf das Ursprungsprinzip. Durch die Neufassung des Art. 1 der VO konnten Waren mit Ursprung in Nicht-GATT-Ländern nicht mehr über GATT-Länder frei in die EG eingeführt werden, da es nach wie vor zwei verschiedene Länderlisten für die Einfuhr aus Drittländern gab, von denen die eine GATT-orientierte Länder enthielt, die andere vor allem für Einfuhren aus Staatshandelsländern galt.

Diese Änderung ging in erster Linie zu Lasten des Außenhandels der Staatshandelsländer, was eine Abkehr von Grundsätzen des Arbeitsprogramms von 1962 darstellte, wonach die Herkunft von Waren aus diesen Ländern kein Grund zur Diskriminierung hatte sein sollen.

Für den Außenhandel der GATT-Länder ergaben sich jedoch auch Beschränkungen, da sie Waren mit Ursprung in Nicht-GATT-Ländern nicht mehr ungehindert in die Gemeinschaft exportieren konnten.

Durch die Ausnahmeregelung des Art. 16 Abs. 2 lit. a der VO wurde auch die Einfuhr von Waren mit Ursprung in GATT-Ländern über Nicht-GATT-Länder in die Gemeinschaft erschwert, die von der EG gegenüber den Nicht-GATT-Ländern noch nicht liberalisiert worden waren, was ca. 5 % aller Importe betraf. Beide Änderungen behinderten ein freies internationales Handelssystem und waren daher mit den Grundsätzen des Art. 110 unvereinbar. Aufgrund der Begünstigung bilateraler Handelsbeziehungen widersprachen sie auch dem multilateralen Ansatz des GATT.

Die in Art. 16 Abs. 2 lit. a, S. 2 der VO enthaltene Sonderregelung ermöglichte der Bundesrepublik eine noch weitergehende Möglichkeit zur Beschränkung der Einfuhren aus Nicht-GATT-Ländern, die im Widerspruch zur gemeinschaftlichen Liberalisierung durch die VO 109/70 in der Bundesrepublik weiterhin einer Einfuhrgenehmigung bedurften. Auch diese Regelung war weder mit Art. 110 noch mit den Verpflichtungen aus dem GATT vereinbar und stand zudem im Gegensatz zur mehrfach geäußerten deutschen Unterstützung eines ungehinderten internationalen Handels.

Demgegenüber brachte die nun in Art. 8 Abs. 1 und Art. 10 der VO verankerte Gleichbehandlung aller Importeure der Gemeinschaft bei der

319 Art. 16 Abs. 2 lit. h der VO 1439/74

Erteilung von Einfuhrdokumenten für überwachte Waren einen Fortschritt für den weiteren Ausbau des Gemeinsamen Marktes. Diese Gleichbehandlung entsprach den Anforderungen des Art. 7 und trug zur Durchsetzung der Grundfreiheiten des EWGV bei.

Die erstmalig erfolgte gemeinschaftsrechtliche Regelung der nationalen Einfuhrüberwachung ließ zwei Deutungen zu. Zum einen konnte darin eine Zunahme mitgliedstaatlichen Einflusses gesehen werden, die ein gemeinschaftliches Vorgehen auf dem Gebiet des EG-Außenhandels im Widerspruch zu Art. 113 erschwerte. Zum anderen bestand bei der Einfuhrüberwachung ein Bedürfnis nach schneller Reaktionsmöglichkeit und der Umstand, daß einzelstaatliche Maßnahmen hier in einer GemeinschaftsVO geregelt wurden, bedeutete auch, daß eben diese Maßnahmen nun auf der Grundlage des Gemeinschaftsrechts ergriffen wurden, demgemäß also auch gemeinschaftsrechtlichen Charakter erhielten.

Eine praktische Verbesserung wurde durch die vierspaltige Neugliederung der Liberalisierungsliste herbeigeführt, in der jede der vier Spalten konstitutive Regelungen enthielt und aus denen grundsätzlich alle einfuhrrechtlichen Maßnahmen für alle Waren hervorgingen. Der neue Art. 19 der VO verdeutlichte zudem, daß auch einzelstaatliche Maßnahmen, die in der Liberalisierungsliste zu erscheinen hatten, auf der Grundlage der VO 1439/74 erfolgten und erst durch Aufnahme in die Liste und Veröffentlichung im Amtsblatt verbindlich wurden.

Die Ausnahmeregelungen, die das gemeinschaftliche und einzelstaatliche Überwachungverfahren betrafen, stellten ausgeprägt nationale Elemente im Bereich der gemeinsamen Handelspolitik dar, die einzelnen Mitgliedstaaten einen erheblichen Handlungsspielraum eröffneten und zu Lasten eines in sich geschlossenen, vom Grundsatz gemeinschaftlichen Vorgehens bestimmten Außenhandelssystems gingen. Diese Regelungen waren mit den Zielen von Art. 110 kaum vereinbar; sie machten deutlich, wie sehr von mitgliedstaatlicher Seite noch immer versucht wurde, den Übergang der Zuständigkeit für den Außenhandel auf die Gemeinschaft und deren Organe zu bremsen bzw. ein möglichst hohes Maß an einzelstaatlicher Kompetenz zu konservieren. Die insgesamt acht Ausnahmebestimmungen führten auch dazu, daß das Regelungswerk der VO 1439/74 unklarer und unsystematischer wurde, vor allem was die Überwachung von Einfuhren anging.

6. Kapitel Die Neufassung der Einfuhrregelungen gegenüber GATT-orientierten Ländern und Staatshandelsländern von 1979

A. Vorbemerkung

Am 8.5.1979 beschloß der Rat die VO 926/79 betreffend die gemeinsame Einfuhrregelung,[320] mit der die bis dahin geltende VO 1439/74 und die Entscheidung 72/455 des Rates vom 19.12.1972 über bestimmte Übergangsmaßnahmen zur schrittweisen Vereinheitlichung der Einfuhrregelungen der Mitgliedstaaten gegenüber Drittländern außer Kraft gesetzt wurde. Außerdem wurde mit der VO 925/79[321] über eine gemeinsame Regelung für die Einfuhr aus Staatshandelsländern die VO 109/70 ersetzt.

Wie bereits die früher geltenden VOen stimmten auch diese inhaltlich weitgehend überein. Nachfolgend werden zuerst die mit der VO 926/79 erfolgten Änderungen des gemeinschaftlichen Einfuhrrechts gegenüber GATT-orientierten Drittstaaten behandelt und daran anschließend die Weiterentwicklung in bezug auf Einfuhren aus Staatshandelsländern, für die nun die VO 925/79 galt.

B. Änderungen des Einfuhrsystems gegenüber GATT-orientierten Ländern durch die VO 926/79

1. Neugliederung der gemeinsamen Liberalisierungsliste und Erweiterungskompetenz der Kommission

Die Unterteilung der Liberalisierungsliste in vier Spalten, die mit der VO 1439/74 eingeführt worden war, blieb in der Neuregelung bestehen, doch änderten sich Bezeichnung und Funktion der einzelnen Spalten.

In Spalte 1, »Gemeinsame Liberalisierung«, wurden die Waren bezeichnet, die ohne mengenmäßige Beschränkungen frei eingeführt werden konnten, sofern sie ihren Ursprung in einem in Anhang II genannten

320 ABl. 1979, Nr. L 131, S. 15 ff.
321 ABl. 1979, Nr. L 131, S. 1 ff.

Drittland hatten.[322] Am Ursprungserfordernis mit seinen negativen Folgen für einen ungehinderten Handelsverkehr im internationalen Rahmen wurde also festgehalten.

Eine Neuerung enthielt jetzt die Spalte 2, »Nationale Liberalisierung«. Sie enthielt Waren, deren Liberalisierung nur auf mitgliedstaatlicher Ebene erfolgt war. Solche Produkte konnten nur in die Mitgliedstaaten frei eingeführt werden, die in Spalte 2 im Hinblick auf diese Waren gesondert erwähnt wurden.[323] Diese Neuerung stellte insofern einen Integrationsfortschritt dar, als diese Waren jetzt zumindest unter formalem Aspekt in die gemeinsame Handelspolitik einbezogen wurden. Materiell blieb die Kompetenz zur Regelung dieser Einfuhren jedoch bei den Mitgliedstaaten, weil diejenigen Mitgliedstaaten, die sich der Liberalisierung dieser Produkte nicht anschlossen und demgemäß nicht in Spalte 2 erwähnt wurden, ihre mengenmäßigen Beschränkungen auch weiterhin beibehalten konnten, wenn sie vor Inkrafttreten der VO die Kommission davon unterrichteten.[324] Das Erfordernis dieser Unterrichtung allein konnte nicht die Einbeziehung dieser Waren in die gemeinsame Handelspolitik bewirken. Die gemeinschaftliche Liberalisierung war also auch im Jahre 1979 noch nicht vollständig.

In Spalte 3 wurde jetzt angegeben, ob eine Ware gemeinschaftlicher oder nationaler Überwachung unterlag, was in der VO 1439/74 noch in zwei getrennten Spalten angegeben worden war.

Spalte 4 diente zur Angabe von Waren, deren Einfuhr von einer gemeinschaftlichen mengenmäßigen Beschränkung betroffen wurde.

Im Hinblick auf die Erweiterung der Liberalisierungsliste wurden die Befugnisse der Kommission erweitert. Konnte bislang die Aufnahme neuer Waren in die Liberalisierungsliste nur durch Ratsbeschluß erfolgen,[325] war dies jetzt auch durch Beschluß der Kommission möglich. Voraussetzung dafür war die Feststellung, daß eine Ware infolge der Aufhebung einer mengenmäßigen Beschränkung durch einen Mitgliedstaat in der ganzen Gemeinschaft liberalisiert wurde.[326] Diese Kompetenzerweiterung wurde allerdings durch das Recht der Mitgliedstaaten begrenzt, einen Ratsbeschluß über die Erweiterung der Liberalisierungsliste zu beantragen.[327]

322 Art. 1 Abs. 1 der VO 926/79
323 Art. 1 Abs. 2 der VO 926/79
324 Art. 17 Abs. 1 der VO 926/79; dazu auch *Nicolaysen*, in: FS Schlochauer, S. 860 f.
325 Vgl. Art. 2 der VO 1439/74 und die früheren Regelungen
326 Art. 2 Abs. 2, 1. HS der VO 926/79
327 Art. 2 Abs. 2, 2. HS der VO 926/79

2. Schriftliches Konsultationsverfahren

Das gemeinschaftliche Informations- und Konsultationsverfahren blieb im Vergleich zu den früheren Einfuhrregelungen nahezu unverändert. Neu war lediglich die Möglichkeit zur schriftlichen Durchführung von Konsultationen.[328] Damit konnte das Konsultationsverfahren in unproblematischen Fällen vereinfacht werden, da der beratende Ausschuß nicht einberufen werden mußte.

3. Ergänzungen des gemeinschaftlichen Überwachungsverfahrens

Im Bereich der gemeinschaftlichen Einfuhrüberwachung wurden zwei Ergänzungen vorgenommen.

Zusätzlich zur bereits zuvor gegebenen Möglichkeit einer vorherigen Überwachung durch von den Mitgliedstaaten auszustellende Einfuhrdokumente konnte nun auch eine nachträgliche gemeinschaftliche Überwachung der Einfuhren zur Anwendung kommen, die lediglich durch statistische Registrierung der in einem bestimmten Zeitraum erfolgten Importe einer Ware durchgeführt werden konnte.[329] Je nach Lage des Falles[330] konnte mit diesem erweiterten Instrumentarium differenzierter auf drohende Marktstörungen reagiert werden. Zwar hatte auch die bis dahin allein anwendbare vorherige Überwachung lediglich eine Kontrollfunktion und mußte so gehandhabt werden, daß keine Beschränkung der Einfuhren daraus resultieren konnte, doch stellte das Beantragen der Einfuhrdokumente immer auch eine lästige Formalität dar und hatte Signalfunktion in dem Sinne, daß in absehbarer Zeit mit der Anwendung von Schutzmaßnahmen gerechnet werden mußte.[331] Sollten diese Wirkungen, z. B. aus politischen Gründen oder aufgrund laufender Verhandlung zum Abschluß von Handelsabkommen der Gemeinschaft, zunächst vermieden werden, konnte mit der Neuregelung eine weniger augenfällige Form der gemeinschaftlichen Einfuhrüberwachung stattfinden.

Die zweite bedeutsame Änderung betraf die Geltungsdauer der gemeinschaftlichen Überwachung. War der Anwendungszeitraum dieser Maßnahmen bislang nicht ausdrücklich begrenzt gewesen, d. h. grundsätzlich vom Bestehen der drohenden Marktstörung abhängig,[332] wurde ihre Geltungsdauer nun begrenzt. Sie konnten maximal bis zum Ende des

328 Art. 5 Abs. 4 der VO 926/79
329 Art. 7 Abs. 1 lit a der VO 926/79
330 Art. 7 Abs. 1 S. 1 a. E. der VO 926/79
331 *Nicolaysen*, in: FS Schlochauer, S. 862
332 Vgl. Art. 7 und Art. 15 der VO 1439/74

zweiten Halbjahres in Kraft bleiben, das auf dasjenige folgte, in dem sie eingeführt wurden. Es ergab sich damit eine grundsätzliche Begrenzung auf eineinhalb Jahre, allerdings unter dem Vorbehalt, daß nichts anderes bestimmt wurde.[333] Eine Gemeinschaftsüberwachung über den Zeitraum des Bestehens einer Marktstörung hinaus war jedoch unter dem Gesichtspunkt der Verhältnismäßigkeit nicht zu rechtfertigen.[334] Auch wenn Überwachungsmaßnahmen keine Begrenzung der Einfuhr herbeiführten, bedeuteten sie aus den obengenannten Gründen doch einen zusätzlichen Arbeitsaufwand für die Importeure. Durch die Neuregelung wurde sichergestellt, daß diese Belastung grundsätzlich zeitlich begrenzt sein sollte, denn die gem. Art. 15 der VO vorgesehenen Überprüfungen der Erforderlichkeit von Überwachungs- oder Schutzmaßnahmen, die bereits eingeführt worden waren, fanden erst auf Veranlassung der Kommission oder eines Mitgliedstaates statt. Auch wenn aus Gründen der Verhältnismäßigkeit[335] solche Überprüfungen frühzeitig angebracht waren, konnten sie nach dem Wortlaut von Art. 15 der VO 1439/74 unterbleiben. Die Neuregelung stellte daher zumindest sicher, daß grundsätzlich nach Ablauf von achtzehn Monaten die Frage der Erforderlichkeit geprüft werden mußte. Sie bedeutete für die Importeure also ein Mehr an Rechtssicherheit und verdeutlichte die Bereitschaft der EG, den Import von Waren in ihr Gebiet nach Möglichkeit einfach zu gestalten.

4. Modifikationen im System der Schutzmaßnahmen

Im Bereich der gemeinschaftlichen und einzelstaatlichen Schutzmaßnahmen ergaben sich mehrere Änderungen.

Ergriff die Kommission Schutzmaßnahmen, hatte sie von nun an die einschränkenden Kriterien zu beachten,[336] die bis dahin ausdrücklich nur für das Eingreifen des Rates gegolten hatten.[337] Zwar war das Eingreifen der Kommission auch weiterhin auf Krisenlagen beschränkt, doch konnte sie, wie schon zuvor, durch die Kontingentierung von Einfuhren eine tiefgreifende Änderung der Einfuhrbedingungen für einzelne Waren herbeiführen. Im Hinblick auf das Ziel einer harmonischen Entwicklung des Welthandels gem. Art. 110 entsprach diese Änderung daher den Zielen der

333 Art. 7 Abs. 3 der VO 926/79

334 Ein Ausfluß des Grundsatzes der Verhältnismäßigkeit im gemeinsamen Einfuhrrecht war auch die Bestimmung des Art. 15 der VO 926/79.

335 Ausführlich zum Grundsatz der Verhältnismäßigkeit im Gemeinschaftsrecht siehe *Schwarze*, Europäisches Verwaltungsrecht, Bd. II, S. 690 ff., speziell zum Außenhandelsrecht S. 785 ff. m. w. N.

336 Art. 12 Abs. 2 der VO 926/79

337 Art. 12 und 13 Abs. 3 der VO 1439/74

Handelspolitik und trug darüber hinaus dem Umstand Rechnung, daß die Berücksichtigung traditioneller Handelsströme und vor Inkrafttreten von Schutzmaßnahmen geschlossener Verträge der Mitgliedstaaten auch unter politischen Gesichtspunkten im Interesse der Gemeinschaft lag. Insofern stellte die Beachtung dieser Kriterien durch die Kommission eine Selbstverständlichkeit dar, und ihre Aufnahme in Art. 12 der VO hatte eher den Charakter einer Bekräftigung. Für den Rat galt die Regelung dementsprechend unverändert weiter.[338]

Die zweite Änderung in bezug auf Schutzmaßnahmen der Kommission betraf die Frist, innerhalb derer die Mitgliedstaaten den Rat mit diesen Maßnahmen befassen konnten. Betrug die Frist nach Mitteilung durch die Kommission nach der früheren Regelung zehn Tage[339], hatten die Mitgliedstaaten jetzt einen Monat lang Zeit, um ihre Entscheidung darüber zu treffen.[340] Diese verlängerte Frist zur Befassung des Rates mit Kommissionsmaßnahmen trug damit in erster Linie mitgliedstaatlichen Interessen Rechnung.

Im Hinblick auf den Bestand ihrer Schutzmaßnahmen ergab sich durch eine weitere Änderung eine institutionelle Stärkung der Kommission. Nach der VO 1439/74 hatte sie im Falle der Kontingentierung bestimmter Waren dem Rat einen Vorschlag für das weitere Vorgehen machen müssen. Hatte der Rat nicht binnen sechs Wochen über den Vorschlag befunden, galt die Maßnahme als aufgehoben.[341] Die Neuregelung sah den Kommissionvorschlag an den Rat über das weitere Vorgehen im Falle der Anwendung mengenmäßiger Beschränkungen nicht mehr vor. Die Maßnahmen der Kommission blieben also grundsätzlich solange in Kraft, wie sie erforderlich waren, es sei denn, ein Mitgliedstaat befaßte den Rat damit. In diesem Fall betrug die Frist für eine Beschlußfassung des Rates jetzt statt sechs Wochen drei Monate; erst wenn innerhalb dieser Frist kein Beschluß erfolgte, galt die Kommissionsmaßnahme als aufgehoben. Die Mindestdauer von Schutzmaßnahmen der Kommission war also verdoppelt, außer wenn der Rat schon zuvor ihre Aufhebung beschloß.[342] Hinsichtlich der Funktion der Kommission als Organ zur Wahrung der Gesamtinteressen der Gemeinschaft[343] war dies ein nicht unerheblicher Schritt zur Festigung der gemeinschaftlichen Zuständigkeit für Maßnahmen der gemeinsamen Handelspolitik.

338 Art. 13 Abs. 2 der VO 926/79
339 Art. 12 Abs. 5 der VO 1439/74
340 Art. 12 Abs. 5 der VO 926/79
341 Art. 12 Abs. 6 der VO 1439/74
342 Art. 12 Abs. 5 und 6 der VO 926/79
343 BBPS, S. 130

Die Regelungen über Schutzmaßnahmen des Rates blieben inhaltlich unverändert. Unter Bezugnahme auf die geänderte Spaltenbezeichnung der Liberalisierungsliste wurde lediglich neu festgelegt, daß mengenmäßige Beschränkungen nach der VO in Spalte 4 der Liste einzutragen waren.[344]

Was die gemeinschaftsrechtlich kodifizierte Befugnis der Mitgliedstaaten zu vorsorglichen Schutzmaßnahmen anging, so wurde diese Regelung teils detaillierter gestaltet, teils gestrafft.

In der VO 1439/74 war lediglich festgelegt gewesen, daß Schutzmaßnahmen der Mitgliedstaaten grundsätzlich erst nach Anhörung des beratenden Ausschusses, in Dringlichkeitsfällen nach Unterrichtung der Kommission ergriffen werden durften.[345] Dieses System wurde im wesentlichen beibehalten, jedoch die Verfahrensweise im einzelnen normiert. Lag kein Dringlichkeitsfall vor, mußte der betreffende Mitgliedstaat die Kommission über die Gründe und Modalitäten der geplanten Maßnahmen in Kenntnis setzen, ebenso die anderen Mitgliedstaaten. Der Ausschuß wurde sodann von der Kommission einberufen, und nach Anhörung der in diesem Rahmen abgegebenen Stellungnahmen konnten die einzelstaatlichen Maßnahmen getroffen werden.[346]

Wurde von seiten eines Mitgliedstaates ein Dringlichkeitsfall geltend gemacht, mußten innerhalb von fünf Tagen nach Unterrichtung der Kommission Konsultationen darüber abgehalten werden, doch konnte die Einfuhr bestimmter Waren schon vorher begrenzt werden.[347] Die Pflicht zu Konsultationen auch bei Dringlichkeitsfällen stellte gegenüber der bloßen Unterrichtungspflicht, wie sie vorher bestanden hatte, eine stärkere Einbindung mitgliedstaatlichen Vorgehens in gemeinschaftliche Verfahrensregeln dar. Dieser Fortschritt beschränkte sich allerdings auf den formellen Bereich, da bereits vor den Konsultationen einzelstaatlich vorgegangen werden konnte.

Das weitere Vorgehen nach dem Inkrafttreten mitgliedstaatlicher Schutzmaßnahmen wurde demgegenüber in vereinfachter Weise geregelt. War nach den früheren Regelungen danach unterschieden worden, ob die Schutzmaßnahmen aufgrund einer Marktstörung in einem Mitgliedstaat oder aufgrund von Schutzklauseln in bilateralen Abkommen zwischen Mitgliedstaaten und Drittländern ergriffen worden waren,[348] galt nun ein vereinheitlichtes Verfahren unabhängig vom Grund des mitgliedstaatlichen Vorgehens. Die Unterrichtung der Kommission von einzel-

344 Art. 13 Abs. 3 der VO 926/79

345 Art. 14 Abs. 2 der VO 1439/74

346 Art. 14 Abs. 2 lit. a der VO 926/79

347 Art. 14 Abs. 2 lit. b der VO 926/79

348 Diese Regelung war bereits mit der VO 1025/70 eingeführt worden, vgl. dazu oben, 3. Kapitel, 4.b, cc

staatlichen Maßnahmen galt als Antrag für einen Beschluß von Kommissionsmaßnahmen gem. Art. 12 Abs. 4 der VO. Die Maßnahmen der Mitgliedstaaten galten nur bis zum Beschluß der Kommission. Entschied sich die Kommission gegen die Anwendung von Schutzmaßnahmen oder beschloß sie andere Maßnahmen als der Mitgliedstaat, galt ihr Beschluß erst vom sechsten Tag nach seinem Inkrafttreten an. Insofern blieb es bei der alten Regelung. Befaßte der Mitgliedstaat jedoch den Rat, waren seine Maßnahmen bis zum Ratsbeschluß anwendbar, der innerhalb eines Monats nach der Befassung entscheiden mußte.[349]

Nach der alten Regelung hatte bei einzelstaatlichen Schutzmaßnahmen aufgrund von Schutzklauseln in bilateralen Abkommen eine Zwei-Monats-Frist gegolten, die zusätzlich verlängert werden konnte.[350] Der Handlungsspielraum für die Mitgliedstaaten im Bereich handelspolitischer Schutzmaßnahmen wurde also zeitlich enger eingegrenzt.[351]

Die Vorschrift über einzelstaatliche Schutzmaßnahmen sollte bis zum 31.12.1981 neu gefaßt werden, wovon die Bestimmungen über Schutzklauseln in bilateralen Abkommen der Mitgliedstaaten jedoch ausgenommen blieben,[352] so daß dieser Bereich einer vollständigen Vergemeinschaftung der Handelspolitik auch weiterhin entgegenstand.

5. Übergangs- und Schlußbestimmungen

Bei den Übergangs- und Schlußbestimmungen unter Titel V der VO 926/79 ergab sich durch die Neufassung eine Verringerung der Ausnahmeregelungen von acht[353] auf sechs.[354] Von Bedeutung war der Wegfall der Möglichkeit für die Bundesrepublik, Waren, deren Einfuhr nach den deutschen Einfuhrbestimmungen noch nicht gegenüber allen Drittländern vom Erfordernis einer Einfuhrgenehmigung freigestellt war, auch bei der Einfuhr aus GATT-Ländern zu überwachen.[355]

Außerdem entfiel die Übergangsbestimmung, nach der Irland und das Vereinigte Königreich nach ihrem Beitritt zur EG mengenmäßige Beschränkungen bei der Einfuhr bestimmter Waren aus Staatshandelsländern beibehalten durften.[356]

349 Art. 14 Abs. 4 der VO 926/79
350 Art. 14 Abs. 5 der VO 1439/74
351 Zu einzelstaatlichen Maßnahmen auf dem Gebiet der Handelspolitik vgl. auch EuGH, RS. 41/76, Slg. 1976, S. 1921 ff.
352 Art. 14 Abs. 5 der VO 926/79
353 Art. 16 Abs. 2 lit. a-h der VO 1439/74
354 Art. 16 Abs. 2 lit. a-f der VO 926/79
355 Art. 16 Abs. 2 lit. g der VO 1439/74, dazu oben 5. Kapitel, f.
356 Art. 16 Abs. 2 lit. h der VO 1439/74

Die zweite Änderung in Titel V der VO 926/79 betraf Waren, die nicht in der gemeinsamen Liberalisierungsliste aufgeführt waren, deren Einfuhrbedingungen also von den Mitgliedstaaten festgelegt wurden. Autonome Änderungen der Einfuhrbedingungen dieser Waren durch die Mitgliedstaaten waren bereits durch die Entscheidung 72/455/EWG einem gemeinschaftlichen Konsultationsverfahren unterworfen und in manchen Fällen von einem Ratsbeschluß abhängig gemacht worden.[357] Die Regelungen dieser Entscheidung wurden nun als Übergangsbestimmung in die VO 926/79 übernommen und blieben im wesentlichen unverändert.[358] Im Hinblick auf Entliberalisierungsmaßnahmen, die einzelstaatlich für Waren in Erwägung gezogen wurden, die nur in bestimmte Mitgliedstaaten frei eingeführt werden konnten, waren diese Regelungen zeitlich begrenzt bis zum 31.12.1981. Danach sollten einzelstaatliche Maßnahmen dieser Art nur noch gemäß den Bestimmungen der VO 926/79 über Schutzmaßnahmen vorgenommen werden dürfen.[359]

Bei den übrigen Bestimmungen ergaben sich keine Änderungen. Die VO 1439/74 und die Entscheidung 72/455 wurden aufgehoben.[360]

C. Modifizierungen des Einfuhrsystems gegenüber Staatshandelsländern durch die VO 925/79

1. Vorbemerkung

Bis zum Inkrafttreten der VO 925/79 hatte für den Außenhandel der Gemeinschaft mit Staatshandelsländern neun Jahre lang die VO 109/70 gegolten. Die ursprünglich nur als Übergangslösung gedachte Zweiteilung des gemeinschaftlichen Einfuhrsystems blieb mit der Neuregelung erhalten. Zwar erweiterte sich der Kreis der von ihr erfaßten Staatshandelsländer um Albanien, Vietnam, Nordkorea, die Mongolei und die DDR, doch aufgrund der besonderen Bedingungen des Warenverkehrs im Handel mit diesen Ländern und aufgrund des nach wie vor geringeren Liberalisierungsstandes ihnen gegenüber entschied sich der Rat gegen eine für alle Drittländer einheitlich geltende Einfuhrregelung. Wie zu zeigen sein wird, entsprechen die neugefaßten Bestimmungen aber in weiten Teilen den Vorschriften des Einfuhrsystems gegenüber GATT-orientierten Ländern

357 Zur Entscheidung 72/455/EWG s. o., 4. Kapitel
358 Art. 17 Abs. 2-6 der VO 926/79
359 Art. 17 Abs. 9 der VO 926/79
360 Art. 21 der VO 926/79

der VO 926/79, so daß weiterhin große inhaltliche Übereinstimmungen zwischen den zwei Systemen bestanden.

Die Volksrepublik China fiel nicht in den Geltungsbereich der VO 925/79. Mit ihr hatte die Gemeinschaft am 3.4.1978 ein Handelsabkommen geschlossen[361] und noch im gleichen Jahr eine gesonderte Einfuhrregelung erlassen,[362] die nahezu wörtlich der VO 925/79 entsprach und deshalb hier nicht näher betrachtet wird.

2. Aufnahme weiterer Waren in die Liberalisierungsliste durch Kommissionsbeschluß und schriftliches Konsultationsverfahren

Ebenso wie in der VO 926/79[363] wurde nun auch in der VO 925/79 die Möglichkeit zur Aufnahme neuer Waren in die gemeinschaftliche Liberalisierung durch Beschluß der Kommission eröffnet. Voraussetzung dafür war die Liberalisierung einer Ware in der ganzen Gemeinschaft durch Aufhebung mengenmäßiger Beschränkungen in einzelnen Mitgliedstaaten. Die Mitgliedstaaten konnten allerdings im Rahmen einer vorherigen Konsultation einen Ratsbeschluß beantragen.[364] Die Regelung entsprach damit dem Verfahren nach der VO 926/79 und führte ebenso wie dort zu einer institutionellen Stärkung der Kommission.

In gleicher Weise wurde mit der Einführung eines schriftlichen Konsultationsverfahrens[365] eine Änderung vorgenommen, die sich auch in der VO 929/79 fand.[366]

3. Ergänzungen des Überwachungsverfahrens

Das Überwachungsverfahren im Rahmen der VO 925/79 blieb nach wie vor allein in der Hand der Kommission[367], während nach der VO 926/79 im Falle der gleichzeitigen Aufnahme einer Ware in die Liberalisierungsliste und der Anordnung gemeinschaftlicher Überwachung ein Beschluß des Rates notwendig war.[368]

361 ABl. 1978, Nr. L 123, S. 2
362 VO 2532/78 des Rates vom 16.10.1978, ABl. 1978, Nr. L 306, S. 1
363 Art. 2 Abs. 2 der VO 926/79
364 Art. 2 Abs. 2 der VO 925/79
365 Art. 5 Abs. 4 der VO 925/79
366 Art. 5 Abs. 4 der VO 926/79; zu den weiterbestehenden Unterschieden beim Informations- und Konsultationsverfahren im Vergleich zum gemeinschaftlichen Einfuhrsystem gegenüber GATT-orientierten Ländern s. o. 3. Kapitel, C.2.
367 *Nicolaysen*, in: FS Schlochauer, S. 865
368 Art. 7 Abs. 2 der VO 926/79

Neu eingeführt wurde die Regelung, wonach gleichzeitig mit der Entscheidung zur gemeinschaftlichen Überwachung durch die Kommission ein Verfahren beschlossen werden konnte, das von den Regelungen der VO 925/79 abwich.[369] Damit war es der Kommission möglich, bei der Einfuhrüberwachung flexibler als bisher vorzugehen. Eine Regelung, die in der VO 926/79 nicht erschien und die, was den Importhandel mit Staatshandelsländern betraf, eine auf den Bereich der Einfuhrüberwachung beschränkte zusätzliche Stärkung der Kommission bedeutete.

Hinsichtlich der Geltungsdauer von Überwachungsmaßnahmen wurde die gleiche zeitliche Begrenzung auf grundsätzlich höchstens achtzehn Monate eingeführt, wie sie auch im Rahmen der VO 926/79 galt.[370]

Im Unterschied zur VO 926/79 wurde in der VO 925/79 keine einzelstaatliche Überwachung geregelt. Im Hinblick auf die wesentlich geringeren Voraussetzungen, die zur Einführung der gemeinschaftlichen Überwachung bei Einfuhren aus Staatshandelsländern gegeben sein mußten,[371] erschien eine solche Regelung von der Sache her entbehrlich.[372] Im übrigen waren die Mitgliedstaaten nicht daran gehindert, im Falle der Ablehnung gemeinschaftlicher Überwachung von sich aus bestimmte Einfuhren zu überwachen, solange diese Importe dadurch nicht mengenmäßig begrenzt wurden. Insofern bestand hier noch die gleiche Rechtslage, wie sie bis zur Regelung der einzelstaatlichen Überwachung in der VO 1439/74 gegenüber den GATT-orientierten Ländern bestanden hatte.[373] Die Mitgliedstaaten behielten in bezug auf die Einfuhrüberwachung bei Importen aus Staatshandelsländern also völlige Handlungsfreiheit, was nicht zuletzt auch Ausdruck dafür war, daß besonders auf dem Gebiet des Osthandels nur eine geringe Bereitschaft vorhanden war, den verbliebenen Handlungsspielraum durch gemeinsame Verfahrensregeln wie in der VO 926/79 zu begrenzen.[374] Dies war wiederum auf den geringeren Liberalisierungsstand gegenüber den Staatshandelsländern zurückzuführen[375] und auch durch einen stärkeren Einfluß politischer Faktoren im Handel mit diesen Ländern bedingt.

369 Art. 6 Abs. 2 UA. 2 der VO 925/79; zu den Einzelheiten des Überwachungsverfahrens bei Importen aus Staatshandelsländern s. o. 3. Kapitel, C.3.

370 Art. 6 Abs. 3 der VO 925/79 und Art. 7 Abs. 3 der VO 926/79

371 dazu oben B.3.c

372 Von den Staatshandelsländern, die von der VO 925/79 erfaßt wurden, war neben Polen und der Tschechoslowakei, die bereits vorher Vertragsparteien gewesen waren, Ungarn am 8.8.1973 dem GATT beigetreten.

373 Dazu oben 5. Kapitel, D; vgl. auch *Beseler*, in: AWD, 1970, S. 312; ders. in: AWD, 1974, S. 447

374 Vgl. Art. 9 und 10 der VO 926/79

375 Die Warenliste der VO 925/79 umfaßte ca. 700 Positionen des GZT vollständig und mehr als 100 Positionen teilweise.

4. Änderung der Bestimmungen über Schutzmaßnahmen

Bei den Schutzmaßnahmen, die von der Kommission ergriffen werden konnten, wurde das Verfahren in der gleichen Weise wie in der VO 926/79 geändert. Die Mitgliedstaaten konnten den Rat also mit den Kommissionsmaßnahmen binnen eines Monats befassen statt wie vorher binnen zehn Werktagen.[376] Auch mußte die Kommission dem Rat keinen Vorschlag mehr über das weitere Vorgehen unterbreiten, über den dieser dann zu beschließen hatte. Die von der Kommission getroffenen Maßnahmen unterlagen jetzt nur noch dann der Aufhebung durch den Rat, wenn er durch einen Mitgliedstaat damit befaßt wurde. In diesem Fall mußte binnen drei Monaten ein Beschluß zustandekommen, andernfalls galt die Maßnahme als aufgehoben.[377]

Die Bestimmung über Schutzmaßnahmen des Rates wurde durch einen Verweis auf die Regelung der Kommissionsmaßnahmen verkürzt;[378] inhaltlich ergaben sich dadurch keine Veränderungen.

Im Hinblick auf Schutzmaßnahmen der Mitgliedstaaten wurden die Formulierungen der Voraussetzungen gestrafft, indem solche Maßnahmen insbesondere dann angewendet werden konnten, wenn eine Marktstörung drohte.[379] In der VO 109/70 waren noch Schutzklauseln in bilateralen Abkommen erwähnt gewesen, die ebenfalls zu einzelstaatlichem Vorgehen berechtigten.[380] Die gleiche Bestimmung fand sich auch noch in der VO 926/70[381]. Durch die gewählte Formulierung (... »insbesondere« ...) wurde aber klar, daß einzelstaatliche Schutzmaßnahmen nicht nur im Falle drohender Marktstörungen gerechtfertigt waren, sondern auch aus anderen Gründen ergriffen werden konnten, wozu auch die erwähnten Schutzklauseln in bilateralen Abkommen gehörten. Eine Änderung des Regelungsgehalts dieser Bestimmung trat also nicht ein.

Die Unterrichtungs- und Konsultationspflichten der Mitgliedstaaten wurden wie in der VO 926/79 neu geregelt.[382] Auch die Regelung, wonach die Mitteilung der einzelstaatlichen Maßnahmen als Antrag auf Schutzmaßnahmen der Kommission galt, entsprach genau dem Verfahren nach der VO 926/79[383]

376 Art. 7 Abs. 5 der VO 925/79; vgl. auch oben B.4.
377 Art. 7 Abs. 6 der VO 925/79; vgl. dazu oben B.4.
378 Art. 8 Abs. 3 der VO 925/79
379 Art. 9 Abs. 1 der VO 925/79
380 Art. 9 Abs. 1 lit. b der VO 109/70
381 Art. 14 Abs. 1 lit. b der VO 926/79
382 Art. 9 Abs. 2 der VO 925/79; dazu oben B.4.
383 Art. 9 Abs. 4 der VO 925/79; vgl. dazu oben B.4.; zu den grundsätzlichen Unterschieden bei der Anwendung von Schutzmaßnahmen gegenüber Staatshandelsländern s. o. 3. Kapitel, C.4.

Auffallend war, daß in die Bestimmungen der VO 925/79 über Schutzmaßnahmen nicht die Grundsätze des Vertrauensschutzes für Importeure aufgenommen wurden, die bereits seit Inkrafttreten der VO 1025/70 im Handel mit GATT-orientierten Ländern zur Anwendung kamen und vor allem im Fall der Kontingentierung bestimmter Waren zu beachten waren.[384] Nichtsdestoweniger mußte der Vertrauensschutz im Handelsverkehr mit Staatshandelsländern auch ohne ausdrückliche Normierung in der VO 925/79 aufgrund der allgemeinen Grundsätze des Gemeinschaftsrechts für die betroffenen Importeure gewährleistet sein.[385]

5. Keine Gleichbehandlung der Gemeinschaftsimporteure

Im Titel V der VO 925/79, der die Übergangs- und Schlußbestimmungen enthielt, fand sich noch immer die Regelung, wonach die Mitgliedstaaten sich weigern konnten, den Personen, die nicht in ihrem Gebiet ansässig waren, die für die Einfuhr gemeinschaftlich überwachter Waren notwendigen Einfuhrdokumente auszustellen.[386] Diese Ausnahmebestimmung war bereits in der VO 2045/68 erschienen[387] und hatte in der Folge sowohl für Einfuhren aus GATT-orientierten Ländern als auch für solche aus Staatshandelsländern gegolten.[388] Sie hatte jeweils nur zeitlich begrenzt gelten sollen, und in der VO 1439/74 war sie für den Handel mit GATT-orientierten Ländern gestrichen worden. Stattdessen war ausdrücklich klargestellt worden, daß Einfuhrdokumente für überwachte Waren jedem Importeur der Gemeinschaft, unabhängig vom Ort seiner Niederlassung in der Gemeinschaft, auszustellen waren.[389] Es stellte sich daher die Frage, auch unter dem Gesichtspunkt, daß der Ablauf der Übergangszeit nunmehr bereits neun Jahre zurücklag, inwieweit eine solche Ausnahmeregelung noch als vereinbar mit primärem Gemeinschaftsrecht angesehen werden konnte.

Zwar hinderte die Bestimmung Importeure bzw. Unternehmen nicht daran, überwachte Waren, für die z. B. in der Bundesrepublik das Einfuhrdokument ausgestellt wurde, mittels des freien Verkehrs gem. den Art. 9, 10 in ein anderes Mitgliedsland zu verbringen, doch ist es auch Zweck des Gemeinsamen Marktes, daß Unternehmen aus einem Mitglied-

384 Art. 11 Abs. 3 der VO 1025/70, Art. 12 Abs. 2 und Art. 13 Abs. 2 der VO 926/70

385 *König*, S. 61; zu den allgemeinen Rechtsgrundsätzen siehe auch *Schwarze*, Europäisches Verwaltungsrecht, Bd. I, S. 62 ff.; vgl. auch oben 3. Kapitel, C.4.

386 Art. 11 Abs. 2 Spiegelstrich 1 der VO 925/79

387 Art. 14 Abs. 2 der VO 2045/68

388 Art. 14 Abs. 2 Spiegelstrich 1 der VO 1025/70; Art. 11 Abs. 2 Spiegelstrich 1 der VO 109/70; vgl. auch oben 3. Kapitel, B.6.

389 Art. 8 Abs. 1 der VO 1439/74; dazu oben 5. Kapitel, C.1.

staat in einem anderen Leistungen unter Verwendung von direkt aus einem Drittland importierten Materialien erbringen können.[390] Entsprechend diesem Zweck des Gemeinsamen Marktes sollen die in bestimmten Teilen des Gemeinschaftsgebietes vorhandenen Möglichkeiten wirtschaftlicher Betätigung unter den dort gegebenen Bedingungen möglichst allen Marktteilnehmern offenstehen.[391]

Durch die Ausnahmebestimmung war jedoch eine wirtschaftliche Betätigung unter den dort gegebenen Bedingungen nur für in diesem Land ansässige Unternehmen möglich. Unternehmen aus anderen Mitgliedstaaten entstanden durch längere Transportwege für benötigte Materialien höhere Frachtkosten und dementsprechend auch Wettbewerbsnachteile.[392] Die Regelung stand daher mit den Vertragszielen nicht in Einklang, war insbesondere mit dem Diskriminierungsverbot des Art. 7 unvereinbar, verstieß also gegen primäres Gemeinschaftsrecht.[393]

D. Bewertung der Neufassung

Was die Beurteilung der neugefaßten Einfuhrsysteme angeht, ist zunächst darauf hinzuweisen, daß am Ursprungserfordernis, wie es mit der VO 1439/74 eingeführt worden war, unverändert festgehalten wurde. Auf die damit verbundenen negativen Konsequenzen für einen ungehinderten internationalen Handel wurde bereits eingegangen, daher sei lediglich noch einmal auf die Unvereinbarkeit dieser Regelungen mit den Zielvorstellungen des Art. 110 hingewiesen.

Einen Fortschritt stellte demgegenüber die zumindest formelle Einbeziehung der nur auf nationaler Ebene liberalisierten Waren in die gemeinsame Liberalisierungsliste der VO 926/79 dar, auch wenn bei diesen Produkten die handelspolitische Kompetenz bei den Mitgliedstaaten blieb und letztendlich noch keine volle Liberalisierung erreicht wurde.

In beiden Verordnungen ergab sich eine institutionelle Stärkung der Kommission und damit auch ein Mehr an Gemeinschaftlichkeit durch die neugeschaffene Möglichkeit zur Aufnahme neuer Waren in die jeweiligen Anhänge der VOen im Wege eines Kommissionsbeschlusses. Dies galt

390 Beispiel bei *König*, S. 104

391 *König*, S. 107

392 *Schmidt*, in: WuW 1975, S. 685

393 Zum Diskriminierungsverbot siehe *Eckhoff*, in: Bleckmann, Europarecht, 5. Aufl., S. 503 ff.; *Bleckmann*, in: RTDE 1976, S. 469 ff.; EuGH RS. 152/73, Slg. 1974, S. 153 ff.; *Grabitz*, in: Grabitz, Art. 7, Rz. 1 ff.; darüber hinaus war auch die Vereinbarkeit dieser Bestimmung mit den Wettbewerbsregeln des EWGV sehr fraglich, zum Zusammenhang zwischen den Regelungen des gemeinschaftlichen Außenhandels und den Wettbewerbsregeln *Schmidt*, in: WuW 1975, S. 673 ff.

ebenso für die Möglichkeit des schriftlichen Konsultationsverfahrens, die nunmehr nach beiden VOen gegeben war.

Mit der Einführung einer nachträglichen Überwachungsmöglichkeit in der VO 926/79 - bei Einfuhren aus Staatshandelsländern schon seit der VO 109/70 vorgesehen - konnte jetzt auch bei der Überwachung von Importen aus GATT-orientierten Ländern in besser abgestufter Weise vorgegangen werden. Die zeitliche Begrenzung der gemeinschaftlichen Überwachung in beiden VOen auf grundsätzlich achtzehn Monate hatte vor allem für die Importeure den Vorteil einer erhöhten Berechenbarkeit von Maßnahmen der gemeinsamen Handelspolitik und führte insgesamt zu mehr Rechtssicherheit.

Die im Rahmen der VO 926/79 ausdrücklich aufgenommene Verpflichtung der Kommission zur Beachtung der Grundsätze des Vertrauensschutzes bei der Anwendung von Schutzmaßnahmen hatte in erster Linie deklaratorischen Charakter und diente zur Betonung des liberalen Elements in der gemeinsamen Handelspolitik. Die in beiden VOen von zehn Tagen auf einen Monat verlängerte Frist für die Befassung des Rates mit Schutzmaßnahmen der Kommission durch die Mitgliedstaaten war auf den ersten Blick ein Zeichen für einen stärkeren Einfluß partikulärer Interessen im gemeinsamen Einfuhrsystem, mußte jedoch im Zusammenhang mit den weiteren Änderungen im Bereich der Schutzmaßnahmen gesehen werden. Auch in dieser Hinsicht ergab sich eine Stärkung der Kommission, da sie dem Rat nach Beschluß von Schutzmaßnahmen keine Vorschläge über das weitere Vorgehen mehr unterbreiten mußte und die von ihr getroffenen Maßnahmen grundsätzlich Bestand hatten. Auch im Falle der Befassung des Rates konnten ihre Maßnahmen statt wie bisher für bis zu sechs Wochen nun für bis zu drei Monaten in Kraft bleiben. Diese Änderungen zeigten sehr anschaulich die Konsolidierung der gemeinschaftlichen Zuständigkeit in diesem Teilbereich der gemeinsamen Handelspolitik. In die gleiche Richtung zielte die Begrenzung der einzelstaatlich angewendeten Schutzmaßnahmen auf maximal einen Monat im Falle der Ratsbefassung.

Die Streichung der Ausnahmebestimmung der VO 926/79, nach der der Bundesrepublik zusätzliche Möglichkeiten zur Einfuhrüberwachung ausdrücklich eingeräumt gewesen waren, verstärkte ebenfalls die Tendenz zu gemeinschaftlichem Vorgehen.

Zu vermehrter Übersichtlichkeit in der Gesamtheit des gemeinschaftlichen Einfuhrsystems führte die Einbeziehung des Regelungsgehalts der Entscheidung 72/455 in die VO 926/79.

Speziell im Hinblick auf die VO 925/79 bleibt festzustellen, daß die Kommission weiterhin allein für die Durchführung des gemeinschaftlichen Überwachungsverfahrens zuständig blieb. Durch die vorgenommene Änderung, mit der von den übrigen Verfahrensregeln für Überwachungsmaßnahmen abgewichen werden konnte, war nunmehr ein sehr flexibles Vorgehen bei der gemeinschaftlichen Einfuhrüberwachung möglich. Im Gegensatz zur VO 926/79 wurden keine gemeinsamen Verfahrensregeln für das Vorgehen bei einzelstaatlicher Überwachung aufgenommen, worin die geringe Bereitschaft der Mitgliedstaaten zum Ausdruck kam, verbliebenen Handlungsspielraum beim Außenhandel durch Aufstellung gemeinsamer Verfahrensregeln einzuengen. Nicht zuletzt aus politischen Erwägungen wurden verbliebene mitgliedstaatliche Kompetenzen hier erhalten, wodurch auch die vom Grundsatz her starke Position der Kommission in Titel III der VO 925/79 ausdrücklich auf das Gemeinschaftsverfahren der Einfuhrüberwachung beschränkt blieb.

Bei der Anwendung von Schutzmaßnahmen waren die Voraussetzungen, die gegeben sein mußten, nach wie vor geringer als in der VO 926/79. Die Kommission konnte alternativ bei Vorliegen erhöhter Einfuhrmengen oder besonderer Verkaufsbedingungen zu diesen Maßnahmen greifen; Rat und Mitgliedstaaten stand es wie zuvor frei, auch politische Motive zu berücksichtigen.

Bemerkenswert war schließlich die fehlende Gleichbehandlung der Gemeinschaftsimporteure im Rahmen der VO 925/79, eine Ausnahmebestimmung, die diskriminierend wirkte und nicht mit Art. 7 in Einklang stand.

7. Kapitel Die gegenwärtigen Einfuhrregelungen

A. Vorbemerkung

Die Übergangs- und Schlußbestimmungen der VOen 926/79 und 925/79 sahen bis zum 31.12.1981 eine Anpassung der Einfuhrregelungen im Hinblick auf ihre weitere Vereinheitlichung vor.[394] Auf Anregung der Kommission sollte in die Neuregelung für Einfuhren aus GATT-orientierten Ländern ein gemeinschaftliches Voruntersuchungsverfahren zur Feststellung der Notwendigkeit von Überwachungs- und Schutzmaßnahmen aufgenommen werden. Frankreich, Großbritannien, Italien und Irland wandten sich jedoch gegen diesen Vorschlag[395], so daß die VO 288/82, mit der die VO 926/79 ersetzt wurde, erst am 5.2.1982 vom Rat beschlossen wurde,[396] wobei die Voruntersuchung jedoch Aufnahme fand. Die VO 1765/82, die der VO 925/79 folgte, wurde am 30.6.1982 beschlossen.[397]

B. Die VO 288/82

1. Die neue Negativliste und die Ratskompetenz zur Erweiterung der gemeinschaftlichen Liberalisierung

Im Unterschied zu den in früheren Einfuhrregelungen verwendeten gemeinsamen Liberalisierungslisten, in denen die Waren erschienen, die frei, d. h. ohne mengenmäßige Beschränkungen in die Gemeinschaft eingeführt werden konnten, entschied man sich bei der VO 288/82 erstmals für eine Negativliste. In diesem Anhang I sind nun Waren aufgeführt, die in einzelnen Mitgliedstaaten noch mengenmäßigen Beschränkungen unterliegen, also nicht unter die gemeinschaftliche Liberalisierung fallen. Angesichts der Tatsache, daß über 95 % der Einfuhren aus GATT-orientierten Ländern frei eingeführt werden können, hat diese Lösung den Vorteil größerer Übersichtlichkeit,[398] denn die Negativliste ist wesentlich kürzer als die

394 Art. 16 Abs. 1 der VO 926/79; Art. 11 Abs. 1 der VO 925/79

395 *Hager, Taylor, Noelcke*, S. 293 f.

396 ABl. 1982, Nr. L 35, S. 1 ff.

397 ABl. 1982, Nr. L 195, S. 1 ff.

398 Vgl. den 14. Erwägungsgrund der VO 288/82

früher gebräuchlichen Positivlisten. In einem zweiten Anhang sind Waren aufgeführt, die einzelstaatlicher oder gemeinschaftlicher Überwachung unterliegen.[399] Ein weiterer Unterschied zur VO 926/79 liegt in der Kompetenzverteilung zur Aufnahme neuer Waren in die gemeinschaftliche Liberalisierung. In der vorherigen Regelung konnte unter bestimmten Voraussetzungen erstmals auch die Kommission über die Aufnahme neuer Waren in die Liberalisierungsliste beschließen.[400] Diese Kompetenz der Kommission zur Erweiterung der gemeinschaftlichen Liberalisierung wurde in die VO 288/82 nicht übernommen. Es liegt nun wieder allein beim Rat, auf Vorschlag der Kommission über solche Erweiterungen zu entscheiden.[401] Auch wenn im Rahmen der VO 926/79 die Mitgliedstaaten den Rat mit der Kommissionsentscheidung befassen konnten, stellt die Neuregelung eine Schwächung der Kommission bei der Gestaltung der gemeinsamen Handelspolitik dar, denn auf diese Weise liegt die Entscheidung zur Ausweitung der Gemeinschaftsliberalisierung letztlich wieder allein in den Händen der Mitgliedstaaten.

2. Das gemeinschaftliche Untersuchungsverfahren

a) Gründe für das Verfahren

Ohne Vorläufer in den früheren VOen ist das unter Titel III der VO 288/82 geregelte gemeinschaftliche Untersuchungsverfahren. Aufgrund der Erfahrungen mit den früheren Regelungen wurde es bei der Ausarbeitung der Neufassung als notwendig angesehen, über genauere Kriterien zur Beurteilung etwaiger Schädigungen durch Importe aus Drittländern verfügen zu können, anhand derer Entscheidungen über die Einführung von Überwachungs- und Schutzmaßnahmen getroffen werden sollten.[402] Das Untersuchungsverfahren ist jedoch nicht in jedem Fall Voraussetzung für die Anwendung von Überwachungs- oder Schutzmaßnahmen; bei Dringlichkeit kann auf die Untersuchung verzichtet werden.[403]

b) Verfahrenseröffnung und Beschaffung von Informationen

Das Verfahren gliedert sich in drei Abschnitte und beginnt nach Abschluß des gemeinschaftlichen Informations- und Konsultationsverfahrens.[404]

399 Art. 10 Abs. 1 der VO 288/82
400 Art. 2 Abs. 2 der VO 926/79; dazu oben, 6. Kapitel, B.1.
401 Art. 2 der VO 288/82
402 Vgl. den 11. Erwägungsgrund der VO 288/82
403 Art. 7 Abs. 4 der VO 288/82
404 Art. 3-5 der VO 288/82

Haben sich im Verlauf der Konsultationen für die Kommission ausreichende Nachweise für die Notwendigkeit einer gemeinschaftlichen Untersuchung ergeben, gibt sie die Einleitung des Verfahrens im Amtsblatt bekannt und setzt dabei eine Frist, in der die Betroffenen schriftlich Stellung nehmen können.[405] Sodann holt sie alle notwendigen Informationen ein, die sie gegebenenfalls bei Einführern, Händlern, Vertretern, Erzeugern, wirtschaftlichen Organisationen und Berufsverbänden nachprüfen kann. Die Mitgliedstaaten übermitteln der Kommission auf Antrag Mitteilungen über die Entwicklung der Marktlage bei der betroffenen Ware. Außerdem kann die Kommission betroffene Personen anhören, wenn diese fristgemäß ein besonderes Interesse an einer solchen Anhörung darlegen. Liegen die notwendigen Angaben nicht innerhalb einer bestimmten Zeit vor, kann die Kommission ihre Entscheidung aufgrund der verfügbaren Angaben treffen.[406] Bei der Verwertung der zur Verfügung gestellten Informationen muß die gebotene Vertraulichkeit gewahrt bleiben.[407]

c) Schadensfeststellung

Die zweite Stufe des Verfahrens bildet die von der Kommission durchgeführte Untersuchung anhand der verfügbaren Daten. Die wichtigsten Kriterien, auf die sich die Untersuchung erstreckt, sind der Umfang und die Preise der Einfuhren sowie ihre Auswirkungen auf die Gemeinschaftserzeuger gleichartiger oder unmittelbar konkurrierender Waren, wie sie in der Entwicklung einer Reihe mikrowirtschaftlicher Indikatoren, wie z. B. Kapazitätsauslastung, Absatz, Marktanteil, Beschäftigung deutlich werden.[408] Wird lediglich die Gefahr eines ernsthaften Schadens geltend gemacht, kann die Kommission zur Beantwortung der Frage, ob eine tatsächliche Schädigung eintreten kann, auch die Steigerungsrate der Ausfuhren nach der Gemeinschaft berücksichtigen und prüfen, welche Ausfuhrkapazitäten im Ausfuhrland existieren bzw. entstehen und ob die betreffenden Waren für die Ausfuhr nach der Gemeinschaft bestimmt sein werden.[409]

Die Kriterien, anhand derer das Vorliegen einer Schädigung bzw. einer drohenden Schädigung von Gemeinschaftserzeugern geprüft wird, sind aufgrund der sehr ähnlichen Sachlage und des Regelungszwecks mit geringfügigen Änderungen identisch mit denen des Untersuchungsverfah-

405 Art. 6 Abs. 1 der VO 288/82; siehe auch das Beispiel für eine Verfahrenseröffnung in: *Völker/Steenbergen*, S. 226 ff.

406 Art. 6 Abs. 2-5 der VO 288/82

407 Art. 8 der VO 288/82

408 Art. 9 Abs. 1 der VO 288/82; dazu auch *Völker*, in: Völker (Hg.), S. 41 ff.

409 Art. 9 Abs. 2 der VO 288/82

rens im Antidumpingrecht der Gemeinschaft, das auf dem GATT-Antidumpingkodex beruht.[410]

d) Verfahrenseinstellung bzw. Beschluß von Maßnahmen

Die dritte Verfahrensstufe hängt vom Ausgang der Untersuchung ab. Zunächst unterbreitet die Kommission dem beratenden Ausschuß einen Bericht über ihre Erkenntnisse. Ist sie der Ansicht, daß keine gemeinschaftlichen Überwachungs- oder Schutzmaßnahmen erforderlich sind, veröffentlicht sie diese Entscheidung nach Anhörung des Ausschusses im Amtsblatt, wobei sie ihre wesentlichen Schlußfolgerungen darlegt. Sind ihrer Auffassung nach solche Maßnahmen erforderlich, faßt sie die entsprechenden Beschlüsse nach den Titeln IV oder V der VO 288/82. In diesem Fall nimmt sie gegebenenfalls noch weitere Untersuchungen vor.[411]

e) Bedeutung des Untersuchungsverfahrens

Die Einführung dieses Untersuchungsverfahrens ist in mehrfacher Hinsicht von Bedeutung. In keiner der früheren Einfuhrregelungen war die Mitwirkung natürlicher oder juristischer Personen bei der Vorbereitung gemeinschaftlicher Maßnahmen, die sie unmittelbar betreffen konnten, vorgesehen. Eine Anhörung dieser Personen lag im Ermessen der Gemeinschaftsorgane bzw. die Betroffenen mußten versuchen, ihren Stellungnahmen über Vermittlung ihrer zuständigen Ministerien, in der Bundesrepublik z. B. über das Bundesministerium für Wirtschaft, Gehör zu verschaffen[412] - ein unter Umständen langwieriges und umständliches Verfahren, das beispielsweise gerade auch kleine oder mittlere Importeure und Händler vor große Schwierigkeiten stellen konnte. Demgegenüber stellt die jetzt vorgesehene Fristsetzung zur Abgabe von Stellungnahmen und die zusätzliche Möglichkeit zur Anhörung durch die Kommission einen erheblichen Fortschritt dar. Ein weiterer Vorteil liegt darin, daß der Kommission auf diese Weise mehr Informationen zugänglich sind, wodurch Maßnahmen vermieden werden können, die sich im Nachhinein als nicht gerechtfertigt erweisen. Solche Maßnahmen können zwar wieder außer Kraft gesetzt werden, doch sind sie in jedem Fall geeignet, Spannungen zwischen der EG und ihren Handelspartnern zu erzeugen, die unter

410 Vgl. Art. 4 Abs. 2, 3 der VO 2423/88; Art. 3 und 5 des GATT-Antidumpingkodex; dazu auch oben Teil 1, 7. Kapitel, C 4.a)cc)(1); *Völker*, in: Völker, S. 41; zu den Untersuchungsverfahren auch *Riley/Schuster*, in: WuW 1983, S. 765 ff.; *Ehlermann*, in: Schwarze (Hg.), S. 115 f.

411 Art. 7 Abs. 1-4 der VO 288/82

412 *Schuster*, in: RIW 1982, S. 896

Umständen Anlaß zu Gegenmaßnahmen dieser Handelspartner sein können. In jedem Fall kann die Existenz des Untersuchungsverfahrens im Fall von Handelskonflikten die Position der Gemeinschaft gegenüber den Drittländern im GATT stärken.[413] Der Umstand, daß das Verfahren allein in der Hand der Kommission liegt und auch ihre Nachprüfungsbefugnis erweitert ist, bedeutet zudem eine institutionelle Stärkung dieses Organs und einen neuen Bereich gemeinschaftlichen Vorgehens in der gemeinsamen Handelspolitik.[414]

Ein Nachteil des Untersuchungsverfahrens für Gemeinschaftserzeuger liegt im Fehlen eines ausdrücklichen Antragsrechts für Private,[415] das in Antidumpingverfahren gegeben ist.[416] In diesem Fall sind die Gemeinschaftserzeuger auf den bereits beschriebenen indirekten Weg der Einflußnahme angewiesen. Ein Grund für den Verzicht auf das Antragsrecht Privater kann darin gesehen werden, daß Schutzmaßnahmen in Form mengenmäßiger Beschränkungen international weitaus heftiger umstritten sind als z. B. Antidumpingzölle und deshalb eher zu politischen Unstimmigkeiten mit Drittländern führen können.[417] In diesem Zusammenhang spielen auch die Schwierigkeiten bei der Anwendung von Art. XIX GATT, wie z. B. das Problem der selektiven Anwendung von Schutzmaßnahmen und das Fehlen eines Schutzklauselkodex eine Rolle.[418]

3. Änderungen im Bereich der Schutzmaßnahmen

Im Bereich der Schutzmaßnahmen finden sich im Vergleich zur VO 926/79 Änderungen mit unterschiedlichen Konsequenzen. Die erste betrifft die Dauer von einzelstaatlichen Schutzmaßnahmen. Nach der VO 926/79 konnten solche Maßnahmen längstens für einen Monat in Kraft bleiben, wenn der betreffende Mitgliedstaat den Rat damit befaßt hatte.[419] Die VO 288/82 ermöglicht dem Rat nun eine Verlängerung dieser Frist auf bis zu drei Monate. Im Vergleich zur früheren Regelung bedeutet diese Änderung einen Rückschritt, denn die einzelstaatliche Anwendung von mengenmäßigen Beschränkungen beeinträchtigt durch verstärkten Rückgriff auf innergemeinschaftliche Schutz- und Überwachungsmaßnahmen das Funktionieren des Gemeinsamen Marktes und hat desintegrierende

413 *Heukels*, in: RIW 1984, S. 974
414 *Pappas*, S. 187
415 *Ehlermann*, in: Schwarze (Hg.), S. 115; *Bronckers*, in: RMC 1989, S. 14 f.
416 Art. 5 der VO 2423/88
417 *Bronckers*, in: RMC 1989, S. 14
418 *Vedder*, in: Grabitz, Art. 113, Rz. 139; vgl. auch oben 2. Teil, 3. Kapitel, C., D.
419 Art. 14 Abs. 4 der VO 926/79

Wirkung.[420] Mit der Änderung geht also ein verstärkter Einfluß partikulärer Interessen auf die Einfuhrregelung gegenüber GATT-orientierten Ländern einher.

Die zweite Änderung betrifft ebenfalls mitgliedstaatliche Schutzmaßnahmen, hat jedoch andere Konsequenzen. Bislang konnten die Mitgliedstaaten zu Schutzmaßnahmen greifen, wenn auf ihrem Gebiet eine Marktstörung eingetreten war bzw. einzutreten drohte.[421] Diese Möglichkeit besteht seit dem Ablauf des Jahres 1987 nicht mehr,[422] d. h. die Mitgliedstaaten können jetzt nur noch aufgrund von Schutzklauseln in bilateralen Abkommen mit Drittländern selbständig Einfuhrbeschränkungen anwenden.[423] Im Gegensatz zur oben beschriebenen Möglichkeit zur Verlängerung der Anwendungsdauer mitgliedstaatlicher Schutzmaßnahmen hat diese Veränderung integrationsfördernde Wirkung, weil mit dieser Einschränkung einzelstaatlicher Handlungsfreiheit eine Störungsquelle für das Funktionieren des Gemeinsamen Marktes entfällt. Gleichzeitig wird damit eine Notwendigkeit zu gemeinschaftlichem Vorgehen bei Marktstörungen in einem Mitgliedstaat geschaffen, wofür das rechtliche Instrumentarium auch zur Verfügung steht, denn eine Beschränkung gemeinschaftlich angewendeter Schutzmaßnahmen auf einzelne Regionen der Gemeinschaft ist sowohl für die Kommission als auch für den Rat möglich.[424]

4. Änderungen der Übergangs- und Schlußbestimmungen

a) Integrationsfördernde Änderungen

Die Ausnahmeregelungen der VO 926/79, die bereits aus den älteren VOen übernommen worden waren, erschienen zunächst unverändert auch in der VO 288/82.[425] Hinzugefügt wurde lediglich eine Bestimmung, nach der die Mitgliedstaaten die Kommission über Maßnahmen zur Durchführung des Übereinkommens über Einfuhrlizenzen unterrichten müssen.[426]

420 *Pappas*, S. 190
421 Art. 1 Abs. 1 lit. a der VO 288/82
422 Art. 17 Abs. 5 zweiter Spiegelstrich der VO 288/82; siehe auch *Bronckers*, in: RMC 1989, S. 12, Fn. 9
423 Art. 17 Abs. 1 lit. b der VO 288/82; vgl. dazu auch die Entscheidung 88/360 (EWG) des Rates vom 30.6.1988 zur Genehmigung der Verlängerung oder der stillschweigenden Verlängerung bestimmter zwischen Mitgliedstaaten und dritten Ländern geschlossener Handelsabkommen, ABl. 1988, Nr. L 174, S. 52
424 Art. 15 Abs. 3 lit. a und Art. 16 Abs. 2 der VO 288/82
425 Art. 19 Abs. 2 lit. a-f der VO 288/82
426 Art. 19 Abs. 3 der VO 288/82; zum Übereinkommen über Einfuhrlizenzverfahren s. o. Teil 1, 7. Kapitel, D.1.

Im Jahre 1986 ergaben sich jedoch mehrere Änderungen als Folge der VO 1243/86 des Rates vom 28.4.1982 zur Änderung der Verordnungen (EWG) Nr. 288/82, (EWG) Nr. 1765/82 und (EWG) Nr. 1766/82 über die gemeinsamen Einfuhrregelungen.[427]

Die erste dieser Änderungen beseitigte die mit der VO 1439/74 eingeführte Ermächtigung für die Bundesrepublik, nach der sie die Wareneinfuhr aus Staatshandelsländern in ihr Gebiet erschweren konnte.[428] Eine ähnliche Regelung zugunsten Italiens, gleichfalls 1974 eingeführt, wurde ebenfalls gestrichen.[429] Außerdem entfiel die Ausnahmeregelung, nach der Mitgliedstaaten ohne Beachtung der Verfahrensregeln für einzelstaatliche Überwachungsmaßnahmen[430] diese Art der Einfuhrüberwachung anwenden durften.[431]

Weiterhin wurde die Regelung des Art. 21 der VO 288/82, die einzelstaatliche Maßnahmen aufgrund der öffentlichen Sittlichkeit, Sicherheit und aus ähnlichen Gründen[432] erlaubt, in zwei Punkten ergänzt. Es wurde zum einen festgelegt, daß die VO 288/82 der Erfüllung von Sonderbestimmungen in Abkommen der Gemeinschaft mit Drittländern nicht entgegensteht.[433] Zum anderen wurde eine Mitteilungspflicht der Mitgliedstaaten an die Kommission über Maßnahmen aufgrund des Art. 21 der VO 288/82 eingeführt.[434]

Die Streichung der drei Ausnahmeregelungen vermindert den Einfluß der Mitgliedstaaten auf die Handhabung der gemeinsamen Einfuhrregelung gegenüber GATT-orientierten Ländern, reduziert die Anzahl partikulärer Elemente in diesem Bereich und verleiht der VO 288/82 eine größere Homogenität. Insgesamt wirkt sie daher integrationsfördernd, indem sie Möglichkeiten zur Umgehung des Instrumentariums für gemeinschaftliches Vorgehen beseitigt.

Gemeinschaftsfreundlich wirkt auch die Mitteilungspflicht über einzelstaatliche Maßnahmen aufgrund der Ausnahmen in Art. 21 der VO 288/82.

427 ABl. 1986, Nr. L 113, S. 1 ff.

428 Art. 16 Abs. 2 lit. a S. 2 der VO 1439/74; Art. 19 Abs. 2 lit. a S. 2 der VO 288/82; Art. 1 der VO 1243/86; siehe dazu auch oben 5. Kapitel, B.3.

429 Art. 16 Abs. 2 lit. b der VO 1439/74; Art. 19 Abs. 2 lit. b der VO 288/82; Art. 1 der VO 1243/86

430 Art. 12-14 der VO 288/82

431 Art. 16 Abs. 2 lit. e der VO 1439/74; Art. 19 Abs. 2 lit. e der VO 288/82; Art. 1 der VO 1243/86; vgl. auch oben 5. Kapitel, f.

432 Dazu oben 3. Kapitel, B.6. und 5. Kapitel, f.; siehe auch Art. 36

433 Art. 1 der VO 1243/86

434 Art. 1 der VO 1243/86

b) Integrationshemmende Änderungen

Ebenfalls durch die VO 1243/86 wurde für die Benelux-Länder und Irland eine befristete Möglichkeit für zusätzliche einzelstaatliche Überwachungsmaßnahmen bei bestimmten Waren geschaffen. Die Ermächtigung galt jedoch nur bis zum 30.6.1987.

In der VO 926/79 war vorgesehen, daß das Konsultations- bzw. Unterrichtungsverfahren[435] bei einzelstaatlichen Änderungen der Einfuhrregeln für auf Gemeinschaftsebene nicht liberalisierte Waren nur bis zum 31.12.1981 gelten sollte. Danach sollten Änderungen dieser Art nur noch nach Maßgabe der gemeinsamen Bestimmungen über Schutzmaßnahmen erfolgen.[436] In die VO 288/82 wurde dieses Verfahren, das Änderungen mitgliedstaatlicher Einfuhrregeln lediglich von der Erfüllung bestimmter Konsultations- und Unterrichtungspflichten abhängig machte, jedoch im wesentlichen unverändert übernommen.[437] Im Vergleich zur geplanten Anwendung der gemeinsamen Regeln über Schutzmaßnahmen in solchen Fällen läßt das übernommene Verfahren weiterhin viel Spielraum für einzelstaatliches Vorgehen im Bereich der autonomen Handelspolitik und ist dementsprechend nicht als gemeinschaftsfreundlich einzustufen. Durch die VO 1243/86 wurde zwar die Eilfallregelung der alten Bestimmung[438] gestrichen,[439] die lediglich eine Unterrichtung über einzelstaatliche Maßnahmen forderte, so daß nun zumindest Konsultationen über die Änderung mitgliedstaatlicher Einfuhrregeln erfolgen müssen, was aber den integrationshemmenden Charakter dieses Verfahrens nicht beseitigt.

C. Die VO 1765/82

Die neue VO 1765/82, mit der die VO 925/79 ersetzt wurde, betrifft weiterhin dieselben Staatshandelsländer wie die frühere Regelung, heute allerdings mit Ausnahme der ehemaligen DDR.[440] Anders als in der VO 288/82 gilt hier weiterhin ein Verzeichnis der Waren, deren Einfuhr liberalisiert ist, d. h. eine Positivliste.

Das neue Untersuchungsverfahren der VO 288/82 wurde in gleicher Form auch für Einfuhren aus Staatshandelsländern eingeführt.[441] Ergän-

435 Art. 19 Abs. 2-6 der VO 926/79; dazu oben 4. Kapitel und 6. Kapitel, B.5.
436 Art. 19 Abs. 9 der VO 926/79
437 Art. 20 Abs. 1-4 der VO 288/82
438 Art. 20 Abs. 4 lit. a, b der VO 288/82
439 Art. 1 der VO 1243/86
440 Siehe das Verzeichnis im Anhang der VO
441 Titel III der VO 1765/82

zend gilt lediglich, daß die Kommission bei Durchführung der Untersuchungen das besondere Wirtschaftssystem dieser Länder berücksichtigen muß.[442]

Im Rahmen des gemeinschaftlichen Informations- und Konsultationsverfahrens wurde die Informationspflicht der Mitgliedstaaten über Einfuhrentwicklungen und beantragte Einfuhrgenehmigungen dahingehend erweitert, daß sie den Erfordernissen des Untersuchungsverfahrens entsprechen müssen.[443]

Was die Regelung der Schutzmaßnahmen anbelangt, wurde ebenso wie in der VO 288/82 der Geltungszeitraum für einzelstaatliche Maßnahmen auf maximal drei Monate verlängert.[444]

Änderungen ergaben sich nachträglich im Jahre 1986 durch die VO 1243/86.[445] Die Frist für Anpassungen der VO wurde bis zum 31.12.1988 verlängert, nachdem die ursprünglich vorgesehene Frist abgelaufen war.[446] Daneben wurde der Art. 16 der VO 1765/82 über einzelstaatliche Maßnahmen in zwei Punkten ergänzt. Diese Ergänzung entspricht genau der Regelung, die durch die VO 1243/86 auch für die entsprechende Bestimmung der VO 288/82 eingeführt wurde.[447] Im übrigen bestehen keine Unterschiede zur VO 288/82 bzw. zur VO 925/79, so daß auf die Ausführungen zu diesen Regelungen verwiesen werden kann.

442 Art. 9 Abs. 2 der VO 1765/82; *Völker*, in: Völker (Hg.), S. 46
443 Art. 3 Abs. 2 der VO 1765/82
444 Art. 15 Abs. 4 der VO 1765/82
445 ABl. 1986, Nr. L 113, S. 1 ff.
446 Diese Frist lief bis zum 31.12.1984, vgl. Art. 15 Abs. 1 der VO 1765/82, Neuregelung durch Art. 2 der VO 1243/86
447 Art. 2 der VO 1243/86, vgl. oben B.4.a; siehe auch *Schuster*, in: RIW 1982, S. 895 ff.

8. Kapitel Die Regelung der Einfuhren für nicht gemeinschaftlich liberalisierte Waren mit Ursprung in Staatshandelsländern

Bereits im Jahr 1972 war mit der Entscheidung 72/455 des Rates ein gemeinschaftliches Informations- und Konsultationsverfahren für auf Gemeinschaftsebene nicht liberalisierte Waren aus Drittländern eingeführt worden,[448] mit dem bestimmte Änderungen der einzelstaatlichen Einfuhrregelungen für diese Produkte von einem Ratsbeschluß abhängig gemacht worden waren. Diese Entscheidung hatte für Waren aus Staatshandelsländern und für solche aus GATT-orientierten Ländern gegolten. Für die nicht gemeinschaftlich liberalisierten Waren aus letztgenannten Staaten wurde diese Regelung im Jahre 1979 in die VO 926/79 übernommen.[449]

Im Hinblick auf die angestrebte Erweiterung des Anwendungsbereichs der gemeinsamen Einfuhrregelung gegenüber Staatshandelsländern erging 1974 die Entscheidung 74/652/EWG des Rates zur Festsetzung der in den Mitgliedstaaten gegenüber Staatshandelsländern anwendbaren Einfuhrregelungen für Erzeugnisse, die mengenmäßigen Beschränkungen unterliegen.[450] Diese Entscheidung orientierte sich inhaltlich an der Entscheidung 72/455 des Rates,[451] war jedoch zunächst lediglich als Übergangsregelung gedacht.[452] Ihr folgte 1975 die Entscheidung 75/210/EWG des Rates betreffend die autonomen Einfuhrregelungen gegenüber Staatshandelsländern,[453] die 1980 durch die VO 3286/80 des Rates über die Einfuhrregelungen gegenüber Staatshandelsländern ersetzt wurde.[454] Hatten die Mitgliedstaaten ihre Einfuhrkontingente für gemeinschaftlich nicht liberalisierte Waren bis dahin selbst festgelegt, wurde dafür nun der Rat zuständig, was den Mitgliedstaaten zwar nach wie vor einen erheblichen Einfluß sicherte, zumindest aber ein gemeinschaftliches Verfahren in diesem Bereich mit sich brachte.

448 ABl. 1972, Nr. L 299, S. 46 ff.; dazu oben 4. Kapitel
449 S. o. 6. Kapitel, B.5.
450 ABl. 1974, Nr. L 358, S. 1 ff.
451 Vierter Erwägungsgrund der Entscheidung 74/652
452 Fünfter Erwägungsgrund der Entscheidung 74/652
453 ABl. 1975, Nr. L 99, S. 7 ff.
454 ABl. 1980, Nr. L 353, S. 1 ff.

Seit 1983 gilt die VO 3420/83 des Rates über die Einfuhrregelungen für auf Gemeinschaftsebene nicht liberalisierte Waren mit Ursprung in Staatshandelsländern.[455] Sie gilt nur für solche Waren, die nicht unter gemeinsame Einfuhrregelungen fallen.[456] Die Kompetenz des Rates zur jährlichen Festlegung der von den Mitgliedstaaten gegenüber Staatshandelsländern zu eröffnenden Kontingente wurde beibehalten. Des weiteren wurde geregelt, unter welchen Voraussetzungen die Mitgliedstaaten ihre Kontingente überschreiten bzw. erweitern können.[457] Andere Modifikationen der vom Rat festgelegten Einfuhrregelungen, vor allem solche restriktiver Art, unterliegen einem Unterrichtungs- und Konsultationsverfahren. Der jeweilige Mitgliedstaat muß die Kommission sowie die anderen Mitgliedstaaten von der gewünschten Änderung unterrichten. Der weitere Vorgang liegt in den Händen der Kommission. Werden weder von ihr noch von anderen Mitgliedstaaten Konsultationen beantragt, trifft die Kommission die beantragte Maßnahme. Wird eine Konsultation beantragt, dabei aber kein Einwand gegen die geplante Maßnahme erhoben, verfährt die Kommission in gleicher Weise. Andernfalls trifft sie die beantragte Maßnahme binnen zwanzig Arbeitstagen oder legt dem Rat einen entsprechenden Vorschlag vor. Trifft die Kommission in diesem Fall die Maßnahme selbst, kann jeder Mitgliedstaat, der bei den Konsultationen Einwände dagegen erhoben hat, den Rat mit der Kommissionsentscheidung befassen. Dieser muß dann seinerseits innerhalb von zwei Monaten entscheiden.

Wird von einem Mitgliedstaat jedoch ein Eilfall geltend gemacht, so muß lediglich der Änderungsantrag an die Kommission gestellt werden, das Konsultationsverfahren braucht nicht abgewartet zu werden. Die einzelstaatlich getroffene Maßnahme gilt dann vorläufig bis zur Entscheidung der Kommission bzw. des Rates.[458]

455 ABl. 1983, Nr. L 346, S. 6 ff.
456 Titel I der VO 3420/83
457 Titel II der VO 3420/83
458 Zum gesamten Verfahren siehe Titel IV der VO 3420/83

Fünfter Teil Schlußbetrachtung und Ausblick

1. Kapitel Die hauptsächlichen Entwicklungsmerkmale der gemeinsamen Einfuhrregelungen

Betrachtet man rückblickend die Entwicklung der gemeinsamen Einfuhrregelungen, so ergibt sich folgendes Bild: Schon kurz nach Gründung der EWG begann ein Prozeß zur Liberalisierung der Einfuhr gewerblich-industrieller Produkte. Dieser Liberalisierungsprozeß vollzog sich zunächst hauptsächlich auf mitgliedstaatlicher Ebene und betraf in erster Linie Einfuhren aus GATT-orientierten Ländern, d. h. GATT-Vertragsparteien und Ländern, die ihren Außenhandel an GATT-Grundsätzen ausrichteten.

Mit der Entscheidung des Rates über ein Arbeitsprogramm auf dem Gebiet der gemeinsamen Handelspolitik vom 12.9.1962 wurden dann erstmals umfassende Leitlinien zur künftigen Regelung der Wareneinfuhr geschaffen, die, entsprechend der Vorgabe des Art. 111 Abs. V, die Vereinheitlichung der einzelstaatlichen Liberalisierungslisten gegenüber GATT-orientierten Ländern vorsahen. Weiterhin sollte eine Vereinheitlichung der Kontingentpolitik gegenüber Staatshandelsländern und eine Vereinheitlichung der handelspolitischen Schutzmaßnahmen erfolgen.

Bemerkenswert an dem Arbeitsprogramm war die geplante Ausrichtung der gemeinsamen Handelspolitik gegenüber den verschiedenen Handelspartnern der Gemeinschaft allein an dem Maßstab der Beachtung des GATT, unabhängig vom politischen System der jeweiligen Drittländer. Darüber hinaus enthielt es ein klares Bekenntnis zu einem liberalen System des internationalen Handels, Einfuhren aus GATT-orientierten Ländern sollten grundsätzlich ohne mengenmäßige Beschränkungen eingeführt werden können, die Anwendung solcher Beschränkungen auf Ausnahmefälle begrenzt sein. Das Arbeitsprogramm entsprach damit den Anforderungen des GATT. Allerdings wurde auch das Problem der Einfuhr bestimmter Produkte aus Drittländern sichtbar, bei deren Herstellung die in der Gemeinschaft ansässigen Unternehmen im internationalen Wettbewerb nicht oder nur begrenzt wettbewerbsfähig waren, denn eine völlige Einfuhrliberalisierung stand unter dem Vorbehalt einer Lösung dieses Problems.

Mit der VO 3/63, die nur für die Einfuhr bestimmter landwirtschaftlicher Marktordnungswaren galt, erschien eine Übergangsregelung, deren Aufbau die spätere Gestaltung des gemeinsamen Einfuhrrechts maßgeblich beeinflußte. Ausgehend vom Grundsatz der Einfuhrfreiheit wurden bestimmte Konsultations- und Notifikationspflichten für Mitgliedstaaten und Kommission geschaffen. Zum Zweck der Einfuhrkontrolle konnte die Wareneinfuhr mit Hilfe von Einfuhrdokumenten, die von den Mitgliedstaaten ausgestellt wurden, überwacht werden. Bei eingetretenen oder drohenden Marktstörungen konnte die Kommission von sich aus oder auf Antrag eines Mitgliedstaates Einfuhrbeschränkungen festsetzen. Die Mitgliedstaaten konnten dann ihrerseits den Rat mit der Kommissionsentscheidung befassen, und der Rat hatte die Möglichkeit zur Änderung bzw. Aufhebung.

Nachdem die Liberalisierung der Einfuhren auf mitgliedstaatlicher Ebene weitere Fortschritte gemacht hatte, beschloß der Rat im Jahre 1968 die ersten umfassenden Gemeinschaftsverordnungen zur Regelung der Einfuhr gewerblich-industrieller Waren. Die Verordnungen waren als Übergangsregelungen gedacht und erfaßten keine Einfuhren aus Staatshandelsländern. Es handelte sich dabei um die VO 2041/68 zur Aufstellung einer gemeinsamen Liberalisierungsliste für die Einfuhr in die Gemeinschaft aus dritten Ländern, die VO 2045/68 zur Festlegung eines gemeinschaftlichen Überwachungsverfahren und die VO 2043/68 zur Einführung eines Gemeinschaftsverfahrens für die Verwaltung mengenmäßiger Kontingente bei der Einfuhr in die Gemeinschaft.

Durch diese Regelungen verkleinerte sich der Handlungsspielraum der Mitgliedstaaten im Bereich des Außenhandels. Stattdessen wurden gemeinschaftliche Verfahren ins Leben gerufen, die es der Gemeinschaft ermöglichen sollten, ihren Handelspartnern gegenüber als Einheit aufzutreten. Es muß jedoch darauf hingewiesen werden, daß die autonome gemeinsame Handelspolitik im Einfuhrbereich damit keineswegs vollständig verwirklicht war. Einerseit umfaßte die Liberalisierung auf Gemeinschaftsebene 1968 lediglich rund zwei Drittel der Tarifnummern des GZT, im Hinblick auf das restliche Drittel waren die Mitgliedstaaten bei der Einfuhrregelung also noch weitgehend selbst zuständig. Zum anderen enthielten die Einfuhrverordnungen mehrere Bestimmungen, die den Mitgliedstaaten erheblichen Freiraum ließen, so z. B. bei der Anwendung von Schutzmaßnahmen in Form von mengenmäßigen Beschränkungen, womit der Grundsatz der Einfuhrfreiheit teilweise in Frage gestellt war. Durchbrechungen dieses Prinzips kamen auch in den Möglichkeiten zur Abweichung von gemeinschaftlichem Vorgehen zum Ausdruck, die den Mitgliedstaaten im Rahmen der Übergangs- und Schlußbestimmungen eingeräumt waren.

Von daher bestanden zahlreiche Ansatzpunkte für einzelstaatlichen Einfluß bei Anwendung der Gemeinschaftsregelungen, was vor allem in bezug auf die Anwendung mengenmäßiger Beschränkungen problematisch war, denn Unterschiede in den Einfuhrbedingungen der Mitgliedstaaten können Umwegeinfuhren hervorrufen, zu deren Abwehr innergemeinschaftliche Beschränkungen gem. Art. 115 in Frage kommen, die ihrerseits das Funktionieren des Gemeinsamen Marktes beeinträchtigen. Gänzlich vereinheitlichte bzw. gemeinsame Einfuhrbedingungen hätten allerdings die Existenz eines einheitlichen Wirtschaftsraums, d. h. ein sehr hohes Maß an wirtschaftlicher Integration vorausgesetzt, das zur damaligen Zeit noch längst nicht gegeben war.

In bezug auf die Vereinbarkeit der Übergangsregelungen mit dem GATT bleibt festzuhalten, daß die grundsätzliche Einfuhrliberalisierung der Vorgabe des Art. XI Abs. 1 GATT entsprach und somit eines der Hauptanliegen des GATT einen Eckpfeiler im gemeinsamen Einfuhrrecht bildete. Dies galt auch für die fast wörtliche Übernahme der Schutzklausel des Art. XIX Abs. 1 lit. a GATT in die entsprechenden Bestimmungen der Gemeinschaftsverordnungen. Im Widerspruch zu den Zielen des GATT stand dagegen die ausdrücklich vorgesehene Möglichkeit zur Annahme von Selbstbeschränkungsangeboten seitens exportierender Drittländer.

Im Jahre 1970 wurden die Regelungsbereiche der VOen 2041/68 und 2045/68 in der VO 1025/70 zusammengefaßt. Es wurde eine Straffung der Gemeinschaftsverfahren herbeigeführt und die Befugnisse der Kommission im Hinblick auf ihre Zuständigkeit für Schutzmaßnahmen in Dringlichkeitsfällen erweitert. Erweitert wurde auch der Anwendungsbereich des Informations- und Konsultationsverfahrens.

Integrierend wirkte ebenfalls die Neuregelung, nach der bei der Aufnahme neuer Waren in die gemeinsame Liberalisierungsliste die wirtschaftliche Lage in der gesamten Gemeinschaft zu berücksichtigen war. In dieselbe Richtung ging die zeitliche Begrenzung bei der Anwendung von Schutzmaßnahmen. Einzelstaatliche Interessen kamen hingegen in der jetzt ausdrücklich vorgesehenen Möglichkeit zur regionalen Beschränkung von Schutzmaßnahmen auf bestimmte Gebiete der Gemeinschaft zum Ausdruck, eine Bestimmung, die der Schaffung eines einheitlichen Wirtschaftsgebiets nicht dienlich war.

Die Liberalisierung auf Gemeinschaftsebene schritt weiter fort, doch blieben nach wie vor Unterschiede in bestimmten Bereichen, die von einzelnen Mitgliedstaaten vor Drittlandeinfuhren geschützt wurden.

Mit der VO 109/70 wurde entsprechend den Anforderungen von Art. 111 und des Arbeitsprogramms von 1962 eine gemeinsame Regelung auch für Einfuhren aus Staatshandelsländern geschaffen. Zwar umfaßte die gemeinschaftliche Liberalisierung in diesem Bereich wesentlich weniger Produkte als die der VO 1025/70 und betraf zunächst auch nicht mehr als sechs Länder, doch kamen im wesentlichen dieselben Prinzipien wie dort zur Anwendung, in erster Linie die grundsätzliche Einfuhrfreiheit. Unterschiede zur VO 1025/70 ergaben sich hingegen aus dem Umstand, daß bei der Gestaltung der VO 109/70 die Anforderungen des GATT nicht in vollem Umfang zu beachten waren, was an den geringeren Voraussetzungen deutlich wurde, die für die Anwendung von Überwachungs- und Schutzmaßnahmen gegeben sein mußten.

Die VO 1023/70 folgte der VO 2043/68 und galt anders als diese für Ein- und Ausfuhrkontingente. Weitere Änderungen grundsätzlicher Art wurden jedoch nicht vorgenommen. Festgehalten wurde vor allem am zweistufigen Verfahren bei der Handhabung von Gemeinschaftskontingenten in der Form gemeinschaftlicher Festsetzung und einzelstaatlicher Verwaltung durch Erteilung von Einfuhrgenehmigungen. Eine Beschränkung des Anwendungsbereichs dieser Regelung ergab sich daraus, daß sie nur für Gemeinschaftskontingente, nicht aber für solche der Mitgliedstaaten galt, d. h. Einfuhrbeschränkungen von Waren, die nicht unter die VOen 1025/70 und 109/70 fielen, waren nicht von der VO 1023/70 betroffen. Die Aufteilung der Gemeinschaftskontingente in nationale Kontingente entsprach nicht dem Konzept des einheitlichen Wirtschaftsgebietes, zu dem sich die Gemeinschaft entwickeln sollte, sie ergab sich jedoch aus dem System der Schutzmaßnahmen in den Einfuhrregelungen und war auch Ausdruck des mitgliedstaatlichen Einflusses, der in diesem System zum Tragen kam. Das gemeinschaftliche Element bei der Durchführung von Schutzmaßnahmen wurde damit eingeschränkt. Ebenso bedingte diese Aufteilung die Gefahr von Umwegeinfuhren und von innergemeinschaftlichen Warenverkehrsbeschränkungen in Anwendung von Art. 115. Nichtsdestoweniger bestand nach Ablauf der Übergangszeit eine umfassende Regelung für Einfuhren in das Gemeinschaftsgebiet unter Einbeziehung des Osthandels. Dieses Regelungswerk brachte in seiner Gesamtheit mehr an gemeinschaftlichem Vorgehen, das in Teilbereichen allerdings erst schwach entwickelt war.

Die Entscheidung 72/455/EWG des Rates vom 19.12.1972 über bestimmte Übergangsmaßnahmen zur schrittweisen Vereinheitlichung der Einfuhrregelungen der Mitgliedstaaten gegenüber Drittländern betraf den Import von Produkten, die weder unter die VO 1025/70 bzw. 109/70 fielen noch Gegenstand bilateraler Abkommen der Mitgliedstaaten mit Drittländern waren. Einzelstaatliche Änderungen der Einfuhrbedingungen dieser Waren wurden damit einem Konsultationsverfahren unterworfen und in gewissen Fällen von einer Ermächtigung durch die Gemeinschaft abhängig gemacht. Trotz der grundsätzlich weiterbestehenden Kompetenz der Mitgliedstaaten in diesem Bereich führte die Entscheidung doch eine Ausweitung des Regelungsbereichs der gemeinsamen Handelspolitik herbei und trug zur Vereinheitlichung des Außenhandelsrechts der EG bei.

Die tiefgreifendste Änderung des gemeinsamen Einfuhrsystems, die durch die VO 1439/74 herbeigeführt wurde, war die Umstellung des gesamten Einfuhrrechts auf das Ursprungsprinzip. Da es nach wie vor zwei Länderlisten für Einfuhren aus Drittländern gab, von denen die für Importe aus Staatshandelsländern einen weitaus geringeren Liberalisierungsstand aufwies als die für Importe aus GATT-orientierten Ländern, betraf die Umstellung vor allem die Staatshandelsländer. Ihre Produkte konnten jetzt nicht mehr über den Umweg durch GATT-Länder in die Gemeinschaft gelangen, da nicht mehr auf die unmittelbare Herkunft, sondern auf den Ursprung einer Ware abgestellt wurde. Der Außenhandel von GATT-Ländern wurde jedoch auch beeinträchtigt, denn sie konnten Waren mit Ursprung in Nicht-GATT-Ländern nicht mehr wie zuvor in die Gemeinschaft exportieren. Darüber hinaus konnten aufgrund einer neuen Übergangsbestimmung Waren aus GATT-Ländern nicht mehr über Nicht-GATT-Länder in die EG eingeführt werden, wenn die Einfuhr dieser Waren gegenüber den Nicht-GATT-Ländern nicht liberalisiert war. Durch eine weitere Übergangsbestimmung bekam die Bundesrepublik noch weiterreichende Möglichkeiten zur Beschränkung von Einfuhren aus Staatshandelsländern.

Diese Änderungen liefen dem Konzept eines ungehinderten Welthandels gemäß den GATT-Grundsätzen zuwider, da sie bilaterale Handelsbeziehungen förderten und damit nicht dem multilateralen Ansatz des GATT entsprachen. Ebensowenig waren sie mit der in Art. 110 postulierten harmonischen Entwicklung des Welthandels und der dort geforderten schrittweisen Beseitigung von Beschränkungen im internationalen Handelsverkehr vereinbar.

Einen Fortschritt im Sinne integrierender Wirkung brachte die erstmals festgeschriebene Gleichbehandlung aller Gemeinschaftsimporteure bei der Erteilung von Einfuhrdokumenten für überwachte Waren. Die Ergänzung entsprach den Anforderungen des Art. 7 und förderte die Verwirklichung der Grundfreiheiten des EWGV.

In der neu aufgenommenen gemeinschaftsrechtlichen Regelung der nationalen Einfuhrüberwachung konnte auf der einen Seite die Zunahme mitgliedstaatlichen Einflusses gesehen werden, jedoch war auch zu berücksichtigen, daß diese Maßnahmen durch die Schaffung gemeinschaftsrechtlicher Verfahrensregeln gemeinschaftsrechtlichen Charakter erhielten.

Die insgesamt acht Ausnahmeregelungen unter den Übergangs- und Schlußbestimmungen der VO 1439/74 enthielten ausgeprägt nationale Elemente, die einzelnen Mitgliedstaaten großen Handlungsspielraum eröffneten und zu Lasten eines geschlossenen Außenhandelssystems der Gemeinschaft gingen. An ihnen wurde deutlich, daß von seiten der Mitgliedstaaten vielfältige Bemühungen unternommen wurden, um den Übergang handelspolitischer Kompetenzen auf die Gemeinschaft zu verlangsamen. Sie bewirkten außerdem eine zunehmende Unübersichtlichkeit des gemeinsamen Systems der Einfuhrregelungen.

In der VO 926/79 ergab sich eine institutionelle Stärkung der Kommission durch die neugeschaffene Möglichkeit zur Aufnahme neuer Waren in die gemeinschaftliche Liberalisierung im Wege eines Beschlusses der Kommission. Die gleiche Wirkung hatte die Neuregelung, nach der von der Kommission beschlossene Schutzmaßnahmen grundsätzlich Bestand haben sollten und, außer im Falle der Ratsbefassung durch einen Mitgliedstaat, nicht mehr von einer Entscheidung des Rates abhingen. Ergänzend dazu wurde die Höchstdauer einzelstaatlich angewandter Schutzmaßnahmen auf einen Monat beschränkt. Eine zeitliche Begrenzung fand sich nun auch unter den Bestimmungen für die gemeinschaftliche Einfuhrüberwachung. Sie sollte grundsätzlich nicht länger als achtzehn Monate dauern.

Die Aufnahme des Regelungsgehalts der Entscheidung 72/455 machte das gemeinsame Einfuhrregelungssystem übersichtlicher. Mehr Übersichtlichkeit brachte auch die Einbeziehung der nur auf nationaler Ebene liberalisierten Waren in die gemeinsame Liberalisierungsliste. Die gemeinschaftsfreundliche Wirkung dieser Einbeziehung blieb hingegen begrenzt, denn die handelspolitische Kompetenz hinsichtlich der Einfuhrregelungen für diese Waren blieb bei den Mitgliedstaaten.

Was die VO 925/79 anging, mit der die VO 109/70 außer Kraft gesetzt wurde, blieb die Kommission auch weiterhin allein für die Durchführung des gemeinschaftlichen Überwachungsverfahrens zuständig und hatte als Voraussetzung zur Einleitung des Verfahrens außer dem Gemeinschaftsinteresse keine Voraussetzungen zu beachten. Die neugeschaffene Möglichkeit zur Abweichung von den Verfahrensregeln für die gemeinschaftliche Einfuhrüberwachung gab ihr überdies die Möglichkeit zu sehr flexiblem Vorgehen. Der Umstand, daß anders als in der VO 926/79 keine gemeinsamen Verfahrensregelungen für einzelstaatliche Überwachungsmaßnahmen aufgenommen wurden, spiegelte die ablehnende Haltung der Mitgliedstaaten in bezug auf die Übertragung der ihnen verbliebenen Kompetenzen wider.

Die nach wie vor fehlende Gleichbehandlung der Gemeinschaftsimporteure, die im Bereich des Handels mit GATT-orientierten

Ländern seit 1974 verwirklicht ist, stellte eine Unvereinbarkeit mit Art. 7 dar. Im Hinblick auf beide neuen Verordnungen des Jahres 1979 blieben die Unvereinbarkeiten mit Art. 110 und den Grundsätzen des GATT bestehen, die sich aus der Beibehaltung des 1974 eingeführten Ursprungserfordernisses ergaben.

Mit Inkrafttreten der VO 288/82 wurde die bisher geltende Positivliste liberalisierter Waren zugunsten einer Negativliste aufgegeben, in der nunmehr diejenigen Produkte verzeichnet sind, die nicht unter die gemeinschaftliche Liberalisierung fallen und in einzelnen Mitgliedstaaten mengenmäßigen Beschränkungen bei der Einfuhr unterliegen. Diese Lösung hat den Vorteil größerer Übersichtlichkeit, da die Negativliste bei weitem nicht so lang ist wie die alte Positivliste.

Bei der Aufnahme neuer Waren in die Gemeinschaftsliberalisierung wurde die mit der VO 926/79 erweiterte Kompetenz der Kommission wieder eingeschränkt und es gilt wieder die frühere Regelung, nach der die gemeinschaftliche Liberalisierung neuer Waren auf Vorschlag der Kommission durch den Rat beschlossen wird. Die Stellung der Kommission im Bereich der gemeinsamen Handelspolitik ist damit schwächer als während der Geltungsdauer der Einfuhrregelungen des Jahres 1979.

Mit dem dreistufigen Untersuchungsverfahren, das jetzt grundsätzlich vor der Anwendung von gemeinschaftlichen Überwachungs- und Schutzmaßnahmen durchzuführen ist, wurde erstmals die Mitwirkung natürlicher oder juristischer Personen bei Anwendung der gemeinsamen Einfuhrregelungen festgeschrieben. Darin liegt die größte Bedeutung dieser Neuerung, denn der Beschluß von Gemeinschaftsmaßnahmen kann für Gemeinschaftsimporteure und Zwischenhändler weitreichende Konsequenzen haben. Bis zum Inkrafttreten dieser Neuregelung lag die Anhörung der Betroffenen allein im Ermessen der Gemeinschaftsorgane bzw. diese konnten sich nur auf indirektem Weg Gehör verschaffen. Die jetzige Regelung stellt daher einen Fortschritt an Rechtssicherheit und Berechenbarkeit gemeinschaftlichen Handelns dar. Ein weiterer Vorteil ist darin zu sehen, daß der Kommission mehr Informationen zugänglich sind, mit deren Hilfe sie ihre Entscheidungen besser abwägen kann. Da die Durchführung des Verfahrens allein der Kommission anheim gegeben ist und auch ihre Nachprüfungsbefugnisse eine Erweiterung erfahren haben, bringt das Untersuchungsverfahren auch eine institutionelle Stärkung der Kommission mit sich und wirkt integrationsfördernd.

Das Untersuchungsverfahren sieht im Gegensatz zur Regelung im gemeinschaftlichen Antidumpingrecht jedoch kein Antragsrecht für Private auf Einleitung des Verfahrens vor, so daß sie in dieser Hinsicht auch weiterhin auf einen indirekten Weg der Einflußnahme angewiesen bleiben.

Bei den Schutzmaßnahmen ist dem Rat die Möglichkeit eröffnet, vorläufige Maßnahmen der Mitgliedstaaten bis zu einer Dauer von drei Monaten zu genehmigen. Nach der VO 926/79 durften sie höchstens einen Monat lang in Anwendung bleiben. Hier kommt wieder ein stärkerer Einfluß partikulärer Interessen zum Ausdruck, der im Vergleich zur vorhergehenden Regelung einen Rückschritt bedeutet. Eine weitere Änderung legt fest, daß die Mitgliedstaaten seit Ende des Jahres 1987 nur noch dann zu Schutzmaßnahmen greifen dürfen, wenn ein solches Vorgehen durch Schutzklauseln in bilateralen Abkommen einzelner Mitgliedstaaten mit Drittländern vorgesehen ist. Bis dahin konnte ein Mitgliedstaat auch dann selbständig mengenmäßige Beschränkungen als vorläufige Schutzmaßnahme anwenden, wenn auf seinem Gebiet eine Marktstörung eintrat bzw. einzutreten drohte. Diese Änderung wirkt integrationsfreundlich, denn einzelstaatliches Vorgehen bei mengenmäßigen Einfuhrbeschränkungen kann immer auch den freien Warenverkehr im Inneren der Gemeinschaft in Mitleidenschaft ziehen. Darüber hinaus steht für Rat und Kommission in den Einfuhrregelungen ausreichendes gemeinschaftsrechtliches Instrumentarium zur Beschränkung von Schutzmaßnahmen auf einzelne Gebiete der Gemeinschaft zur Verfügung.

Hinsichtlich der Übergangs- und Schlußbestimmungen ergaben sich im Jahre 1986 mehrere Änderungen, mit denen Ausnahmeregelungen beseitigt wurden, die einzelnen Mitgliedstaaten Abweichungen von den Bestimmungen der VO 288/82 erlaubt hatten. Darüber hinaus wurden die Mitteilungspflichten der Mitgliedstaaten in mehreren Punkten erweitert. Nicht verwirklicht wurde hingegen die Anwendung der gemeinsamen Bestimmungen über Schutzmaßnahmen bei einzelstaatlichen Änderungen der Einfuhrregelungen für auf Gemeinschaftsebene nicht liberalisierte Waren. Diese Umstellung war in der VO 926/79 für Ende 1981 vorgesehen gewesen. Statt dessen wurde die bisher geltende Regelung übernommen, die sich bei solchen Änderungen auf die Festlegung bestimmter Konsultations- und Unterrichtungspflichten der Mitgliedstaaten beschränkt.

In die neue VO 1765/82 wurde das neue Untersuchungsverfahren der VO 288/82 in gleicher Form aufgenommen. Auch die übrigen Änderungen entsprechen denen der VO 288/82.

2. Kapitel Ausblick

Betrachtet man den Aufbau der gemeinsamen Einfuhrregelungen, so ergibt sich, daß dieser seit den Verordnungen des Jahres 1970 gleich geblieben ist, abgesehen vom 1982 eingeführten gemeinschaftlichen Untersuchungsverfahren.

Im Titel I finden sich jeweils die allgemeinen Grundsätze der gemeinschaftlichen Liberalisierung einschließlich der Erweiterungsmöglichkeiten in bezug auf die Einfuhrfreiheit. Titel II umfaßt das gemeinschaftliche Informations- und Konsultationsverfahren, dessen Durchführung seit 1970 Voraussetzung für gemeinschaftlich ergriffene Überwachungs- und Schutzmaßnahmen ist. Seit Inkrafttreten der VOen 288/82 und 1765/82 findet sich in Titel III das neue gemeinschaftliche Untersuchungsverfahren. Titel IV regelt die Überwachung von Einfuhren und Titel V Schutzmaßnahmen. Titel VI schließlich beinhaltet die jeweiligen Übergangs- und Schlußbestimmungen, die zum großen Teil Ausnahmen von Bestimmungen der vorangehenden Titel darstellen.

Was die Entwicklung der Kompetenzverteilung anbelangt, ergibt sich in den Grundzügen ebenfalls ein weitgehend einheitliches Bild. Die Erweiterung der Gemeinschaftsliberalisierung, d. h. die gemeinschaftlich durchgeführte Befreiung bestimmter Einfuhren von mengenmäßigen Beschränkungen, oblag von den ersten Übergangsverordnungen bis zu den Neufassungen des Jahres 1979 allein dem Rat. In den VOen 926/79 und 925/79 wurden die Befugnisse der Kommission in der Weise erweitert, daß sie die Aufnahme neuer Waren in die gemeinsame Liberalisierungsliste beschließen konnte, wenn sich durch Aufhebung einzelstaatlich angewendeter mengenmäßiger Beschränkungen eine gemeinschaftsweite Liberalisierung ergab. In den Neuregelungen des Jahres 1982 wurde diese erweiterte Kommissionskompetenz jedoch nur für den Handel mit Staatshandelsländern aufrecht erhalten. Neue Liberalisierungen gegenüber GATT-orientierten Ländern fallen jetzt wieder in die Zuständigkeit des Rates.

Konsultationen im beratenden Ausschuß werden auf Antrag einzelner Mitgliedstaaten oder auf Veranlassung der Kommission abgehalten.

Das neue gemeinschaftliche Untersuchungsverfahren liegt sowohl im Rahmen der VO 288/82 als auch im Rahmen der VO 1765/82 in der Hand der Kommission. Ihr allein obliegt die Einleitung des Verfahrens, seine Einstellung oder die Einleitung von Überwachungs- bzw. Schutzmaßnahmen.

Die Kompetenz zur Unterstellung bestimmter Einfuhren unter die gemeinschaftliche Überwachung hatte nach der VO 2045/68 allein der Rat. Seit den Regelungen des Jahres 1970 ist danach zu differenzieren, ob es um Einfuhren aus Staatshandelsländern oder um solche aus GATT-orientierten Ländern geht. Bei Einfuhren aus Staatshandelsländern fällt die Anordnung der Gemeinschaftsüberwachung seitdem unter die Kompetenz der Kommission. Bei allen anderen Importen wird die Gemeinschaftsüberwachung vom Rat auf Vorschlag der Kommission beschlossen, sofern sie gleichzeitig mit der Einfuhrliberalisierung eines bestimmten Produktes beginnen soll. Die Gemeinschaftsüberwachung für bereits liberalisierte Waren wird von der Kommission beschlossen, wobei die Mitgliedstaaten jedoch den Rat mit dem Kommissionsbeschluß befassen können.

Für Schutzmaßnahmen der Gemeinschaft besteht eine grundsätzliche Ratszuständigkeit. Liegt jedoch ein Eilfall vor und ist eine schnelle Reaktion geboten, kann die Kommission von sich aus zur Anwendung von Schutzmaßnahmen greifen. Betreffen diese Maßnahmen Einfuhren aus GATT-orientierten Ländern, müssen höhere Voraussetzungen erfüllt sein, als wenn Importe aus Staatshandelsländern beschränkt werden sollen. Die Mitgliedstaaten können den Rat mit allen Maßnahmen der Kommission befassen, und der Rat hat die Möglichkeit, andere Maßnahmen zu ergreifen.

Es ergibt sich demnach eine starke Position des Rates im institutionellen Gefüge der gemeinsamen Einfuhrregelungen. Ein Kompetenzzuwachs für die Kommission ergab sich mit Einführung des gemeinschaftlichen Untersuchungsverfahrens in den VOen 288/82 und 1765/82, für das sie allein zuständig ist. Bereits zuvor lag das Überwachungsverfahren für Importe aus Staatshandelsländern in ihrer Hand und bei den übrigen Importen konnte sie Überwachungsmaßnahmen beschließen, sofern die betreffenden Produkte bereits vorher liberalisiert worden waren. Darüber hinaus kann sie in Eilfällen selbständig zu Schutzmaßnahmen greifen. Abgesehen vom gemeinschaftlichen Untersuchungsverfahren und von ihrer Zuständigkeit für Überwachungsmaßnahmen, die Importe aus Staatshandelsländern betreffen, stehen Beschlüsse der Kommission jedoch unter dem Vorbehalt der Ratsbefassung durch die Mitgliedstaaten. Vor allem bei solchen Entscheidungen, die tiefgreifende Änderungen der Einfuhrbedingungen für bestimmte Waren mit sich bringen, wie z. B. einerseits die Aufnahme in die gemeinsame Liberalisierung und als Gegenbeispiel die Anwendung von Schutzmaßnahmen der Gemeinschaft, wird die dominierende Stellung des Rates und damit letztendlich der Mitgliedstaaten deutlich. Abgesehen von dem Einfluß, den die Mitgliedstaaten über den Rat ausüben, ist auf die übrigen Möglichkeiten zur Einflußnahme auf die Gestaltung der gemeinsamen Handelspolitik zu verweisen, die den Mitgliedstaaten durch die gemeinsamen Einfuhrregelungen eröffnet bleiben. Nach wie vor haben sie die Möglichkeit, selbständig Schutzmaßnahmen in Form von mengenmäßigen Einfuhrbeschränkungen anzuwenden, auch wenn diese Möglichkeit seit 1986 in der Weise eingegrenzt ist, daß als Grundlage dafür eine Schutzklausel in einem bilateralen Abkommen des jeweiligen Mitgliedstaates mit einem Drittland vorhanden sein muß. Den Mitgliedstaaten ist es auch weiterhin unbenommen, eine eigene Einfuhrüberwachung bei gemeinschaftlich liberalisierten Waren durchzuführen, sofern dadurch die Einfuhr der liberalisierten Produkte nicht beschränkt wird. Gemeinsame Verfahrensregeln für die einzelstaatliche Überwachung existieren in der VO 288/82, nicht aber in der VO 1765/82. Daneben finden sich in den Übergangs- und Schlußbestimmungen noch immer mehrere Ausnahmeregelungen, die einzelne oder mehrere Mitgliedstaaten zu Abweichungen von den Gemeinschaftsverfahren ermächtigen.

Dieser mitgliedstaatliche Einfluß in den gemeinsamen Einfuhrregelungen resultiert daraus, daß keine gemeinsam konzipierte Wirtschaftspolitik der Gemeinschaft existiert, was zu unterschiedlichen ökonomischen Rahmenbedingungen in den einzelnen Mitgliedstaaten führt. Daraus ergeben sich Unterschiede in der Wettbewerbsfähigkeit bestimmter Industrien, die oft dazu führen, daß Wirtschaftszweige mit schwacher internationaler Wettbewerbsfähigkeit bei ihren nationalen Regierungen um Schutz vor zunehmendem Importdruck nachsuchen. Handelt es sich dabei um Industrien, in denen eine große Zahl von Arbeitsplätzen in Gefahr geraten kann, besteht eine hohe Wahrscheinlichkeit, daß einzelstaatlicher Protektionismus als ein Ausweg gesehen wird. In diesem Zusammenhang ist auch darauf hinzuweisen, daß zwar insgesamt ein hoher gemeinsamer Liberalisierungstand erreicht worden ist, die nicht liberalisierten Waren jedoch solche sind, bei deren Produktion die Gemeinschaftshersteller sich starker Konkurrenz aus Drittländern gegenübersehen. Als Beispiel sei der Textilbereich genannt, in dem durch das Multifaserabkommen eine Marktaufteilung in internationalem Maßstab erfolgt, aber auch die Importquoten für japanische Automobile, die nach wie vor von mehreren Mitgliedstaaten angewendet werden. Diese einzelstaatlichen Einfuhrbeschränkungen gegenüber Drittlandswaren müssen in jedem Fall innergemeinschaftlich abgesichert werden und führen auf diese Weise zu Behinderungen des freien Warenverkehrs infolge der Anwendung des Art. 115. Diese Konsequenz einzelstaatlichen Vorgehens auf dem Gebiet des Außenhandels stellt auch im Hinblick auf die Verwirklichung des gemeinsamen Binnenmarktes ein bislang ungelöstes Problem dar und verdeutlicht den Zusammenhang zwischen den Vorgängen innerhalb der Gemeinschaft und der Gestaltung ihrer Außenhandelspolitik. Langfristig bietet sich als Lösung für das Problem der verbleibenden Unterschiede in den Einfuhrbedingungen der Mitgliedstaaten nur eine gemeinsame Industriepolitik an, mit deren Hilfe die internationale Wettbewerbsfähigkeit auch der industriellen Problembereiche gemeinschaftsweit angehoben wird. Ein solches Vorhaben setzt bei den Regierungen der Mitgliedstaaten allerdings ein hohes Maß an Bereitschaft zur Übertragung einzelstaatlicher Kompetenz auf die Gemeinschaft voraus. Ein solches Vorhaben kann auch durch die Aufnahme neuer Mitgliedstaaten mit erst gering entwickelten eigenen Industrien erschwert werden.

Was die Vereinbarkeit der gemeinsamen Einfuhrregelungen mit dem GATT angeht, bleibt festzustellen, daß sie für sich genommen den Vorgaben des Allgemeinen Abkommens entsprechen. Liberalisierung und Nichtdiskriminierung gehören dem Wortlaut nach zu den Zielen, die mit ihrer Hilfe angestrebt werden. Die in ihnen festgeschriebene Einfuhrfreiheit wurde jedoch nie ausdrücklich auf ein Verbot von Maßnahmen gleicher Wirkung wie mengenmäßige Beschränkungen erweitert, obwohl Art. XI Abs. 1 GATT auch »andere Maßnahmen« erwähnt, so daß hier ein Ansatzpunkt für protektionistisches Vorgehen erhalten bleibt. Der Grundsatz der Nichtdiskriminierung ist in den Bestimmungen über gemeinschaftliche Schutzmaßnahmen verankert, die darüber hinaus fast wörtlich Art. XIX Abs. 1 lit. a GATT entsprechen. Beim tatsächlichen Gebrauch dieser Bestimmungen, d. h. der Anwendung mengenmäßiger Beschränkungen, ist die EG jedoch zurückhaltend; in der Gemeinschaftspraxis gibt es weitaus mehr Verfahren gegen Importe aus Drittländern nach der gemeinsamen Antidumpingverordnung als aufgrund der Schutzklauseln in den gemeinsamen Einfuhrregelungen. Die Gründe hierfür sind nicht zuletzt darin zu sehen, daß handelspolitische Schutzmaßnahmen in Form von mengenmäßigen Beschränkungen im Welthandel sehr umstritten sind, da sie als Ausdruck protektionistischen Verhaltens betrachtet werden, das sich gegen international wettbewerbsfähige Anbieter richtet. Im übrigen gibt es bereits seit langem einen internationalen Antidumpingkodex auf der Grundlage von Art. VI GATT, jedoch kein vergleichbares Abkommen über die Anwendung von Art. XIX GATT. Der Umstand, daß die Schutzklauseln der gemeinsamen Einfuhrregelungen verhältnismäßig selten Anwendung finden, bedeutet jedoch nicht, daß mengenmäßige Beschränkungen bei der Wareneinfuhr in die Gemeinschaft keine Rolle spielen. Zum einen finden sich Schutzklauseln, welche die Anwendung solcher Beschränkungen vorsehen, in zahlreichen Abkommen der Gemeinschaft mit Drittländern, zum anderen spielen freiwillige Exportbeschränkungen der Exportländer und auch Abkommen über Exportbeschränkungen mit diesen Staaten eine große Rolle bei der Importregelung im Rahmen des gemeinschaftlichen Außenhandels. Diese Art der Einfuhrregulierung hat gegenüber der Schutzklauselanwendung nach den Einfuhrregelungen den Vorteil, daß sie selektiv gegenüber bestimmten Drittländern angewendet werden kann; sie ist aber letztendlich eine Umgehung des Art. XIX GATT und untergräbt das multilateral angelegte Regelungssystem des Allgemeinen Abkommens.

Abschließend kann gesagt werden, daß die gemeinsamen Einfuhrregelungen als Beispiel für die zunehmende Integration der Gemeinschaft auf dem Gebiet des Handels mit Drittländern angesehen werden können, soweit es um die Importe geht, die in ihren Regelungsbereich fallen. Zwar haben die Mitgliedstaaten im System der Einfuhrregelungen nach wie vor großen Einfluß, doch steht diesem Einfluß auch ein hohes Maß an Vergemeinschaftung gegenüber. Das Kräfteverhältnis von stärkerer Integration auf der einen und verbleibendem Einfluß der Mitgliedstaaten auf der anderen Seite ist dabei vor allem ein Ausdruck zwischen den offiziellen Bekenntnissen der Gemeinschaft zum freien Welthandel und der Notwendigkeit zur Rücksichtnahme auf Entwicklungen innerhalb der EG. Eine wirklich gemeinschaftlich durchgeführte Regelung des Importhandels und eine weitere Ausdehnung der Gemeinschaftsliberalisierung ist nur unter der Voraussetzung einer gleichmäßigen Weiterentwicklung aller Industriezweige im Gemeinsamen Markt denkbar. Dafür ist allerdings gemeinsames Vorgehen der Mitgliedstaaten auch auf den Gebieten notwendig, wo der EWGV keine gemeinsame Politik vorsieht.

Abkürzungen

ABl. L C	Amtsblatt der Europäischen Gemeinschaften, Reihe L (Lois) und C (Communication)
AETR	Accord Européen sur le Transport Routier
AKP-Staaten	Entwicklungsländer des afrikanischen, karibischen und pazifischen Raumes im Sinne des dritten AKP-EWG-Abkommens von Lomé
Amla	Ausschreibung mit laufender Antragstellung
APS	Allgemeines Präferenzsystem
ArchVR	Archiv des Völkerrechts
AWG	Außenwirtschaftsgesetz
AWV	Außenwirtschaftsverordnung
BBPS	Beutler, Bieber, Pipkorn, Streil, Die Europäische Gemeinschaft, Lehrbuch
Beschl.	Beschluß
BGBl.	Bundesgesetzblatt
BISD	Basic Instruments and Selected Documents
Bull. EG	Bulletin der Europäischen Gemeinschaften
CD	Compact Disc
CDE	Cahiers de droit européen
CMLR	Common Market Law Review
Dok.	Dokument
DÖV	Die Öffentliche Verwaltung
DVBl	Deutsches Verwaltungsblatt
E	Entscheidung
EA, D	Europa-Archiv, Dokumentenreihe des Europa-Archivs
EC	European Communities
ECE	Economic Commission for Europe des Wirtschafts- und Sozialrates der Vereinten Nationen
EEA	Einheitliche Europäische Akte
EFTA	European Free Trade Association
EG	Europäische Gemeinschaften
EP	Europäisches Parlament
EPIL	Encyclopedia of Public International Law
EPZ	Europäische Politische Zusammenarbeit
EuGH	Gerichtshof der Europäischen Gemeinschaften
EuR	Europarecht
EWG	Europäische Wirtschaftsgemeinschaft
EWGV	Vertrag zur Gründung der Europäischen Wirtschaftsgemeinschaft
EZU	Europäische Zahlungsunion

Fn.	Fußnote
FS	Festschrift
GA	Generalanwalt, Gutachten
GATT	General Agreement on Tariffs and Trade
GB	Gesamtbericht der Kommission der Europäischen Gemeinschaften
GBTE	v. d. Groeben, v. Boeckh, Thiesing, Ehlermann, Kommentar zum EWG-Vertrag
GemR	Gemeinschaftsrecht
GNG	GATT Negociation Group
GS	Gedächtnisschrift
GYIL	German Yearbook of International Law
GZT	Gemeinsamer Zolltarif
Hb.	Halbband
HdWB	Handwörterbuch
HdWW	Handwörterbuch der Wirtschaftswissenschaften
HEW	Handbuch für Europäische Wirtschaft, Loseblattsammlung
Hg.	Herausgeber
HS.	Halbsatz
HWWA	Hamburger Weltwirtschaftsarchiv
Int.	International
ITO	International Trade Organization
IWF	Internationaler Währungsfonds
JA	Juristische Ausbildung
JIR	Jahrbuch für Internationales Recht
JWT	Journal of World Trade (bis 1987 JWTL)
JWTL	Journal of World Trade Law
KOM.	Kommission der Europäischen Gemeinschaften
KSE	Kölner Schriften zum Europarecht
Les Nov.	Les Novelles, Le Droit des Communautés Européennes, Lehrbuch
MLVW	Mégret, Louis, Vignes, Waelbroeck; Kommentar zum EWG-Vertrag
MTN	Multilateral Trade Negociations
NG	Negociation Group
NJW	Neue Juristische Wochenschrift
OECD	Organization for Economic Cooperation and Development
OEEC	Organization for European Economic Cooperation
OMAs	Orderly Marketing Agreements
PE	Politique étrangère

RabelsZ	Rabels Zeitschrift für ausländisches und internationales Privatrecht
RGW	Rat für gegenseitige Wirtschaftshilfe
RiO	Recht der internationalen Organisationen
RIW/AWD	Recht der internationalen Wirtschaft/Außenwirtschaftsdienst des Betriebs-Beraters
RMC	Revue du Marché commun
RS.	Rechtssache
Rspr.	Rechtsprechung
RTDE	Revue trimestrielle du droit européen
Rz.	Randziffer
Slg.	Sammlung der Rechtsprechung des EuGH
Suppl.	Supplement
TIR	Transport International Routier
VCR	Video-Cassette-Recorder
VERs	Voluntary Export Restraints
VO	Verordnung
Vol.	Volume
VR	Volksrepublik
VRAs	Voluntary Restraint Agreements
WBV	Wörterbuch des Völkerrechts
WEGS	Wohlfarth, Everling, Glaesner, Sprung, Kommentar zum EWG-Vertrag
WRP	Wettbewerb in Recht und Praxis
WuW	Wirtschaft und Wettbewerb
WVRK	Wiener Übereinkommen über das Recht der Verträge
ZaöRV	Zeitschrift für ausländisches öffentliches Recht und Völkerrecht
ZfvglR	Zeitschrift für vergleichende Rechtswissenschaft
ZfZ	Zeitschrift für Zölle und Verbrauchssteuern
ZHR	Zeitschrift für das gesamte Handelsrecht und Wirtschaftsrecht

Literatur

Abel, G. — Außenwirtschaftsrecht in der EWG, in: KSE, Bd. 11, Köln, Berlin, Bonn, München 1971, S. 371 ff.

Albonetti, A. — Vorgeschichte der Vereinigten Staaten von Europa, Baden-Baden, Bonn 1961

Allen, J.J. — The European Common Market and the GATT, Washington 1960

Armengaud, A. — Les Européens contre l'Europe?, in: PE 1960, S. 122 ff.

Bael, I. van — Creeping Protectionism, in: JWTL 1987, Nr. 5, S. 5 ff.

ders. — EEC Antidumping Law and Procedure Revisited, in: JWT 1990, Nr. 2, S. 5 ff.

Bael, I. van/ Bellis, J.-F. — Antidumping and other Trade Protection Laws of the EEC, 2. Auflage, Bicester 1990

Baldwin, R. E. — Der Abbau der nichttariflichen Beschränkungen des Welthandels als Ziel der neuen GATT-Verhandlungen, in: EA 1974, S. 55 ff.

Belassa, B. — The new Protectionism and the international Economy, in: JWTL 1978, S. 409 ff.

Bellis, J.-F. — The EEC Antidumping System, in: Jackson, J. H.; Vermulst, E. A. (Hg.), Antidumping law and practice: a comparative study, Michigan 1989, S. 41 ff.

Beseler, J. F. — Die gemeinsamen Einfuhrregelungen der EWG, in: AWD 1970, S. 308 ff.

ders. — Neufassung der allgemeinen EWG-Einfuhrregelungen, in: AWD 1974, S. 442 ff.

Beseler, J. F./ Williams, A. N. — Anti-Dumping and Anti-Subsidy Law. The European Communities, London 1986

Beutler, B./ Bieber, R./ Pipkorn, J./ Streil, J. — Die Europäische Gemeinschaft - Rechtsordnung und Politik, 3. Aufl., Baden-Baden 1987

Bijok, W. — Deutsches und europäisches Außenhandelsrecht, in: AWD 1974, S. 19 ff.

Birnstiel, E. — Vom Nutzen und Vorteil des Außenhandels, in: B. B. Gemper (Hg.), Protektionismus in der Weltwirtschaft, Hamburg 1984, S. 70 ff.

Bleckmann, A.	Considérations sur l'interprétation de l'article 7 du Traité CEE, in: RTDE 1976, S. 469 ff.
ders.	Zur Rechtmäßigkeit der EG-Sanktionen gegen Argentinien nach allgemeinem Völkerrecht und dem Recht der EG, in: G. Ress, R. Will (Hg.), Vorträge, Reden und Berichte vor dem Europa-Institut der Universität des Saarlandes 1982, S. 3 ff.
ders.	Europarecht, 5. Aufl., Köln, Berlin, Bonn, München, 1990
ders.	Zuständigkeit der EG für Maßnahmen nach Art. XX des GATT? Zum Begriff der Handelspolitik im EG-Recht, in: RIW 1986, S. 194 ff.
Boelcke, W. A.	Liberalismus, in: HdWW, Bd. 5, Stuttgart, Tübingen, Göttingen 1980, S. 32 ff
Börner, B.	Schutzmaßnahmen auf dem Gebiet des Warenverkehrs, in: KSE, Bd. 28, S. 63 ff.
Borrmann, C.	Das Allgemeine Zollpräferenzsystem der EG. Handelshilfe für die Dritte Welt?, in: H. Hasenpflug (Hg.), Die EG-Außenbeziehungen, Stand und Perspektiven, Hamburg 1979
Bourgeois, J. H. J.	The Tokyo Round Agreement on Technical Barriers and on Government Procurement in International and EEC Perspective, in: CMLR 1982, S. 5 ff.
Bronckers, M. C. E. J.	La protection contre les importations dans la Communauté-Européenne: quelques recommendations pour des initiatives privées, in: RMC 1989, S. 10 ff.
Bruha, T.	Handelsembargo gegen Argentinien durch EWG-VO, in: DVBl 1982, S. 674 ff.
Catalano, N.	Manuel de droit des Communautés européennes, Paris, 1963
Constantinesco, C. J.	Das Recht der Europäischen Gemeinschaften, Bd. 1, Baden-Baden 1977
Deardorff, A. V.	Economic Perspectives on Antidumping Law, in: Jackson, J. H.; Vermulst, E. A. (Hg.), Antidumping law and practice: a comparative study, Michigan 1989, S. 23 ff.
De Witte, B.	The reform of the European Regional Development Fund, in: CMLR 1985, S. 419 ff.
Decaux, E.	La Réciprocité En Droit International, Paris, 1980
Dittmar, R.	Protektionistische Tendenzen in der Weltwirtschaft, in: B. B. Gemper (Hg.) Protektionismus in der Weltwirtschaft, Hamburg 1984, S. 18 ff.

Donges, J. B. — Handelshemmnisse, nicht-tarifäre, in: HdWW, Bd. 3, Stuttgart, Tübingen, Göttingen 1981, S. 784 ff.

ders. — Protektionismus und unternehmerische Wirtschaft (seit 1945), in: Zeitschrift für Unternehmensgeschichte, Beiheft 37, Stuttgart 1985, S. 56 ff.

Ehle, D. — Inkrafttreten von EWG-Verordnungen und Rückwirkungsverbot, in: DVBl 1970, S. 600 ff.

Ehle, D., Meier, G. — EWG-Warenverkehr, Außenhandel, Zölle, Subvention, Köln 1971

Ehlermann, C. D. — The Scope of Article 113 of the EEC Treaty, in: Mélanges offerts à Pierre-Henri Teitgen, Paris 1984

ders. — Die innergemeinschaftliche Anwendung der Regeln des GATT in der Praxis der EG, in: EuR 1985, S. 91 ff.

ders. — Neuere Entwicklungen im Außenhandelsrecht der Europäischen Gemeinschaft, in: Integrationsrecht, Hg.: J. Schwarze, Baden-Baden 1985 (Vorträge und Berichte aus dem Institut für Integrationsforschung der Stiftung Europa-Kolleg, Hamburg)

ders. — Die innergemeinschaftliche Anwendung der Regeln des GATT in der Praxis der EG, in: M. Hilf/E. U. Petersmann (Hg.), GATT und Europäische Gemeinschaft, Baden-Baden, 1986, S. 203 ff.

Ernst, W. — Die Zukunft des europäischen Außenhandels, in: EA 1963, S. 283 ff.

Everling, U. — Rechtsprobleme der gemeinsamen Handelspolitik in der Europäischen Wirtschaftsgemeinschaft, in: Das Europäische Gemeinschaftsrecht im Spannungsfeld von Politik und Wirtschaft. Ausgewählte Aufsätze 1967-1984, Baden-Baden 1985

Fikentscher, W. — Wirtschaftsrecht, Bd. II, München 1983

Flaesh-Mougin, C. — Les Accords Externes de la Communauté Economique Européenne, Brüssel 1979

Frank, J. — The European Common Market, an Analysis of Commercial Policy, London 1961

Freeman, A. M. — International Trade. An introduction to Method and Theory, New York, Evanston, London 1971

Fuß, E. W. — Die Befugnis der Europäischen Wirtschaftsgemeinschaft zum Abschluß völkerrechtlicher Verträge mit Drittstaaten, in: DVBl 1972, S. 237 ff.

ders. — Die Verantwortung der nationalen Gerichte für die Wahrnehmung des europäischen Gemeinschaftsrechts, in: Bieber, Bleckmann, Capotori u. a. (Hg.), Das Europa der zweiten Generation, Gedächtnisschrift für Christoph Sasse, Bd. 1, Baden-Baden 1981, S. 171 ff.

Garfinkel, E. I. — Guide to Import Relief and Unfair Trade Action Available under U.S. International Trade Law, in: The International Lawyer 1981, S. 240 ff.

Glaesner, H. J. — Die Legitimität der Europäischen Gemeinschaft, in: Bieber, Bleckmann, Capotori u. a. (Hg.), Das Europa der zweiten Generation, Gedächtnisschrift für Christoph Sasse, Bd. 1, Baden-Baden 1981, S. 73 ff.

Glashoff, H. — Antidumpingzoll auf in der Europäischen Wirtschaftsgemeinschaft hergestellte Waren, in: RIW/AWD 1987, S. 774 ff.

Goodrich, L. M. — The United Nations, New York 1959

Grabitz, E. — Die Stellung der Gemeinschaft und ihrer Organe in internationalen Organisationen, in: KSE, Bd. 25, S. 47 ff.

ders. — Kommentar zum EWG-Vertrag, Loseblattsammlung, München

Groeben, H. v. d. — Aufbaujahre der Europäischen Wirtschaftsgemeinschaft, Baden-Baden 1982

Groeben, H. v. d./ Boeckh, H. v./ Thiesing, J./ Ehlermann, C. D. (Hg.) — Handbuch für Europäische Wirtschaft (HEW) Loseblattsammlung, Baden-Baden

dies. — Kommentar zum EWG-Vertrag, Bd. 1 u. 2, 3. Aufl., Baden-Baden 1983

Haferkamp, W. — Zwischen Protektionismus und freiem Welthandel - Die Handelspolitik der EG am Scheideweg, in: Die neue Gesellschaft 1977, S. 736 ff.

Hager, W./ Taylor, R./ Noelke, M. — Protektionismus in der Europäischen Gemeinschaft und im Welthandel, Brüssel 1982

Hahn, K. — Bericht über die Einführung der gemeinsamen Handelspolitik, EP, Sitzungsbericht 1965/66, Nr. 3

Hailbronner H./ Bierwagen, R. M. — "Neue" Formen des Dumping und ihre Regelung im Außenwirtschaftsrecht der Europäischen Gemeinschaften, in: RIW/AWD 1988, S. 705 ff.

dies. — Das GATT: Die Magna Charta des Welthandels, in: JA 1988, S. 318 ff.

dies. — Input, Downstream, Upstream, Secondary, Diversionary and Components- or Subassembly-Dumping, in: JWT 1988, Nr. 3, S. 27 ff.

Halff, M. — Les Communautés Européennes à l'Heure de 1960, in: PE 1959, S. 526 ff.

Hallstein, W. — Die Europäische Gemeinschaft, 5. Aufl., Düsseldorf, Wien 1979

Hanke, T. — Zu billig für Europa, in: Die Zeit, Nr. 41, 7.10.1988, S. 28

Hasenpflug H./ Kebschull, D. — Handelshemmnisse beim transatlantischen Warenaustausch, in: Wirtschaftsdienst, HWWA, Institut für Wirtschaftsforschung, 1976, 3, S. 229 ff.

Herlt, R. — Träume, Trends, Tendenzen, Beobachtungen bei der GATT-Konferenz in Punta del Este und der IWF-Tagung in Washington, in: EG-Magazin 1986, Nr. 8, S. 3 ff.

Hesse, R. — Zur Entwicklung der gemeinsamen Handelspolitik in der Europäischen Wirtschaftsgemeinschaft, in: ZfZ 1965, S. 1 ff.

ders. — Zur Auslegung der Ursprungsregeln, in: ZfZ 1974, S. 23 f.

ders. — Außenhandel I, Determinanten, in: HdWW, Bd. I, Stuttgart, Tübingen, Göttingen 1977, S. 364 ff.

Heukels, T. — Rechtsprobleme der autonomen Handelspolitik der Europäischen Gemeinschaft im Lichte des GATT, in: RIW 1984, S. 972 ff.

Hiemenz, U. — Beschäftigungs- und Einkommenswirkungen der Außenhandelsprotektion, in: B. B. Gemper (Hg), Protektionismus in der Weltwirtschaft, Hamburg 1984, S. 95 ff.

Hilf, M./ Rolf, R. — Das "Neue Instrument" der EG, Eine rechtstaatliche Stärkung der gemeinsamen Handelspolitik?, in: RIW 1985, S. 297 ff.

Hindley, B. — EC Imports of VCRs from Japan. A costly Precedent, in: JWTL 1986, S. 168 ff.

ders. — The Design of Fortress Europe, in: Financial Times v. 6.1.1989, S. 9

ders. — Dumping and the Far East Trade of the European Community, in: The World Economy 1988, Nr. 4, S. 445 ff.

Hocke, M./ Berwald, S./ Maurer, H. D. — Außenwirtschaftsrecht; Gesetze Verordnungen und Erlasse zum Außenwirtschaftsrecht mit Kommentar, Loseblattsammlung, bearbeitet von S. Berwald und H. D. Maurer, Heidelberg

Horlick, G. N. — The United States Antidumping System, in: Jackson, J. H.; Vermulst, E. A. (Hg.), Antidumping law and practice: a comparative study, Michigan 1989, S. 224 ff.

Imhoff, L. P. — GATT. Allgemeines Zoll- und Handelsabkommen. Kommentar, München, Berlin 1952

Immenga, U. — Internationale Selbstbeschränkungsabkommen zwischen staatlicher Handelspolitik und privater Wettbewerbsbeschränkung, in: RabelsZ 1985, S. 303 ff.

Ipsen, H. P. — Europäisches Gemeinschaftsrecht, Tübingen 1972

Jackson, J. H. — World Trade and the Law of GATT, Indianapolis, Kansas-City, New York 1969

Jaeger, F. — GATT, EWG und EFTA. Die Vereinbarkeit von EWG- und EFTA-Recht mit dem GATT-Statut, Bern 1970

Jägeler, F. J. — Kooperation oder Konfrontation, GATT-Runde 1973, Veröffentlichung des HWWA-Hamburg 1974, S. 20 ff.

Kahmann, H. — Der Gemeinsame Markt im Kreuzfeuer der GATT-Kritik, in: EA 1958, S. 583 ff.

Kapteyn, P. J. G. — The domestic law effect of rules of international law within the E.C. system of law and the question of the self-executing character of GATT rules, in: The international Lawyer 1974, S. 74 ff.

Keith, H./ Steele, C. — The Australian Antidumping System, in: Jackson, J. H.; Vermulst, E. A. (Hg.), Antidumping law and practice: a comparative study, Michigan 1989, S. 224 ff.

Kim, C. O. — Developments in the commercial policy of the European Economic Community, in: CMLR 1971, S. 148 ff.

ders. — La Communauté Economique Européenne dans les relations commerciales internationales, Brüssel 1971

Kißler, K. P. — Die Zulässigkeit von Wirtschaftssanktionen gegen Drittstaaten, Frankfurt/M. 1984

Klein, E., — Neuere Entwicklungen des Rechts der Europäischen Gemeinschaften, in: DÖV 1986, S. 951 ff.

Kochinke, C. J. M. — Außenhandelsklagen nach § 337 Tariff Act of 1930 in den USA, in: RIW/AWD 1985, S. 386 ff.

König, R. — Mengenmäßige Einfuhrkontingente der EG, München 1981

Koopmann, G. — Nationaler Protektionismus und gemeinsame Handelspolitik in der EG, in: Wirtschaftsdienst des HWWA 1984, S. 245 ff.

Kostecki, M. — Export-restraint Arrangements and Trade Liberalizsation, in: The World Economy, 1987, S. 425 ff.

Kraus, H./ Heinze, K. (Hg.) — Völkerrechtliche Urkunden zur europäischen Friedensordnung seit 1945, Bonn 1953

Krämer, H. R. — Neue Schritte zur Vereinheitlichung der Handelspolitik der EWG-Staaten gegenüber dritten Ländern, in: JIR 1962, S. 255 ff.

Krenzler, H. G. — Exportselbstbeschränkungen, in: EuR 1977, S. 177 ff.

ders. — Das Welttextilabkommen III und die bilateralen Textilabkommen der EG, in: RIW/AWD 1983, S. 423 ff.

ders. — Das Welttextilabkommen als Sonderrechtsordnung des GATT, in: M. Hilf/ E. U. Petersmann (Hg.), GATT und Europäische Gemeinschaft, Baden-Baden 1986, S. 225 ff.

ders. — Zwischen Protektionismus und Liberalismus. Europäischer Binnenmarkt und Drittlandsbeziehungen, in: EA 1988, S. 241 ff.

Kruse, A. — Außenwirtschaft, Die internationalen Wirtschaftsbeziehungen, 2. Aufl., Berlin 1965

Külp, B. — Stichwort Handelsverträge, in: Staatslexikon, Bd. II, 7. Aufl., Freiburg, Basel, Wien 1986

Küng, E. — Zahlungsbilanzpolitik, Zürich, Tübingen 1959

ders. — Rückfall in den Bilateralismus?, in: B. B. Gemper (Hg.), Protektionismus in der Weltwirtschaft, Hamburg 1984, S. 59 ff.

Kuschel, H. D. — Das Außenwirtschaftsrecht der EWG, Fachkommentar für die Praxis, Köln 1971

Küsters, H. J. — Die Gründung der Europäischen Wirtschaftsgemeinschaft, Baden-Baden 1982

Landry, K. — Das Zollrecht der EG, in: J. Schwarze (Hg.), Das Wirtschaftsrecht des Gemeinsamen Marktes in der aktuellen Rechtsentwicklung, Baden-Baden 1983, S. 123 ff.

Landsittel, R. — Antidumpingzölle auf in der Gemeinschaft hergestellte Waren, in: WRP 1988, S. 21 ff.

Le Tallec, G. — La politique commerciale de la CEE, ses conséquences sur l'action de la communauté et des états membres, in: RMC 1971, S. 172 ff.

Léonard, G./ Simon, D. — La mise en oeuvre de la politique commerciale commune: passage de la période de transition à la période définitive, in: RTDE 1971, S. 107 ff.

Liebich, F. K. — Das GATT als Zentrum der internationalen Handelspolitik, Baden-Baden 1971

Lochmann, M. W. — The Japanese Voluntary Restraint on Automobile Exports: An Abandonment of the Free Trade Principles of GATT and the Free Market Principles of United States Antitrust Law, in: Harvard International Law Journal 1986, S. 99 ff.

Magnus, P. A. — The Canadian Antidumping System, in: Jackson, J. H.; Vermulst, E. A. (Hg.), Antidumping law and practice: a comparative study, Michigan 1989, S. 224 ff.

Marenco, G. — Bases juridiques communautaires de l'aide alimentaire aux pays en voie de developpement, in: CDE 1974, S. 623 ff.

Matsumoto, K./ Finlayson, G. — Dumping and Antidumping: Growing Problems in World Trade, in: JWT 1990, Nr. 4, S. 5 ff.

Meessen, K. — The application of rules of public international law within common market law, in: CMLR 1976, S. 485 ff.

Mégret, J. — Politique Commerciale, in: J. Mégret, J. V. Louis, D. Vignes, M. Waelbroeck, G. Brondel, C. Constantinides - Mégret, J. C. Morel, J. Flory, P. van den Bempt, Le Droit de la Communauté Economique Européenne, Bd. 6, Hb. 1, Brüssel 1976, S. 396 ff.

Meng, W. — Die Kompetenz der EWG zur Verhängung von Wirtschaftssanktionen gegen Drittstaaten, in: ZaöRV 1982, S 780 ff.

Merciai, P. — Safeguardmeasures in GATT, in: JWTL 1981, S. 41 ff.

Mensbrugghe, Y. van der — Vers l'achèvement de l'union douanière dans la CEE, in: CDE 1969, S. 181 ff.

Möller, H. — Außenwirtschaftspolitik, Wiesbaden 1971

ders. — Europäische Gemeinschaft, in HdWW, Bd. 2, S. 472 ff., Stuttgart, Tübingen, Göttingen, 1980

Neme, C. — 1992 et la clause de l'article 115: A quand une politique commerciale commune?, in: RMC 1989, S. 578 ff.

Nicolaysen, G. — Autonome Handelspolitik der Europäischen Wirtschaftsgemeinschaft, in: Festschrift für H. J. Schlochauer, Berlin, New York 1982, S. 855 ff.

Nöll von der Nahmer, R. — Außenwirtschaft, Heidelberg 1959

Ott, H. — Stichwort Handel, in: Staatslexikon, Bd. II, 7. Aufl., Freiburg, Basel, Wien 1986

Pape, W. — Nichttarifäre Handelshemmnisse in Japan, in: RIW 1990, S. 726 ff.

Pappas, A. — Die außenpolitischen Ziele und Interessen der gemeinsamen Handelspolitik der Europäischen Gemeinschaft, Berlin 1985

Pescatore, P. — Les communautés en tant que personnes de droit international, in: Droit des Communautés Européennes (Les Novelles), Brüssel 1969, Nr. 326 ff.

ders. — La Politique Commerciale, ebd., Nr. 2287 ff.

Petersmann, E. U. — Dreißig Jahre Allgemeines Zoll- und Handelsabkommen, in: ArchVR, Bd. 19, 1980/81, S. 23 ff.

ders. — Internationale Wirtschaftssanktionen als Problem des Völkerrechts und des Europarechts, in: ZfvglR 1981, S. 1 ff.

ders. — Protektionismus als Ordnungsproblem und Rechtsproblem, in: RabelsZ 1983, S. 475 ff.

ders. — World Trade, Principles, in: Encyclopedia of Public International Law, Bd. 8, Amsterdam, New York, Oxford 1985, S. 530 ff.

ders. — International and European Foreign Trade Law: GATT Dispute Settlement Proceedings against the EEC, in: CMLR 1985, S. 441 ff.

ders. — Die EWG als GATT-Mitglied - Rechtskonflikte zwischen GATT-Recht und Europäischem Gemeinschaftsrecht, in: M. Hilf/E. U. Petersmann (Hg.) GATT und Europäische Gemeinschaft, Baden-Baden 1986, S. 119 ff.

ders. — Grey Area Trade Policy and the Rule of Law, in: JWT, Nr. 2, 1988, S. 23 ff.

Pigasse, J. P. — Bilan et perspectives de la politique commerciale de la CEE, in: PE 1970, S. 67

Piper, N. — Zwischen Faustrecht und Fairplay, in: Die Zeit, Nr. 49 v. 2.12.1988, S. 29 f.

Pisani, E. — Die Bekämpfung des Hungers in der Welt. Ein neues Konzept der Kommission der Europäischen Gemeinschaften, in: EA 1983, S. 197 ff.

Priebe, H./ Scheper, W./ Urff, W. v. — Agrarpolitik in der EG, Baden-Baden 1984

Puttkamer, E. v. — Europäische Einigung, in: Strupp-Schlochauer, WBV, Bd. 1, Berlin 1960, S. 451 ff.

Quambusch, L. — Nicht-tarifäre Handelshemmnisse, Köln 1976

Quick, R. — Exportselbstbeschränkungen und Artikel XIX GATT, Köln 1983

Regul, R./ Sasse, C. (Hg.) — Gemeinschaftszollrecht, Baden-Baden 1982

Rhein, E.	Der "Neue Protektionismus" aus der Sicht der EG, in: A. Gutowski (Hg.) Der Neue Protektionismus, Hamburg 1984, S. 137 ff.
ders.	Wie protektionistisch ist die EG? in: Neuer Protektionismus in der Weltwirtschaft und EG-Handelspolitik. Hg.: Vorstand des Arbeitskreises Europäische Integration e. V., Baden-Baden 1985, S. 73 ff.
Riley, H./ Schuster, F.	Untersuchungsverfahren bei Dumping- und Niedrigpreiseinfuhren, in: WuW 1983, S. 765 ff.
Rohleder, C. D.	Die Osthandelspolitik der EWG-Mitgliedstaaten, Großbritanniens und der USA gegenüber den Staatshandelsländern Südosteuropas, München 1969
Sachs, K. M.	EG-Handelspolitik und zwischenstaatliche Kooperationsabkommen, Baden-Baden 1976
Sälzer, B.	Die Einheitliche Europäische Akte: Die neue Vertragspolitik, Forschung und technologische Entwicklung, in: Integration 3/86, S. 121 ff.
Sannwald, R./ Stohler, J.	Wirtschaftliche Integration. Theoretische Voraussetzungen und Folgen eines europäischen Zusammenschlusses., Basel, Tübingen 1958
Schuman, R.	Pour l'Europe, écrits politiques, Paris 1964
Schaumann, W.	Gegenseitigkeit, in: Strupp-Schlochauer, WBV, Bd. 1, Berlin 1960, S. 630 ff.
Schaumburg, T. M./ Zalik, A. T.	US-Handelsgesetzgebung, Stand der Debatte, in: RIW/AWD 1987, S. 589 ff.
Schervier, J.	Die Änderungen des amerikanischen Antidumping- und Ausgleichszollrechts durch den Trade and Tariff Act of 1984, in: RIW/AWD 1985, S. 804 ff.
Schermers, H. G.	Community Law and international Law, in: CMLR 1975, S. 77 ff.
Schilling, K.	Der Europäische Wirtschaftsrat (OEEC) und das Abkommen über die Europäische Zahlungsunion (EZU), in: EA 1952, S. 48 ff.
Schlochauer, H. J.	Die Idee des ewigen Friedens, Bonn 1953
Schmidt, G.	Der neue Einfuhrbegriff, in: ZfZ 1972, S. 294 ff.
ders.	Zum Verwaltungsrecht des gemeinschaftlichen Außenwirtschaftsrechts, in: DVBl 1972, S. 247 ff.
ders.	Die EG als Nation im gemeinschaftlichen Zoll- und Außenwirtschaftsrecht, in: ZfZ 1973, S. 375 ff.
ders.	Neues gemeinschaftliches Außenwirtschaftsrecht, Die Ratsentscheidung 72/455/EWG vom 19.12.1972, in: AWD 1973, S. 361 ff.
ders.	Schutzmaßnahmen des Außenwirtschaftsrechts der Europäischen Gemeinschaft, in: DÖV 1974, S. 50 ff.

ders.	Binnenwettbewerbsordnung und Außenwirtschaftsrecht der EG, in: WuW 1975, S. 673 ff.
ders.	Das neue Einfuhrkapitel des gemeinschaftlichen Außenwirtschaftsrechts der EG, in: ZHR 1975, S. 105 ff.
Schneider, J.	La mise en oeuvre de la politique commerciale commune de la CEE. Bilan et perspectives, in: RMC 1970, S. 11 ff.
Schröder, M.	Wirtschaftssanktionen der EG gegenüber Drittstaaten, in: GYIL 1980, S. 111 ff.
ders.	Der Kampf um die Falkland-Inseln -Völkerrechtliche und europarechtliche Aspekte, in: GYIL, 1984, S. 334 ff.
Schuhmacher, D.	Der Konflikt zwischen autonomer Außenhandelspolitik und den Konsequenzen aus der weltwirtschaftlichen Verflechtung, in: B. B. Gemper (Hg.), Protektionismus in der Weltwirtschaft, Hamburg 1984, S. 95 ff.
Schuster, F.	Die neueste Einfuhrregelung der EWG gegenüber Staatshandelsländern und ihre Bedeutung für den Außenhandel und die Industrie, in: RIW 1982, S. 895 ff.
Schüz, T.	Stichwort Handel, in: Staatslexikon, Bd. II, 7. Aufl., Freiburg, Basel, Wien 1986
Schwarze, J.	Europäisches Verwaltungsrecht, Bd. II, Baden-Baden 1988
Seidl-Hohenveldern, I.	Das Recht der Internationalen Organisationen einschließlich der Supranationalen Gemeinschaften, 4. Aufl., Köln, Berlin, Bonn, München 1984
Senti, R.	GATT - Allgemeines Zoll- u. Handelsabkommen als System der Welthandelsordnung, Zürich 1986
Seyid Muhammad, V. A.	The Legal Framework of World Trade, London 1958
Simmonds, K. R.	The Community and the Uruguay Round, in: CMLR 1988, S. 95 ff.
Stabenow, W.	The European Social Fund, in: CMLR 1977, S. 435 ff.
Steenbergen, J.	The Common Commercial Policy, in: CMLR 1980, S. 229 ff.
Stegemann, K.	EC Anti-Dumping Policy; Are Price Undertakings a Legal Substitute for Illegal Price Fixing?, in: Weltwirtschaftliches Archiv 1990, S. 268 ff.
Steinberger, H.	GATT und regionale Wirtschaftszusammenschlüsse, Köln, Berlin 1963
Steyer, W. J.	Erleichterte Wareneinfuhr in die Vereinigten Staaten?, in: RIW/AWD 1988, S. 128 ff.

Tatsuta, M.	Voluntary Export Restraints. Imple-mentation and Implications, in: RabelsZ 1985, S. 328 ff.
Theuer, G.	Handelsbetriebe, in: E. Grochla, W. Wittmann (Hg.), HdWB der Betriebswirtschaft, Bd. 2, 4. Aufl., Stuttgart 1975, S. 1738
Toepke, U. P.	Das neue Recht der Vereinigten Staaten zur Kontrolle von Dumping und Subventionen, in: RIW/AWD 1981, S. 761 ff.
Tumlir, J.	A Revised Safeguard for GATT?, in: JWTL 1973, S. 403 ff.
ders.	GATT-Regeln und Gemeinschaftsrecht. Ein Vergleich wirtschaftlicher und rechtlicher Funtkionen, in: M. Hilf/ E. U. Petersmann (Hg.), GATT und Europäische Gemeinschaft, Baden-Baden 1986, S. 87 ff.
Vaulont, N.	Die Zollunion der Europäischen Wirtschaftsgemeinschaft. Kommission der Europäischen Gemeinschaften, Luxemburg, Amt für amtliche Veröffentlichungen 1981
Vedder, C. W.	Die auswärtige Gewalt des Europa der Neun, Göttingen 1980
Vermulst, E. A./ Waer, P.	Anti-Diversion Rules in Antidumping Procedures: Interface or Short-Circuit for the Management of Interdependence?, in: Michigan Journal of Law 1990, Nr. 4, S. 1119 ff.
Völker, E. L. M.	Major Instruments of the Common Commercial Policy, in: E. L. M. Völker (Hg.), Protectionism and the European Community, Deventer 1983, S. 17 ff.
Völker, E. L. M./ Steenbergen, J.	Leading cases and Materials on the external relations law of the EEC (With emphasis on the common commercial policy), Deventer u. a. 1985
Wainright, R.	The Execution of Community Food Aid to Developing Countries, in: CMLR 1976, S. 367 ff.
Weber, A.	Die Bedeutung des Art. 115 EWGV für die Freiheit des Warenverkehrs, in: EuR 1979, S. 30 ff.
Welge, G. H. Neumann, H.-A.	Die gemeinsame Handelspolitik und ihre Mechanismen, in: M. Röttinger/C. Weyringer, Handbuch der Europäischen Integration, Wien 1991, S. 638 ff.
Wellenstein, E.	Twenty-Five Years of European Community External Relations, in: CMLR 1979, S. 407 ff.
Werner, W.	Selbstbeschränkungsabkommen im Außenhandel. Eine Untersuchung aus der Sicht des Völkerrechts, des EWG-Rechts und des deutschen Rechts, Gelsenkirchen 1984

Wimmer, H.	EG fordert Fortsetzung der Politik von Punta del Este, in: EG-Magazin 1988, Nr. 7, S. 13 f.
Winkel, K.	Die Grundsätze des freien Warenverkehrs im Verhältnis zu Drittländern, in: NJW 1977, S. 1992 ff.
Witt, P.	Die Uruguay-Runde. Auf dem Weg in einem verbesserten Welthandelssystem?, in: EA 1988, S. 41 ff.
Wockenfoth, K.	Die Vorbereitung der gemeinsamen Handelspolitik in der Europäischen Wirtschaftsgemeinschaft, in: AWD 1961, S. 301 ff.
Wohlfarth, E./ Everlin, U./ Glaesner, H. J./ Sprung, R.	Die Europäische Wirtschaftsgemeinschaft, Kommentar zum EWG-Vertrag, Berlin, Frankfurt 1960
Yannopoulos, G. N.	The European Community's Common External Commercial Policy, Internal Contradictions and Institutional Weaknesses, in: JWTL 1985, S. 451 ff.
Zentes, J.	Stichwort Handel, in: Staatslexikon, Bd. II, 7. Aufl., Freiburg, Basel, Wien 1986
Zottmann, A.	Theorie und Politik der Außenwirtschaft, Stuttgart 1967

Völkerrecht - Europarecht - Staatsrecht

Schriftenreihe

Herausgegeben von Professor Dr. Dr. Albert Bleckmann

Band 1

Die völkerrechtlichen Grundlagen des internationalen Kollisionsrechts

Von Professor Dr. Dr. Albert Bleckmann unter Mitwirkung von Sabine Schmeinck und Andres Schollmeier

1992. VII, 71 Seiten. Kunststoff ISBN 3-452-22255-1

Band 2

Die gemeinsamen Einfuhrregelungen der Europäischen Wirtschaftsgemeinschaft

Von Dr. Henning Saake

1992. XV, 230 Seiten. Kunststoff ISBN 3-452-22227-6

Band 3

Zur verfassungsrechtlichen Sanierungspflicht der Treuhandanstalt

Die Verantwortung des Bundes für die Wirtschaft in den neuen Bundesländern

Von Professor Dr. Dr. Albert Bleckmann in Zusammenarbeit mit Ingo Erberich

1992. VIII, 93 Seiten. Kunststoff ISBN 3-452-22428-7

Carl Heymanns Verlag KG · Köln · Berlin · Bonn · München